COMMUNICATION ESSENTIALS FOR FINANCIAL PLANNERS — STRATEGIES & TECHNIQUES

JOHN E. GRABLE
JOSEPH W. GOETZ

재무금융전문가를 위한 커뮤니케이션 전략과 기술

주소현 · 차경욱 역

도서출판 시대가치

역자서문

개인재무를 다루는 재무금융전문가에게 가장 중요한 것은 금융이론에 관한 전문적인 지식이나 양적인 분석능력이 아니라 개인을 대하는 커뮤니케이션 능력이라는 것은 많은 재무금융전문가가 동의하는 사실이다. 사람과 사람 사이의 대다수 오해와 갈등은 커뮤니케이션 과정에서 비롯된다고 해도 과언이 아니다. 사실 어떤 분야이든지 성공하는 전문가는 커뮤니케이션 능력이 뛰어난 사람이다. 그런데 다른 어떤 분야보다도 개인재무를 다루는 재무금융분야에서는 전문가의 커뮤니케이션 능력이 더욱 중요하다. 개인을 둘러싼 금융환경이 급격하게 변화하고 있어 관련 내용에 대한 이해가 어렵고, 개인의 재무의사결정은 매우 다양한 사항과 다양한 당사자들의 이해관계가 얽혀있기 때문이다. 재무금융관련 전문가의 교육 프로그램에 커뮤니케이션과 관련된 내용이 많이 포함되는 것은 너무나 당연하다. 이 책은 책의 제목 그대로 재무금융전문가를 위한 커뮤니케이션의 전략과 기술을 담고 있다.

이 책이 처음 미국에서 발간되었을 당시 역자들은 미국 Washington, DC에서 열리는 학술대회에 참가하고 있었다. 그 학술대회는 미국의 CFP Board에서 설립한 Center for Financial Planning에서 주최하는 제1회 아카데믹 학술대회였다. 미국의 CFP Board는 재무설계 관련의 전문자격 인증인 Certified Financial Planner™를 오늘날 세계 30여개국에서 인증하는 전문자격증으로 발전시킨 단체로 CFP® 인증자와 소비자를 대상으로 주요 활동을 펼쳐 왔다. 그러한 단체에서 재무설계 관련 분야의 학술적인 발전을 촉진하고자 학술 센터인 Center for Financial Planning을 설립하고 저명한 학자들을 연사로 초청한 학술대회를 개최하였다. 그 학술대회에는 200여명의 교수와 전문가가 세계 여러 나라에서 참석하였다. 이 책은 그

학술대회에서 처음으로 대중에게 판매되기 시작하였는데 CFP Board의 Center for Financial Planning의 Director를 맡고 있는 찰스 채핀 박사(Charles R. Chaffin)가 책의 편집인으로 기여하였다. CFP Board에서도 재무금융전문가에게 가장 필수적인 핵심 역량의 하나로 커뮤니케이션의 중요성을 이해하고 있었던 까닭이다. 이 책의 원본은 CFP Board의 Financial Planning Series 중의 하나이다.

역자들이 이 책의 번역에 관심을 가지게 된 계기는 재무설계 분야에서 커뮤니케이션의 중요성과 학술대회의 참가 때문만은 아니었다. 사실 원저자 중 존 그레이블 박사(John E. Grable)는 역자 중 한 명과 박사과정 동기이며 조셉 겟츠 박사(Joseph W. Goetz)와는 사제지간이다. 오랜 기간 동안 같은 분야에서 연구를 같이 해 온 학문적인 동료의 책을 한국어로 번역하여 한국의 독자들에게 소개시켜 주는 것은 의미 있는 일이다. 특히, 저자들의 실력과 배경, 관심사, 학문에 대한 철학 등을 잘 이해하고 있기 때문에 책의 내용이나 질적 수준에 대해서는 의심의 여지가 없었다.

이 책은 커뮤니케이션 학자가 쓴 커뮤니케이션 책이 아니다. 이 책은 재무설계 전문가가 쓴 커뮤니케이션 책이다. 원저자인 그레이블 박사와 겟츠 박사는 모두 대학교의 교수이지만 재무설계 분야의 실무에서 재무금융전문가로 오랜 시간 일한 전문가이다. 실제 겟츠 박사는 현재 교수를 하면서 재무설계회사를 운영하고 있다. 따라서 이 책에 제시된 커뮤니케이션 전략과 기술은 매우 구체적이고, 실제적이며, 검증된 내용을 담고 있다. 특히 일반적인 커뮤니케이션이 아닌 재무설계에 특화된 커뮤니케이션을 담고 있다. 이 책에 제시된 모든 예시는 재무금융전문가가 고객과의 일상적인 대화에서 발생할 수 있는 상황을 묘사한다.

이 책을 번역하면서 이러한 실제 사례들은 한국의 상황에 맞게 다소 각색되었다. 그럼에도 불구하고 몇몇의 예시는 미국적 혹은 서양의 문화에 적용되는 것으로 여겨질 수 있을 것이다. 하지만, 시대가 발전함에 따라 우리나라의 현실에서도 매우 중요하게 고려해야 할 내용들이다.

이 책은 다양한 방법으로 재무금융분야의 전문가와 관련 분야를 공부하는 학생들에게 활용될 수 있을 것이다. 책의 내용을 읽고, 예시를 이해하고, 매 장의 단원 정리 문항을 꼼꼼하게 수행하는 것은 실제 커뮤니케이션 능력을 함양하는 데 도움이 될 것이다. 이 책에서 지속적으로 말하는 것처럼 커뮤니케이션 능력은 학습되고, 연습을 통하여 개발되고 발전시킬 수 있다. 그러한 점에서 이 책은 커뮤니케이션 관련 수업이나 교육 프로그램의 교재로 활용될 수 있을 것이다. 또한 관련 분야 전문가들의 트레이닝이나 세미나 자료로 활용될 수 있을 것이다. 이 책의 단원 정리 문항의 다양한 활동은 개인들이 커뮤니케이션 능력을 꾸준히 연마할 수 있도록 도와주는 도구가 될 수 있을 것이다.

어느 누구도 커뮤니케이션 능력자로 태어나지는 않는다. 이 말은 누구라도 커뮤니케이션 능력자가 될 수 있다는 뜻이다. 물론 그에 대한 학습과 꾸준한 연습이 필요할 것이다. 이 책이 특히 재무금융 분야에서 전문가로 성장하고자 하는 모든 사람들과 전문가의 위치를 지속적으로 유지하고자 하는 모든 사람들에게 커뮤니케이션 능력자가 되도록 돕는 데 활용되기를 희망한다. 물론 이미 커뮤니케이션에 능통한 전문가들도 이 책의 내용은 혹시 놓치고 있는 부분이 있는지 확인할 수 있는 기회를 제공할 수 있을 것이다.

2019년 4월

공동 역자 주소현, 차경욱

목 차

제 0 장
재무금융전문가와 커뮤니케이션

"재무금융전문가에게 커뮤니케이션은 고객에게 신뢰를 주고 고객으로 하여금 해당 전문가를 선택하도록 만드는 가장 강력한 동인이다."

데이브 예스케 박사[1]

들어가는 말

이 책의 목적은 재무금융전문가들에게 어떻게 하면 커뮤니케이션 및 상담 기술을 향상시킬 수 있는가를 알려주는 것이다. 이 책에 사용된 접근방법은, 전문가들이 고객과의 지속적이고 장기적인 관계를 형성하기 위하여 공식적 및 비공식적인 정보를 전달하고 교환할 때 필요한 커뮤니케이션 기술에 초점을 맞추었다. 특히 이러한 커뮤니케이션 기술을 어떻게 개발하고 어떻게 발전시킬 것인가를 돕기 위한 방법을 제시하고자 한다. 이 책에서 다루는 전문가와 고객의 관계는 공감을 바탕으로 하는 것이며, 이 책의 내용은 그 관계를 증진시키는 데 도움을 줄 것이다.[2]

이 책은 전문가뿐 아니라 학생들에게도 도움이 될 것이다. 대부분의 성공한 재무금융전문가들은 고객과의 관계 정립에 있어서 일관성 있고 효과적인 커뮤니케이션이 그 어떤 것보다 가장 중요하다고 주장한다. 그럼에도 불구하고 커뮤니케이션 기술을 증진시키기 위한 시스템을 갖추고 있는 재무금융회사는 매우 소수에 불과하다. 이 책은 재무금융전문가들과 금융회사의 리더들에게 각 회사의 커뮤니케이션 시스템을 한 단계 더 발전시키기 위한 청사진을 제공할 수 있을 것이다. 고객과의 커뮤니케이션을 보다 정교하고 능숙하게 하는 것이 고객 유지율을 증가시키고 재무설계 과정의 효과를 높인다는 것은 분명한 사실이다. 따라서 커뮤니케이션 기술을 증진시키기 위하여 쏟는 시간의 생산성은 매우 높다.

커뮤니케이션 기술이 성공적인 재무설계를 이끄는 강력한 기본요소라는 것은 재무설계 및 금융상담 분야의 연구를 수행하는 학자들도 동의하는 바이다. 몇몇 학자들은 다른 어떤 것보다도 "효과적인 커뮤니케이션이 재무설계의 성공을 위해 필수불가결한 요소이다"라고 주장한다.[3] 이러한 주장과 맥락을 같이하는 것으로 미국에서 재무설계의 학문적인 기본수준을 정립하고 질적 관리를 수행하는 기관인 CFP Board(Certified Financial Planner Board of Standards, Inc.)에서는 커뮤니케이션 및 상담 기술을 재무설계 역량의 중요 기본요소로 설정하였다.[4]

재무금융분야에서의 커뮤니케이션

지난 수십년간 수많은 재무금융전문가들이 재무설계 관련 사업의 성공과 고객 만족의 증진을 위해 고객과의 커뮤니케이션이 중요하다고 주장해왔다.[5] 성공한 전문가들은 자신들의 커뮤니케이션 방법이 가장 효과적이라고 믿는다. 실제로 성공한 전문가들의 커뮤니케이션 기술이 효과적이 아니라고 반박하기는 힘들 것이다. 하지만 성공한 전문가들이 간과하고 있는 것은 자신들이 사용하는 커뮤니케이션 기술 이외에 다른 방법이나 전략이 고객 만족과 사업 발전에 더 효과적일 수도 있다는 사실이다. 이 책에서도 지속적으로 언급하겠지만, 여기에서 제시되는 커뮤니케이션 기술과 내용을 습득하는 것은 이미 자신의 분야에서 성공한 전문가들에게도 고객과의 관계를 한 단계 더 발전된 수준으로 이끄는 데 도움을 줄 수 있다.

현재 전세계 27개국에서 인증되고 있는 CFP®(Certified Financial Planner)가 되기 위해서는 아래 제시된 대인 간 커뮤니케이션 영역에서 일정수준 이상의 능력을 반드시 입증해야 한다.

- 고객과 전문가의 태도, 가치, 편견, 행동 특성과 이러한 요소들이 재무설계에 어떠한 영향을 미치는가를 평가할 수 있는 능력
- 커뮤니케이션과 상담의 원리를 이해하고 적용하는 능력

이때 일정수준 이상의 능력을 입증한다는 것은 이론적으로 이 두 가지 영역을 이해하는 것뿐 아니라, 실제 업무에서 이 두 가지 영역의 커뮤니케이션을 능숙하게 적용하는 것을 말한다. 금융전문가들이 현재의 고객 및 잠재적인 고객과 커뮤니케이션을 원활히 이어가는 것은 재무설계의 전 과정에서 필수불가결한 요소이다. 특히 이러한 요소들은 재무금융전문가들이 준수해야 하는 금융소비자보호 모범규준, 윤리규정, 선관의무 규정 등에 명확하게 제시되어 있다. 예를 들어 CFP®의 모범규준은 아래의 세 가지를 목표로 하고 있다.

1. CFP®가 수행하는 재무설계 업무가 정교하게 수립된 특정 규준에 의거하여 수행되도록 한다.
2. 재무설계 분야에서 전문성을 향상시킨다.
3. 재무설계 과정에서 고객에게 주는 가치를 증진시킨다.

이 모범규준은 모든 CFP® 전문가들에게 적용된다. 더 나아가 CFP® 전문가뿐 아니라 재무설계를 수행하는 보다 넓은 범위의 재무금융전문가들의 전문성을 확보하는 기반을 제시한다. CFP®를 위한 모범규준은 1987년에 처음 제정되었으며, 1994년 독립 컨설팅업체인 CTB/McGraw-Hill에 의하여 한 차례 개정되었고, 1999년 또 다른 컨설팅업체인 Chauncey Group에 의하여 재개정된 바 있다. 〈표 0.1〉은 재무설계의 과정과 이 모범규준이 어떻게 연관되는지를 보여준다.

이 책을 학습하면서 기억해야 할 중요한 점은 재무설계의 각 단계에서 커뮤니케이션과 상담 기술이 어떠한 역할을 하는가에 대한 이해이다. 재무금융전문가가 잠재적인 고객을 만나는 상황을 가정해 보자. 만일 그 잠재 고객이 환경적 제약으로 인해 자신의 재무목표와 재무설계 내용이

표 0.1 | 재무설계 과정과 관련 모범규준

재무설계 과정	관련 모범규준
1단계: 고객과의 관계 정립	• 고객과 전문가의 업무범위를 규정한다.
2단계: 고객 정보 수집	• 고객의 개인적·재무적 목표, 요구, 우선순위를 파악한다. • 관련 자료를 수집한다.
3단계: 고객의 재무상태 분석 및 평가	• 고객의 정보를 분석하고 평가한다.
4단계: 재무설계안의 도출 및 제시	• 재무설계의 다양한 대안을 도출하고 평가한다. • 재무설계안을 도출한다. • 재무설계안을 고객에게 제시한다.
5단계: 재무설계안의 실행	• 재무설계안을 실행하는 주체와 각 주체의 책임소재를 결정한다. • 재무설계안의 실행을 위한 금융상품 및 금융서비스를 선택한다.
6단계: 모니터링	• 모니터링의 책임소재를 결정한다.

출처: CFP Board, 2016: www.cfp.net/for-cfp-professionals/professional-standards-enforcement/standards-of-professional-conduct

무엇인지를 이해하지 못한다면 전문가는 매우 당황하게 될 것이다. 만일 해당 전문가가 그 고객과의 대화에서 고객의 환경적 특성을 이해하고 이를 바탕으로 한 지속적인 관계를 정립하지 못한다면, 전문가는 고객확보의 기회를 잃게 될 것이고 고객은 자신의 목표를 달성할 수 있는 기회를 잃게 될 것이다. 따라서, 재무설계의 각 단계에서 적절한 커뮤니케이션 기술을 적용하는 것은 필수적인 요소이다. 뿐만 아니라 고객에게 있어서는 어떤 전문가가 자신이 가장 신뢰할 수 있는 최고의 전문가인지를 결정하게 해 주는 요인이다.

재무금융전문가가 반드시 수행해야 하는 다음의 다섯 가지 핵심 커뮤니케이션 과업은 CFP®의 모범규준, 커뮤니케이션 이론 및 학문적 내용과 직접적으로 연관된다.[6]

1. 재무설계상담을 제공하기 이전에 업무수행 범위에 대하여 상호간에 동의하는 것

2. 고객이 자신에게 의미 있는 개인적 인생목표와 재무목표를 설정할 수 있도록 도움을 주는 것
3. 고객이 자신의 재무목표 및 인생목표를 파악하는 것을 도울 수 있는 커뮤니케이션 및 상담 기술을 체계적으로 적용하는 것
4. 개별 고객의 문화적 배경, 성격, 태도, 신념, 가족력 및 가치를 탐색하고 이해하는 것
5. 재무금융전문가가 제시하는 재무설계안의 내용이 각 고객 고유의 가치·목표·니즈와 어떻게 연결되는지 파악하는 것

재무금융전문가들이 위에 제시한 다섯 가지 과업을 성공적으로 수행하는 경우, 높은 고객 유지율 및 고객 만족을 달성할 뿐 아니라 상담의 과정에서 고객이 자신의 정보를 전문가와 공유하는 비율이 높고, 전문가에게 더욱 협조적이며, 전문가를 다른 고객에게 추천하는 비율도 높다고 보고되어 왔다.

재무금융전문가들이나 재무설계를 공부하는 학생들이 커뮤니케이션과 상담의 기술을 습득하는 것은 필수적이지만 커뮤니케이션을 학습하는 목적은 이보다 더 심오하다. 전문가의 커뮤니케이션 스타일은 고객이 본인의 인생을 변화시킬 만한 의사결정을 하는 데 있어서, 그 전문가가 얼마나 영향력 있는지를 평가하게 한다. 이 책의 목적은 영업사원이 얼마나 효율적으로 상품 하나를 더 판매할 수 있도록 하는가에 대한 방법을 제시하는 것이 아니다. 이 책은 재무금융전문가가 전문성을 어떻게 확보하고 어떻게 증진시켜 나갈 것인가에 대하여 도움을 주고자 한다. 변호사나 회계사, 의사가 자신의 분야에서 전뮤적인 커뮤니케이션을 수행해야 하는 것처럼 재무금융전문가도 자신의 일상 업무에서 커뮤니케이션 기술을 적용해야 한다. 이 책을 읽고 관련 예시를 이해하고 문제를 풀어가는 과정에서 독자들은 현재 금융시장 환경에서 커뮤니케이션 기술이 재무설계 분야의 전문성 확보 및 증진에 어떠한 영향을 미치는가를 이해하게 될 것이다.

커뮤니케이션의 개념

논의를 더 진행하기 이전에 이 책에서 말하는 커뮤니케이션이 무엇인지를 확실하게 해 둘 필요가 있다. '커뮤니케이션'이라는 용어는 재무금융 분야에서 다양한 의미로 폭넓게 활용되고 있는데, 아래의 네 가지 영역으로 나뉠 수 있다.

- 커뮤니케이션 방법
- 커뮤니케이션 과업
- 커뮤니케이션 토픽
- 커뮤니케이션 기술

기존에 발표된 재무설계 관련 서적에서 커뮤니케이션은 전화, 이메일, 블로그, 대면 면접, 뉴스레터, 소셜미디어 등의 활용과 같은 커뮤니케이션의 방법을 뜻하는 경우가 많았다. 이러한 다양한 커뮤니케이션 '방법'은 고객과의 관계 정립에 중요한 요소로 작용하지만, 능숙한 커뮤니케이터가 되기 위해서는 커뮤니케이션 방법을 이해하는 것 이상의 기술이 요구된다. 커뮤니케이션 '과업'은 다양한 커뮤니케이션 과정과 행동규범 등을 뜻하는 것으로, 예를 들면 전문가의 상담이 고객의 목적 달성에 어떻게 도움을 줄 수 있는지를 설명하는 것이다. 커뮤니케이션 '토픽'은 각 고객마다 차이가 있을 수 있으며 범위 또한 다양하다. 어떤 고객에게 커뮤니케이션 토픽은 자신의 가치에 대한 대화일 수 있으며, 다른 고객에게는 목적 달성을 위한 특정 상품 및 서비스에 대한 대화일 수 있다. 커뮤니케이션 방법, 과업, 토픽은 모두 매우 중요한 요소들이지만 이 책은 커뮤니케이션의 목적과 기술에 초점을 두었다. 〈표 0.2〉에서 커뮤니케이션 과업과 커뮤니케이션 기술을 비교하여 제시하였다.

이 책에서 커뮤니케이션 방법, 과업 및 토픽은 제한적으로 언급될 것이지만, 이 세 가지 커뮤니케이션 요소들은 유용하며 학습할 가치도 충분하다. 조사에 의하면 일반적으로 전문가들은 주당 9~14시간을 고객과의

표 0.2 ▎ 커뮤니케이션 과업과 기술의 비교

과 업	기 술
업무의 범위 규정	심사숙고를 바탕으로 한 질문하기
전문가 자신의 특성에 대한 커뮤니케이션	고객의 바디랭귀지 관찰하기
고객의 인구통계적 특성 수집	듣기의 기술 활용하기
고객의 재무정보 수집	전략적으로 질문하는 기술 활용하기
고객이 의미있는 삶의 목표를 파악할 수 있도록 도움	고객이 스트레스를 덜 받는 상황으로 사무실 꾸미기
재무설계안에 대한 설명	고객과 아이 컨택 유지하기

출처: Sharpe et. al (2007)에서 수정하여 삽입함.

커뮤니케이션에 할애한다고 한다.[7] 하지만 재무설계 분야에서 괄목할 만한 성장을 하고 있는 전문가들은 고객과의 커뮤니케이션에 주당 최소 30시간에서 34시간 가량을 할애한다. 최선의 방법은 아닐지라도 가장 많이 활용되는 커뮤니케이션 방법은 전화통화, 이메일, 대면 상담과 뉴스레터의 발행이다. 커뮤니케이션을 하는 이유는 매우 다양하다. 고객의 재무목표나 인생목표를 파악하기 위하여 커뮤니케이션을 할 수도 있고, 포트폴리오 성과를 리뷰하기 위하여, 고객에게 필요한 전문가 조언을 제공하기 위하여, 고객에게 발생한 특정 사건을 논의하기 위하여, 시장 및 금융환경 변화에 대하여 설명하기 위하여, 고객을 교육하기 위하여, 또는 단순히 안부를 묻기 위하여 등 다양한 이유가 있다. 어떤 전문가들은 커뮤니케이션의 방법을 활용하여 고객추천을 받기도 한다.

초보 재무금융전문가들은 성공한 전문가들이 고객과의 커뮤니케이션에 쏟는 시간이 얼마나 되는가를 듣고 놀라기도 한다. 왜냐하면 일반적으로 초보전문가들은 재무금융전문가로서의 성공을 위해 그들 시간의 대부분을 양적 데이터 분석에 할애해야 한다고 믿기 때문이다. 양적 데이터 분석은 특정 전문가－예를 들면 매우 큰 금융회사에서 분석을 담당하는 전문가－에게 매우 중요한 과업이다. 하지만 대부분의 성공한 재무금융전문가들은 시간의 50% 미만을 양적 데이터 분석에 할애한다. 이들은 양적 데이터 분석에 할애하는 시간보다 더 많은 시간을 고객과의 상담 및 코칭을 위해 사용한다.[8] 다음에 제시하는 커뮤니케이션 과업과 토픽은 재무금융전문가와 고객의 지속적인 관계 유지에 매우 중요한 역할을 한다고 알려진 내용이다.[9]

- 감정적으로 매우 격앙되어 있는 고객에게 상담 제공하기
- 부부간의 갈등 조정하기
- 고객과 자녀 간의 갈등 조정하기
- 고객에게 치료(상담치료, 의료치료 등) 받을 것을 권하기
- 고객의 가족구성원에게 치료 받을 것을 권하기
- 고객과 종교문제에 관하여 의견 나누기
- 고객이 믿고 비밀을 털어놓을 수 있는 사람의 역할 수행하기
- 고객으로 하여금 기부 및 사회봉사 활동을 하도록 권장하기

이제 이 책을 읽는 독자는 커뮤니케이션 기술이 재무설계 분야에서 매우 중요하고 강력하다는 것을 명백하게 이해하였을 것이다. 성공한 재무금융전문가와 커뮤니케이션 기술을 떼어서 생각하기는 힘들다.

고객의 신뢰 확보와 관계 형성

고객의 신뢰를 얻고 관계를 형성하는 데 있어서 적절한 커뮤니케이션 방법을 사용해야 한다는 것은 말할 필요도 없이 중요하다.[10] 재무금융전문가와 고객의 관계 정립에 영향을 미치는 수많은 요인들 중에서 중요한 다섯 가지를 살펴보면 아래와 같다.

1. 고객이 필요한 것이 무엇인지, 고객이 걱정하는 것이 무엇인지에 대하여 이해하기 위하여 애쓰는 것
2. 고객의 목표가 무엇인가에 대하여 완전하게 이해하는 것
3. 고객 개개인이 편안한 마음을 가질 수 있도록 하는 것

4. 고객이 이해하기 어려운 내용을 알기 쉽고 명료하게 설명하는 것
5. 고객에게 대안을 제시할 때, 고객의 니즈를 무엇보다도 중요하게 고려하는 것[11]

커뮤니케이션의 방법과 관련하여 전문가는 고객이 예측할 수 있도록 행동하는 것이 매우 중요하다.[12] 전문가가 무엇을 이야기할지 도무지 종잡을 수 없다면 고객과의 관계를 정립하는 것은 기대하기 힘들다. 재무금융 전문가는 위에 제시한 다섯 가지를 원활하게 수행할 수 있는 커뮤니케이션 기술을 가지고 있어야 한다. 고객과 신뢰에 기반한 장기적인 관계를 수립하고자 하는 전문가들은 효과적이고 능숙한 그리고 전문적인 커뮤니케이션 및 상담 기술을 갖추어야 한다.[13]

커뮤니케이션 모델

지난 반세기 동안 커뮤니케이션을 연구한 학자들은 커뮤니케이션의 과정을 설명하는 매우 다양한 모델을 제시해 왔다. 그런데 이러한 모델의 대부분은 아리스토텔레스의 수사학(〈그림 0.1〉에 제시)에 기반을 두고 있다.

이 모델의 요소들은 매우 자명하다. 송신자(sender)는 의견에 대한 교환을 시작하는 사람이다. 메시지는 전달되는 내용이다. 수신자(receiver)는 메시지를 전달받는 사람이다. 그러나 〈그림 0.1〉에는 중요한 내용들이 생략되어 있다. 예를 들어, 커뮤니케이션의 중요 요소인 메시지가 전달되는 채널(channel)이 생략되어 있다. 아리스토텔레스 시대에는 현재와는 달리 메시지가 전달되는 채널은 구두나 서신뿐이었을 것이다. 하지만 현재는

그림 0.1 | 아리스토텔레스의 오리지널 커뮤니케이션 모델

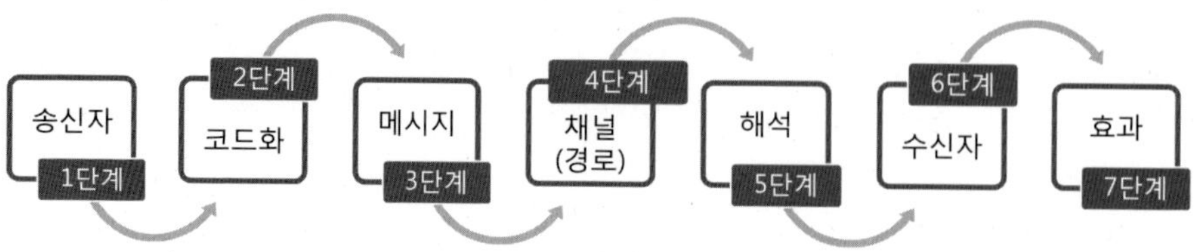

그림 0.2 | SMCRE 커뮤니케이션 모델

대인 간 커뮤니케이션이 전달되는 채널이 매우 다양하다. 채널은 인간이 가지고 있는 오감에 따라 생각해 보면 이해하기 쉽다(예를 들어 듣기-구두로 전달하기, 전화로 전달하기, 보기-글로 전달하기 등). 폭넓게 정의하면 채널은 메시지가 전달되는 메커니즘을 제공하는 것이라고 할 수 있다.

메시지는 정보, 요소(단어, 소리, 동작, 이미지 등), 구조(단어, 소리, 동작, 이미지 등이 조합된 방식), 코드(언어, 억양, 음악 등)로 구성되어 있다. 기본적으로 송신자는 자신이 전달하고자 하는 메시지를 코드화(encode)하고 적절한 채널을 선택하여 메시지를 보낸다. 커뮤니케이션의 수신자는 전달된 메시지를 해석(decode)하게 된다. 메시지를 해석하는 과정은 수신자가 메시지 전달에 사용된 언어에 얼마나 능통한가와 메시지가 전달된 시점에 어떠한 태도를 가지고 있었는가에 의해 영향을 받는다. 메시지를 코드화하는 과정과 해석하는 과정에는 커뮤니케이션 과정에 참여한 사람들이 가지고 있는 가치관, 신념, 언어, 문화, 인지능력, 경험, 지식들이 깊숙하게 관련되어 있다. 이러한 과정은 SMCRE(Sender-Message-Channel-Receiver-Effect) 커뮤니케이션 모델이라는 명칭으로 종합하여 제시되었다(그림 0.2).[14]

이 책에서는 SMCRE 모델을 바탕으로 발전시킨 재무설계 커뮤니케이션 및 상담 기술 프레임워크를 제시하고자 한다.

재무금융분야에서의 커뮤니케이션 및 상담 기술 프레임워크

재무금융분야에서의 커뮤니케이션 및 상담 기술 프레임워크를 제시하는 목적은 재무금융전문가와 고객의 커뮤니케이션 과정에 대한 개념적 이해를 돕는 것이다.

〈그림 0.3〉에 제시되어 있는 프레임워크는 재무금융분야에서의 커뮤니케이션 및 상담 과정을 단계적으로 보여준다.

제 1 단계

제1단계에서 재무금융전문가는 고객에게 전달하거나 고객과 나누어야 할 토픽을 생각한다. 재무금융전문가가 고객의 투자위험수용성향을 평가해야 하는 경우를 생각해 보자. 이때 재무금융전문가는 고객에게 투자위험수용성향이 무엇인지, 왜 투자위험수용성향을 측정해야 하는지, 투자위험수용성향은 어떻게 평가되는지 등을 설명해야 한다. 물론 이러한 토픽 중에서 일부는 이미 고객과의 기존 커뮤니케이션에서 전달되었을 수도 있다.

제 2 단계

제2단계에서 재무금융전문가는 고객에게 투자위험수용성향 이슈를 전달하기 위한 커뮤니케이션 채널을 선택한다. 고객과 재무금융전문가가 만나는 경우를 생각해 보면 커뮤니케이션 채널은 언어적인 것(직접적인 질문하기)과 촉각적인 것(만질 수 있는 것-짧은 설문지에 답하기)의 조합이 될 수 있다. 이 책에서 제시하는 제2단계는 다른 커뮤니케이션 모델과는 다르다. 왜냐하면 일반적으로 메시지를 개발하는 것이 커뮤니케이션 과정의 2단계에 제시된 경우가 많기 때문이다. 실무에서 커뮤니케이션의 2단계와 3단계(채널과 메시지)는 서로 섞여 있는 경우가 많다. 예를 들어, 고객에게 시장 변화에 대한 정보를 긴급하게 제공해야 하는 상황을 생각해 보자. 이러한 경우에는 채널을 먼저 선택하고 그 채널에 맞게 전달하고자 하는 메시지를 편집하는 것이 적절한 방법이다. 모든 고객에게 단체 이메일을 보내

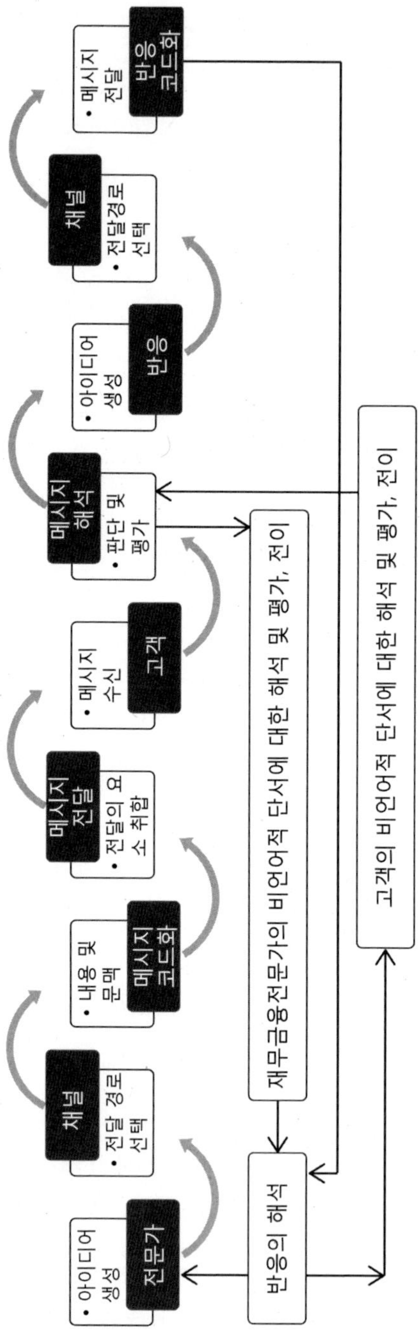

그림 0.3 ❙ 재무금융분야에서의 커뮤니케이션 및 상담 기술 프레임워크

고자 하는 경우라면 개별 고객과 1대1로 대면접촉을 하는 경우와는 다른 유형의 메시지를 구성해야 한다. 하지만 메시지가 먼저 구성되고 채널을 선택해야 하는 상황도 있으므로 여기에 제시된 프레임워크는 상황에 맞게 융통성 있게 적용될 수 있다.

제 3 단계

제3단계에서 재무금융전문가는 고객에게 전달할 메시지의 내용을 구성하게 된다. 이것을 메시지 코드화라고 부른다. 투자위험수용성향에 대한 예시를 다시 생각해 보자. 이 경우에 메시지에 포함될 내용은 투자위험수용성향이 무엇인가에 대한 내용과 재무설계에서 왜 투자위험수용성향을 정확하게 측정해야 하는가에 대한 설명을 포함해야 할 것이다. 이때 사용되는 언어, 고객과 관련된 문화에 대한 감수성, 고객의 이해능력 등을 고려해야 하며, 선택한 채널에 적절한 내용으로 구성해야 한다. 투자위험수용성향에서 '위험'이라는 의미가 서로 다른 가치관과 선호, 신념, 문화적 배경에 따라 상이하게 해석될 수 있으므로 주의해야 한다. 예를 들어, 어떤 고객에게 '위험'은 '기대'로 해석되는 반면, 다른 고객에게는 '손실'로 여겨질 수 있다. 이러한 점들을 고려할 때 적용할 수 있는 방법 중 하나는 고객에게 다음과 같은 질문을 하는 것이다. "고객님의 친구들은 고객님을 어느 정도 위험을 선택하는 사람이라고 평가하나요?" 고객에게 이러한 질문에 대하여 대답할 기회를 준 다음에 투자위험수용성향 설문지에 응답하도록 하는 것이다.

제 4 단계

제4단계는 메시지를 보내는 매우 중요한 단계이다. 재무금융전문가는 고객의 질문에 대한 답변을 함과 동시에, 재무설계에 필요한 것을 효과적으로 전달하기 위해 커뮤니케이션 요소들을 조합해야 한다. 커뮤니케이션의 요소는 단어, 억양, 몸동작, 표현, 이미지, 그리고 바디랭귀지 등을 말한다. 투자위험수용성향을 측정하는 예시에서 커뮤니케이션의 요소를 조합한다는 것은 재무금융전문가가 단순히 고객을 격려하는 얼굴 표정에 적절한 목소리를 사용하여 질문에 답변하는 것일 수 있다. 고객의 질문에 명확하게 답변을 한 다음에는 투자위험수용성향을 측정하는 질문지를 고객에게 건네고 고객으로 하여금 개인적으로 질문지에 답변할 수 있는 시간을 주기 위하여 잠시 자리를 비워주는 방법을 사용할 수 있다.

제 5 단계와 제 6 단계

메시지가 보내진 이후에 그 메시지를 받고 해석하는 것은 고객의 몫이며 이 과정이 5단계와 6단계에서 이루어진다. 이 단계들은 대체적으로 빠르게 진행되며 질문의 유형과 고객의 신념, 가치관, 문화적 배경, 선호, 기대 등의 요인에 의해 영향을 받는다. 이 단계들을 실무에 기반하여 이해하는 것이 중요하다. 모든 사람들은 의사소통의 과정에서 아이 컨택, 특정한 자세 취하기 등과 같은 다양한 비언어적인 커뮤니케이션을 이용한다. 이러한 비언어적인 커뮤니케이션을 이해하고 적절하게 이용하는 것은 고객으로부터 신뢰를 얻고 관계를 정립하는 데에 있어서 필수적이다.

고객이 메시지를 전달받고 해석하는 동안 재무금융전문가들은 고객이 사용하고 있는 비언어적인 표현을 포착하는 기회를 얻게 된다. 고객의 비언어적인 표현은 말로 하지는 않았으나 고객이 재무금융전문가에게 보내는 신호이다. 대부분의 경우, 이러한 신호는 어떤 특정한 목적이 있거나 의도적인 것은 아니다. 하지만 이러한 신호는 해당 메시지가 성공적으로 도달했는지 아닌지를 가늠할 수 있게 하는 중요한 단서이다. 예를 들어, 고객에게 이메일을 보내는 상황을 생각해 보자. 만일 고객이 해당 이메일에 즉각적으로 답장을 보내 왔다면 이것은 고객이 해당 메시지에 대하여 관심을 가지고 있다는 것을 보여주는 것이다. 하지만 단순히 고객이 그 시점에 이메일을 확인하고 있는 중이었기 때문일 수도 있다. 만일 고객이 해당 이메일에 대한 답변을 뒤늦게 보내왔다면 이러한 상황은 고객이 해당 내용에 관심이 별로 없다는 것을 뜻할 수 있다. 그러나 고객이 이메일 확인을 잘 안하기 때문일 수도 있으므로 다른 커뮤니케이션 채널이 필요할 수도 있다. 이러한 비언어적인 표현을 파악하고 이해하는 것은 매우 중요한 커뮤니케이션 기술이다.

비언어적인 표현을 이해하는 것 이외에 재무금융전문가는 전이(transference)를 이해해야만 한다. 고객의 태도, 기분, 공포심 및 기타 정서적인 상태가 고객이 메시지를 받아들이고 해석하는 과정 중에 비언어적으로 다시 재무금융전문가에게 전달되어 올 수 있다. 만일 고객의 감정상태를 제대로 이해하지 못한다면, 재무금융전문가에게도 감정상태가 전이될 수 있다. 따라서 재무금융전문가들은 고객의 감정에 어떻게 대처할 것인가를 이해하는 것이 매우 중요하다. 〈그림 0.3〉에서 '재무금융전문가의 비언어적 단서에 대한 해석 및 평가, 전이'와 '반응의 해석' 사이의 연결 화살표는 거의 모든 고객과 재무금융전문가의 커뮤니케이션 및 상담 과정에서 발생하는 지속적이고 역동적인 고객 반응에 대한 피드백을 나타낸다.

제 7 단계 및 제 8 단계

대화를 할 때 수신자는 거의 자동적으로 해당 메시지에 대하여 평가를 내리게 된다. 제7단계에서 고객은 메시지에 반응하여 자신의 의견을 형성하게 된다. 이 단계는 고객이 재무설계 과정에 참여하는 생산적인 단계가 된다. 하지만 경우에 따라서 고객으로부터 아무런 반응을 얻어내지 못하는 수도 있다. 고객이 자신의 의견을 형성하여 무엇을 말할 것인가를 결정하면 8단계로 진행되어 고객이 커뮤니케이션 채널을 선택하게 된다. 그 이후 고객은 본인의 응답을 메시지를 보낸 사람에게 되돌려 보내는 9번째 단계로 진입한다.

제 9 단계

비록 제9단계가 여기에서 제시한 커뮤니케이션의 마지막 단계이지만 실제 재무금융분야에서의 커뮤니케이션과 상담은 지속적인 과정이다. 이러한 지속성은 〈그림 0.3〉에서 제9단계인 '반응의 고드화(encode response)'에서 재무금융전문가의 '반응의 해석(decode response)' 사이의 화살표로 표시되어 있다. 또한 이 책에서 제시된 커뮤니케이션 프레임워크는 다단계의 피드백을 기반으로 개발된 것인데, 〈그림 0.3〉을 보면 재무금융전문가의 '반응의 해석'은 '고객의 비언어적 단서에 대한 해석 및 평가'를 통해 제6단계에 해당하는 고객의 '메시지 해석(decode message)'으로 연결되는 것을 볼 수 있다. 만일 고객의 투자위험수용성향을 측정하는 상담 도중에 재무금융전문가가 다른 사람과 전화 통화를 한다면 고객은 이것을 어떻게 받아들이게 될까? 이러한 상황은 분명히 고객과의 신뢰형성에 악영향을 미치게 될 것이다.

요 약

〈그림 0.3〉에 나와 있듯이 고객과 재무금융전문가의 커뮤니케이션 과정은 지속적인 순환의 과정이다. 물론 특정 상담의 과정에서는 명시적으로 커뮤니케이션의 시작과 끝이 있을 수도 있다. 예를 들면, 고객에게 커피를 마실지 녹차를 마실지 등을 묻는 경우에는 질문과 대답으로 커뮤니케이션 과정이 끝날 수 있다. 하지만 일반적으로 고객에게 차를 권하는 질문을 하였다는 것은 고객과 재무금융전문가의 지속적인 관계형성 과정 중 일부이다.

이 책에서는 커뮤니케이션과 재무상담 과정에서 가장 효과적이라고 밝혀져 온 커뮤니케이션 기술에 대하여 다루려고 한다. 책 전체를 통하여 우리는 이러한 기술에 대한 구체적인 사례를 제시하고 특히 그러한 사례가 재무금융분야 실무에 어떻게 적용되는지를 제시하였다. 또한 구체적으로 무엇을 해야 하고 무엇을 피해야 하는지에 대하여 사례를 같이 만들어서 제시하였다. 따라서 책을 읽고, 사례를 살펴보고, 실제 상황에서 연습해 봄으로써 커뮤니케이션 기술을 향상시킬 수 있도록 돕고자 하였다. 30년차 재무금융전문가의 마지막 날이든, 대학에서 이제 막 재무설계를 배우는 첫날이든, 이 책을 통하여 재무설계의 핵심역량을 향상시키고 고객과의 관계 정립에 중요한 기술을 습득하는 기회를 잡을 수 있을 것이다.

주

1. D. Yeske, "Finding the Planning in Financial Planning," *Journal of Financial Planning* 23, no 10 (2010): 40-51.
2. N. Sharma and P. G. Patterson, "The Impact of Communication Effectiveness and Service Quality on Relationship Commitment in Consumer, Professional Services," *Journal of Services Marketing* 13 (1999): 151-171.
3. D. L. Sharpe, C. Anderson, A. White, S. Galvan, and M. Siesta, "Specific Elements of Communication That Affect Trust and Commitment in the Financial Planning Process," *Journal of Financial Counseling and Planning* 18, no. 1 (2007): 2-17.
4. CFP Board는 1985년에 설립된 독립 전문인증기관이자 모범규준을 설정하는 기관으로 CFP 전문가들의 교육, 자격시험, 경험, 윤리 등에 대한 기준을 설정하고 관리 감독한다. 특히 CFP 인증과정을 통하여 재무설계전문가의 기본 역량에 필수적인 사항과 기준을 설정하여 대중의 이익 증진에 기여하고자 한다.
5. H. Evensky, *Put Your Mouth Where Your Money Is: The 9 Keys to Proactive and Interactive Communication for a Wealth Management Practice* (Shrewsbury, NJ: Charter Financial Publishing Network, 2014).
6. C. Anderson and D. L. Sharpe, "The Efficacy of Life Planning and Communication Tasks in Developing Successful Client-Financial Planner Relationships," *Journal of Financial Planning* 21, no. 6 (2008): 66-77.
7. C. Nelson, "Communication Styles and Business Growth," *Journal of Financial Planning* 23, no. 9 (2010): 8-11.
8. D. Dubofsky and L. Sussman, "The Bonding Continuum in Financial Client-Financial Planner Relationships," *Journal of Financial Planning* 23, no, 10 (2010): 66-78.
9. Id., 76.

10. D. Yeske, "Finding the Planning in Financial Planning."
11. M. Swift and J. Littlechild, "Building Trust through Communication," *Journal of Financial Planning* 28, no. 11 (2015): 28–32.
12. K. C. Harad, "Devise a Client Communication System That Inspires Loyalty," *Journal of Financial Planning* 27, no. 4 (2014): 20–21.
13. T. Christiansen and S. A. DeVaney, "Antecedents of Trust and Commitments in the Financial Client–Financial Planner Relationship," *Journal of Financial Counseling and Planning* 9, no. 2 (1998): 1–10.
14. D. K. Berlo, *The Process of Communication* (New York: International Thomson Publishing, 1960).

제 1 장 응용 커뮤니케이션 입문

재무설계 커뮤니케이션의 이해

이 책의 가장 중요한 전제는 "재무설계의 과정이 커뮤니케이션 이론을 적절하게 사용함으로써 향상될 수 있다"는 것이다. 여기에서 '이론'은 어떠한 현상을 설명하고 그에 대하여 결론을 낼 수 있는 가설 혹은 전제들의 조합으로 이루어진 하나 이상의 모델을 말한다. 제0장에서 우리는 재무금융전문가가 현재 혹은 잠재 고객들과 어떻게 상호작용하는가를 개념적으로 보여주는 방법의 일환으로 9단계 프레임워크를 제시한 바 있다. 이 프레임워크가 가지고 있는 중요한 가정은 고객과의 커뮤니케이션 과정을 이해하는 재무금융전문가가 그렇지 않은 전문가에 비하여 고객 개개인의 목적 달성을 더욱 효과적으로 도울 수 있다는 것이다. 만일 지금 이 책을 읽는 독자가 재무설계를 처음 배우는 대학생이라면, 여기에서 제시한 9단계 프레임워크는 재무설계 상담뿐 아니라 일반적인 상황에서 다른 사람과의 커뮤니케이션에도 도움이 될 것이다. 만일 지금 이 책을 읽는 독자가 이미 재무금융전문가로 활동하고 있다면, 아마도 9단계 프레임워크는 현재 하고 있는 일을 확인하는 과정이 될 것이다. 즉, 이 책에서 제시한 프레임워크(뿐만 아니라 일반적인 커뮤니케이션 이론도)는 고객 응대뿐 아니라 보다 넓은 대인 커뮤니케이션의 다양한 측면을 향상시킬 수 있는 정보를 제공하는 동시에 고객을 상대하는 재무금융전문가가 하고 있는 일을 설명하는 것이다.

다음에 제시된 예를 살펴보자. 재무금융전문가의 사무실을 상상해 보자. 신규 고객이 재무금융전문가와 만나기 위하여 예약을 하였다. 예약 당일 그 신규 고객이 약속장소인 사무실에 약 10분 먼저 도착하였다. 고객은 잠시 밖에서 대기하였다가 예약시간에 약속한 전문가의 방으로 안내되었다. 몇 분 후 재무금융전문가가 사무실에 들어왔다. 이 상황에서 지금까지 해당 재무금융전문가는 고객에게 아무런 말도 하지 않았다. 이 시점에서 질문을 하나 해 보자. 과연 지금까지의 과정에서 커뮤니케이션이 일어났을까? 이 분야의 초보자는 아마도 '아직 커뮤니케이션이 시작되지 않았다'라고 응답할 수 있다. 하지만 좀 더 경험이 있는 사람이라면 '커뮤니케이션이 이미 시작되었다'라고 말할 것이다. 커뮤니케이션 이론에서도 커뮤니케이션은 이미 시작되었다고 말한다.

여기에서 지금까지 발생한 커뮤니케이션이 무엇인지 살펴보자. 우선 신규 고객은 해당 재무금융전문가와 예약을 하기 위하여 어떠한 방법을 사용했을 것이다. 전화를 이용했을 수도 있고, 온라인으로 예약했을 수도 있고, 이메일을 하였을 수도 있고, 고객이 직접 금융회사를 방문하여 예약을 잡았을 수도 있다. 어떤 방법을 사용했던 간에 이 고객은 이미 해당 금융회사 혹은 재무금융전문가 사무실과 접촉하였을 것이다. 예약을 잡기 위해 고객이 거친 과정은 이후 커뮤니케이션에 영향을 미치게 된다. 아마도 예약의 과정에서 그 고객은 향후 재무금융전문가와의 미팅이 어떻게 진행될 것인가에 대한 일정 수준의 예측과 평가를 하게 되었을 것이다. 고객과 전문가의 관계정립 초기에 고객은 매우 적은 양의 정보를 바탕으로 해당 전문가에 대한 어떠한 가정을 하게 되는데, 특히 초기의 이 소량의 정보와 커뮤니케이션의 내용은 매우 중요한 영향을 미친다. 일반적으로 사람들은 정보가 매우 적게 제공되면 그 정보의 의미를 과장하여 해석하는 경향이 있다. 예를 들어 그 고객이 금융회사 혹은 전문가의 웹사이트 홈페이지를 보고 전화를 하였다고 가정해 보자.

고 객: 여보세요~ 여기서 제공하는 재무설계 서비스가 뭔지 알 수 있을까요?

전문가: 네 고객님, 저희는 투자 및 은퇴설계 서비스를 제공합니다. 자세한 설명을 원하시면 예약 잡아드릴까요?

고 객: 아… 네… 아니에요. 괜찮습니다.

이 상황에서 웹사이트와 간략한 전화 통화는 고객에게 특정한 메시지를 전달한 커뮤니케이션으로 작용하였다. 이 짧은 전화 통화에서 전문가는 고객과 어떤 커뮤니케이션을 하였을까? 전화를 한 고객은 정말로 이 회사에서 제공하는 서비스가 무엇인지를 알고 싶었을까? 이 고객은 어쩌면 이 회사 사람들이 어떤지 한번 통화해 보고 싶었던 것은 아닐까? 이 '첫인상 메시지'는 커뮤니케이션 과정에서 매우 중요하고 지속적으로 영향을 미치게 된다. 기존의 연구들은 '첫인상을 만들기 위한 두 번째 기회는 없다'는 선인들의 격언이 맞다는 것을 보여준다.[1] 이 첫인상의 지속성을 생각한다면 재무금융전문가는 고객과의 첫 번째 커뮤니케이션에 공을 들여야 한다.

재무금융전문가는 첫 번째 예약을 잡기 전에 고객이 원하는 특정 서비스가 있는지를 물어보고 고객에게 이야기할 기회를 준 다음에, 고객이 원하는 것을 회사에서 제공해 줄 수 있는지를 파악하려고 노력했어야 한다. 재무금융전문가는 올바른 질문을 함으로써, 고객과 신뢰를 형성하고 신뢰를 바탕으로 하는 관계를 정립할 수 있는 기회를 얻을 수 있으며, 고객과 자신의 시간 낭비를 줄일 수 있다.

고 객: 여보세요~ 여기서 제공하는 재무설계 서비스가 뭔지 알 수 있을까요?

전문가: 네 고객님, 저희는 재무설계 전체 영역에 대한 서비스를 제공하는데요, 각 서비스를 개별 고객에게 맞게 맞춤형 서비스를 제공합니다. 혹시 고객님께서 가장 관심을 가지고 있는 부분이 어떤 것인지 알 수 있을까요?

고 객: 아… 네… 지금 저는 특히 세 가지 사항이 걱정인데요… 충분히 저축하고 있는 건지, 지금 투자하는 건 잘하고 있는 긴지 하고요… 저희 애가 좀 특별한 케어를 필요로 하는데요, 저희 아이

를 위해서 좀 장기적인 계획을 세워야 하는지 생각하고 있어요.

전문가: 말씀해 주셔서 감사합니다. 간단히 말씀해 주셨지만 고객님 상황을 이해하는 데 많은 도움이 되었습니다. 특히, 저희 회사에서는 특별한 케어가 필요한 자녀를 위한 전문 팀이 구성되어 있습니다. 물론 상황에 맞는 투자 및 은퇴설계도 맞춤형으로 해 드리고 있습니다. 저희가 제공해 드리는 서비스로 고객님의 문제해결에 도움을 드릴 수 있을 것 같은데, 한번 방문하셔서 자세한 상담을 받아 보시겠습니까?

고　객: 그럴까요? 아무 때나 방문해도 되나요?

신규 고객과의 커뮤니케이션은 그 고객이 전문가의 사무실 혹은 회사를 방문하는 순간에도 발생한다. 이러한 커뮤니케이션은 사무실 입구에서 고객이 인사를 받았는지, 인사에 대한 고객의 반응은 어떠했는지, 고객이 따뜻하게 환영 받았다는 느낌을 받았는지, 음료를 권한 시점은 언제였는지, 고객이 안내된 사무실의 분위기는 어떠했는지, 사무실의 가구배치나 인테리어가 전문가의 일하는 스타일을 알 수 있도록 해주는 것인지, 비즈니스 뉴스가 나오는 TV가 켜 있었는지, 비치된 잡지의 종류는 어떤 것인지, 고객이 기다리는 동안 매우 조용한 상황이었는지, 클래식 음악이 나왔는지, 고객에게 다른 사람들의 상담하는 이야기가 들렸는지 등등이다. 각각의 내용에 대하여서는 이 책에서 보다 자세히 설명할 것이다. 여기에서는 이러한 다양한 환경적 요인들이 고객으로 하여금 해당 재무금융전문가의 메시지를 해석하는 데 영향을 미치는 요인이라는 것을 언급하고자 한다. 메시지를 만들고 해석하는 것은 커뮤니케이션 이론의 주요 요소들이다. 사무실의 환경과 직원들의 응대는 고객이 앞으로의 재무금융전문가와의 상담을 얼마나 편하게 느끼게 할지와 무엇을 기대하게 만들지 등에 영향을 미칠 뿐 아니라, 고객과의 커뮤니케이션 방식을 결정하게 할 수 있다.

이제 고객이 해당 재무금융전문가와 본격적인 미팅을 시작한다고 생각해 보자.

> 전문가: 만나 뵙게 되어 반갑습니다.
> 고　객: 네, 시간 내 주셔서 감사합니다.
> 전문가: 아닙니다. 오늘 오시는 데 길이 많이 막히지는 않으셨어요?
> 고　객: 별로 안 막혔어요. 여기까지 오는 데 한 20분 정도밖에 안 걸렸어요.

위의 대화는 확실히 커뮤니케이션이 발생했음을 보여준다. 특히 신규 고객과 재무금융전문가는 언어적인 커뮤니케이션을 나누었다. 언어적 커뮤니케이션은 매우 중요하지만 여기에는 단순히 이야기하는 것 외에도 많은 것을 포함한다. 커뮤니케이션은 말하는 것 또는 글 쓰는 것 이상을 포괄하기 때문이다. 위의 대화에서 고객이나 전문가는 단순한 어조로 말만 하는 로봇은 아니다. 무엇을 말하였는가도 중요하지만, 때로는 그 내용이 어떠한 방식으로 말하여졌고 어떻게 해석되었는지가 더 중요하다. 말로 정확하게 표현되지 않은 것, 말하지 않은 것이 대화의 송신, 수신, 해석을 결정한다. 즉, 앞의 대화에서 우리가 보지 못하는 것들의 예는 다음과 같다.

- 얼굴의 표정
- 목소리의 톤
- 재무금융전문가의 복장
- 고객과 재무금융전문가가 어디에 어떻게 앉아 있는가

위의 예시에서 우리는 두 사람이 어떻게 이야기하는지를 듣지 못한다. 만약에 재무금융전문가와 고객이 서로 소리를 지르고 있다면 우리는 앞의 대화를 다른 방식으로 해석하게 될 것이다. 만약에 한 명은 소곤거리는 목소리로 말하는데 다른 한 명이 이메일을 보고 있다면 어떨까? 만약에 고객은 재무금융전문가와 눈을 마주치려고 노력하는데 전문가가 책상만을 바라본다거나 계속 다른 곳을 보고 있디면 어떨까? 이 예시에서 우리가 보지 못하고 듣지 못하는 것들은 예시를 통해 우리가 알게 되는 것들

못지않게 중요하다.

이 장의 목적은 재무금융전문가의 커뮤니케이션 기술과 역량을 향상시키기 위한 발판을 제시하는 것이다. 이 장에서 우리는 목적을 달성하기 위해서 커뮤니케이션 관련 이론을 설명하고자 한다. 이론을 알게 되면 독자들이 커뮤니케이션의 구체적인 기술을 이해하고 적용하는 것이 더 용이하게 될 것이다.

재무설계의 결과

이 책에서는 다양한 재무금융전문가 중에서 CFP®(Certified Financial Planner)의 업무수행 표준에 초점을 맞춘 예시들이 제시된다. 특히 미국에서 CFP®의 질적인 수준을 관리하고 다양한 표준을 설정하고 감독하는 CFP Board가 제시하고 있는 주요 내용 및 학습 목표 등을 설명한다. 이 책과 직접적인 관련이 있는 커뮤니케이션에 대하여 CFP Board에서 제시하는 학습 목표와 성과[2]는 재무금융전문가가 갖추어야 할 최소한의 기준을 적절하게 제시하고 있다.

커뮤니케이션과 상담의 원리와 관련한 CFP Board의 학습 목표 및 성과

1. 상담이론이 재무설계 실무에 어떻게 적용되는지를 설명할 수 있다.
2. 재무금융전문가가 고객과의 상호작용에서 상호 신뢰와 진실성을 바탕으로 한 관계를 정립하기 위해서 어떻게 해야 하는지를 설명할 수 있다.
3. 언어적, 비언어적 커뮤니케이션 요소를 평가할 수 있다.
4. 고객과의 의사소통에서 경청의 기술을 적용할 수 있다.
5. 개인 고객을 응대할 때 사용하는 적절한 커뮤니케이션과 상담의 기술을 선택할 수 있다.

이 책은 이와 같은 학습성과를 달성하는 데 필요한 내용을 제공한다. 이러한 성과를 달성하기 위하여, 과연 '커뮤니케이션'이 무엇인지 그 정의를

살펴보도록 하자.

커뮤니케이션의 정의

커뮤니케이션은 무엇인가? 이 매우 간단한 질문에 대한 대답은 애매모호할 수 있다. 사실 학계에서 제공하는 이 간단한 질문에 대한 답변은 수백 가지가 넘는다. 어떤 사람들은 커뮤니케이션은 송신자가 수신자에게 메시지를 보내는 행위라고 정의한다.[3] 이 정의에서 수신자(정보를 제공받는 사람)는 개념적으로 한 명에서 수백 만 명까지 매우 넓은 범위를 포함한다. 다른 사람들은 커뮤니케이션을 메시지를 통한 상호작용 과정이라고 정의한다.[4] 히스(Heath)와 브라이언트(Bryant)는 커뮤니케이션은 대화 또는 만남의 결과에 의한 의도한 혹은 의도되지 않은 지속적인 사건이라고 정의한다.[5] 수백 가지가 넘는 커뮤니케이션의 정의들 중에서 완벽히 만족할 만한 것은 없지만, 우리는 커뮤니케이션을 '과정'으로 보는 견해를 지지한다. 재무금융전문가에게 커뮤니케이션을 과정으로 보는 견해는 직관적으로 볼 때에 가장 맞는 말이라고 느낄 것이다. 앞으로 좀 더 자세히 설명될 이 '과정'의 견해는 커뮤니케이션 당사자 간의 상호 이해를 돕기 위한 정보를 생성하고 나누는 과정을 의미한다.[6]

이 책에서 제시하는 과정적인 견해로서 커뮤니케이션 프레임워크는 커뮤니케이션의 두 가지 중요한 특성을 강조한다. 첫째, 커뮤니케이션은 감각적이라는 것이다. 즉, 커뮤니케이션은 우리의 오감 중에서 적어도 하나 이상을 필요로 한다. 예를 들면, 보는 것과 듣는 것은 모두 메시지의 송신과 수신에 필수적이다. 하지만 냄새를 맡고, 맛을 보고, 만지는 것 또한 커뮤니케이션 능력에 도움이 된다. 악수와 같이 어떤 사람이 당신을 신체적으로 접촉한 상황을 가정해 보자. 악수는 당신에 대한 따뜻하고 진정어린 환영일 수도 있고 형식직인 인사일 수도 있다. 만일 악수를 진정어린 따뜻한 환영의 수단으로 사용하였다면 촉각은 그러한 커뮤니케이션을 더욱 잘 이해하는 데 활용되었을 것이다. 하지만 악수가 부정적으로 느껴졌다면 이는 이후 대화에 긴장을 불어넣을 수 있다. 이 예시에서 알 수 있는 것은 커뮤니케이션의 과정에서 인식(perception)의 요소가 중요하게 작용한다는 것이다. 고객의 인식은 메시지가 얼마나 성공적으로 전달되었는지보다 훨씬 중요하다. 개별 고객의 인식은 다르다. 물론 개별 재무금융전문가의 대응도 다르다.

둘째는 커뮤니케이션은 학습된 행동이라는 것이다. 고객과 전문가의 관계를 성공적으로 형성하고 그러한 관계를 지속적으로 유지하기 위해서는 본인의 의사를 제대로 전달할 수 있는 기술과 소통된 의사를 적절하게 해석할 수 있는 능력이 필수적이다. 즉, 커뮤니케이션에서는 단어나 어떠한 형상이 전달되는 것 이상으로 그러한 내용의 전달이 어떠한 맥락에서 이루어졌는가에 대한 이해가 중요하다. 예를 들어, 미국식 영어에서 쓰이는 표현으로 'you guys'라는 말을 보자. You guys에서 guys는 주로 남성을 지칭하는 말이다. 하지만 일반적인 상황에서 연사가 청중에게 '여러분 안녕하세요?'라는 인사를 할 때 'you guys'를 사용하는 경우가 있다. 이때 연사가 'you guys'라고 하였다고 해서 이것을 남성 청중에게만 한 인사라고 여겨서 연사가 성차별적인 발언을 했다고 생각하는 사람은 없다. 물론 이 예시는 미국에서만 적용되는 사항이다. 즉, 미국의 청중(혹은 미국식 영어를 이해하는 청중)은 어떤 사람이 'you guys'라는 말을 사용하였을 때 그 의미가 무엇인지 그리고 여기에서 사용된 guys라는 말은 특정 성별만을 지칭하는 말이 아니라는 것을 안다.

재무설계의 상황에서 커뮤니케이션은 특정한 의도를 가지고 있다. 즉, 고객이나, 동료, 회사의 직원들과 커뮤니케이션을 하는 상황은 항상 특정한 목표를 가지고 있다는 것이다. 아마도 아래와 같은 목표들이 있을 것이다.

- 업무적인 관계를 형성하는 것
- 신뢰를 쌓는 것

- 정보를 획득하는 것
- 어떠한 일의 한계를 설정하는 것
- 다른 사람으로 하여금 어떠한 일을 하도록 설득하는 것
- 의사결정을 돕는 것
- 권력을 행사하는 것

특정 목표를 위해 커뮤니케이션을 하는 경우, 고유하고 독특한 자기 표현 방식을 활용할 수 있다. 예를 들어, 우리는 항상 알록달록한 운동화와 티셔츠를 입는 유명한 여자 교수를 안다. 비록 이러한 복장이 가지고 있는 자유분방한 이미지 때문에, 재무설계를 공부하고 장래에 재무금융전문가로 일하기를 원하는 대학생들에게 이 복장을 권하지는 않지만, 우리는 일반적으로 그 여자 교수의 창의적인 자기 표현을 존중한다. 그 교수는 의도적이든 아니든 옷을 입는 취향으로 자신의 성격 혹은 상황에 대한 다양한 커뮤니케이션 단서를 제공한다. 재무금융전문가와 재무금융전문가가 되기를 원하는 사람들은 의도하지 않은 커뮤니케이션은 피해야 한다는 사실을 유념할 필요가 있다. 특히 고객과 전문가의 관계에서 의도하지 않은 커뮤니케이션은 위험하다. 예를 들면, 우리가 아는 어떤 사람은 모든 질문을 항상 빙빙 돌려서 한다. 그 사람은 거의 모든 대화를 이해할 수 없거나 대답할 수 없는 질문을 하면서 시작한다. 그 사람과 이야기를 하다 보면 결과적으로 대화의 초점을 잃거나 언쟁을 하게 되는 경우가 발생한다. 그런데 실상 그 사람은 이런 식의 대화를 어떤 의도를 가지고 하는 것이 아니며 본인이 이러한 식으로 질문을 한다는 것을 인지하지 못한다.

커뮤니케이션에 대하여 더욱 자세히 공부하기 전에 이 책에서 우리가 말하는 커뮤니케이션이 무엇인가에 대하여 조금 더 설명하도록 하겠다. 〈그림 1.1〉에서 볼 수 있듯이 일반적으로 커뮤니케이션에는 네 가지 유형이 있다.[7] 그 네 가지 유형은 내면적(intrapersonal) 커뮤니케이션, 대인 간(interpersonal) 커뮤니케이션, 집단(group) 커뮤니케이션, 대중(mass) 커뮤니케이션이다.

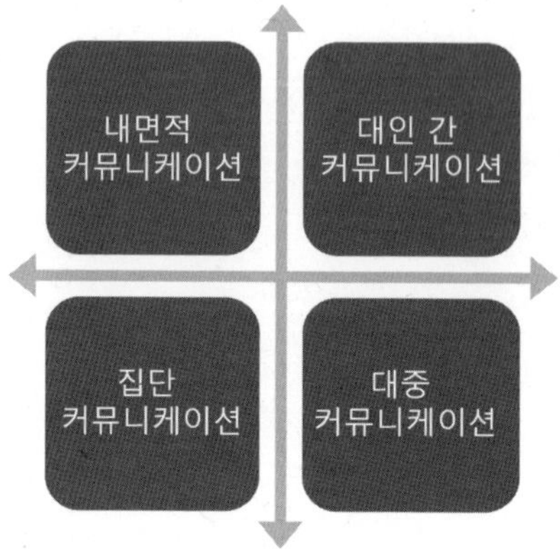

그림 1.1 | 커뮤니케이션의 유형

내면적 커뮤니케이션이란 우리가 우리 자신과 하는 대화를 뜻한다. 모든 사람은 자기 자신과 내면적으로 대화하고 갈등하거나 미래의 어떤 일에 대하여 공상을 하기도 한다. 대인 간 커뮤니케이션은 두 사람 간의 커뮤니케이션이나 작은 구조화된 단위 내에서의 커뮤니케이션을 뜻한다. 집단 커뮤니케이션이란 말 그대로 조금 더 큰 조직이나 단위 내에서의 커뮤니케이션이다. 대중 커뮤니케이션은 매우 많은 사람들에게 하는 커뮤니케이션으로 대중매체를 통하는 경우가 대부분이다. 재무금융전문가가 자기 분야에서 성공하는 데 필요한 커뮤니케이션 중에서는 아마도 대중 커뮤니케이션의 중요성이 가장 약하다고 할 수 있다.

이 네 가지 커뮤니케이션 유형은 각각 매우 중요하지만 우리는 이 책에서 주로 대인 간 커뮤니케이션을 다루고자 한다. 전문가의 영역으로서 재무설계는 한 사람이 다른 사람이나 가족 혹은 기관을 돕는 것을 전제로 한다. 재무설계의 핵심은 다른 사람을 돕는다는 것이다. 도움을 제공하는 사람으로서 성공적이기 위해서, 재무금융전문가는 자신의 커뮤니케이션 기술을 향상시키는 것에 관심을 가지고 있어야 한다. 재무금융전문가는 커뮤니케이션 기술을 습득해야 할 뿐 아니라 커뮤니케이션을 반추적(본인 스스로 심사숙고하고 평가함, reflectively)으로 그리고 반영적(타인의 반응을 고려하고 그러한 반응을 반영함, reflexively)으로 연습해야만 한다. 이 용어들은 도널드 숀(Donald Schon)에 의하여 1983년에 도입되었다.[8] 숀은 전문가들은 반드시 자신들이 가지고 있는 현실에 대한 개념 및 생각이 얼마나 정확한지 얼마나 효과적인지에 대하여 끊임 없이 반추해 보아야 하는 의무가 있다고 하였다. 전문가라면 오늘 무엇을 하고 있는지에 대하여 만족하지 말고 자신과 고객의 감정, 경험, 행동, 반응들에 대하여 지속적이고 의식적으로 평가하여 더 나아지려는 노력을 해야 한다는 것이다. 이러한 평가는 두 가지 측면에서 이루어져야 한다. 우선 전문가 본인이 느끼는 감정과 그 감정에 대한 반응을 평가하는 것이 중요하다. 그리고 그 평가의 결과를 본인을 둘러싼 사람들과 공감하는 것이 중요하다. 즉, 전문가는 동료나 고객이 보여주는 감정을 이해하고 그러한 이해를 바탕으로 대응하고, 경우에 따라서는 본인의 행동을 변화시켜야 한다는 것이다.

고객의 반응을 반영하는 측면에서 본다면 효과적인 커뮤니케이션 능력이 재무금융전문가의 성공을 가늠하는 가장 중요한 요인이다. 어떤 사람들은 금융시장을 예측하고, 포트폴리오를 도출하고, 고도의 자산관리 모델을 만드는 기술이 재무금융전문가로서 성공하는 데 가장 중요한 요인이라고 말한다. 이 말은 아마도 맞는 말일 수 있다. 하지만, 우리는 이러한 재무금융지식이나 재무금융 분석능력만으로는 이 분야에서 전문가로서 성장하는 데 한계가 있다고 말하고 싶다. 이러한 능력보다 더 중요한 것은 전문가의 현재 고객과 신규 고객에게 재무설계의 메시지를 얼마나 효과적으로 전달할 수 있는가 하는 커뮤니케이션 능력이다. 거의 모든 고객은 믿을 수 있고 그래서 의지할 수 있는 전문가들에게 상담을 받고 싶어한다. 고객은 자신들이 믿지 못하는 전문가에게는 상담을 의뢰하지 않는다. 신뢰는 고객이 전문가의 기술과 능력을 평가하는 데 가장 중요하게 작용하는 요인이다. 따라서 고객이 전문가를 어떻게 인식하는가, 더 나아가서 전문가를 신뢰할 만한 전문가로 인식하는가는 전문가와 고객의 커뮤니케이션에 의해서 형성된다. 커뮤니케이션과 인식, 신뢰의 관계는 〈그림 1.2〉와 같이 표현할 수 있다.

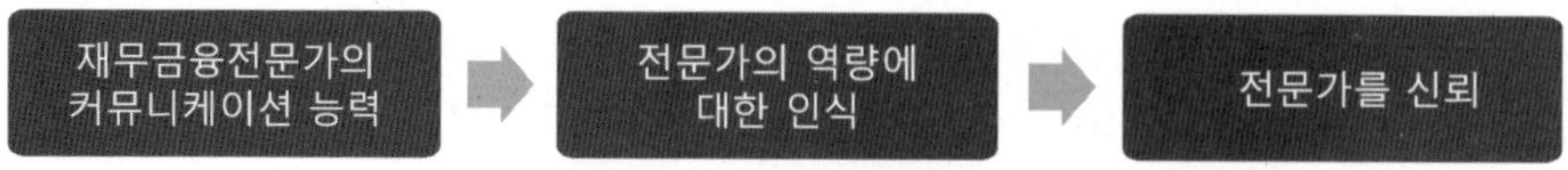

그림 1.2 | 신뢰형성의 과정

기능적으로는 능력을 갖춘 재무금융전문가가 커뮤니케이션 능력의 부족으로 인하여 자신이 가지고 있는 역량을 고객에게 제대로 전달하지 못한다면, 이러한 전문가는 기능적 능력과 커뮤니케이션 능력을 함께 갖춘 전문가에 비해 항상 비교 열위에 있게 되는 것이다.

커뮤니케이션 이론

우리가 이 책에서 제시한 커뮤니케이션의 정의를 다시 한 번 살펴보자. 가장 중요한 것은 커뮤니케이션은 '과정'이라는 것이다. 보다 구체적으로 커뮤니케이션은 한 사람이 자신의 아이디어나 정보를 상대방에게 전달하고 상대방이 그러한 아이디어나 정보를 받아들이는 과정이다. 여기에서 이러한 과정 자체보다 더 중요한 것은 이러한 전달이 이루어지는 맥락이다. 커뮤니케이션은 이러한 전달이 이루어지는 맥락에 대한 이해를 필요로 한다.

〈그림 1.3〉을 살펴보자. 이 사진에서는 두 사람 간에 무슨 일이 일어나는가? 이 그림에서 두 사람 간의 대화의 맥락을 이해하지 못하면 이 그림에 대하여 매우 다른 이야기를 할 가능성이 있다. 먼저 그림 속의 소녀의 얼굴 표정을 보자. 이 소녀는 상대방이 이야기한 것에 대하여 반응하고 있는 것인가? 아니면 질문을 하려는 것인가? 그림 속의 소년은 그저 가만히 서 있는 것인가? 아니면 상대방의 이야기를 경청하고 있는가? 대화가 일어나고 있는 상황과 그 맥락에 대한 이해가 없다면 커뮤니케이션의 목적이 무엇인가에 대하여 이해하는 것이 불가능한 경우가 많다.

〈그림 1.3〉은 커뮤니케이션이 발생하기 위하여 반드시 필요한 다섯 가지의 기본 구성요소를 말해준다. 딤블비(Dimbleby)와 버튼(Burton)[9]에 의

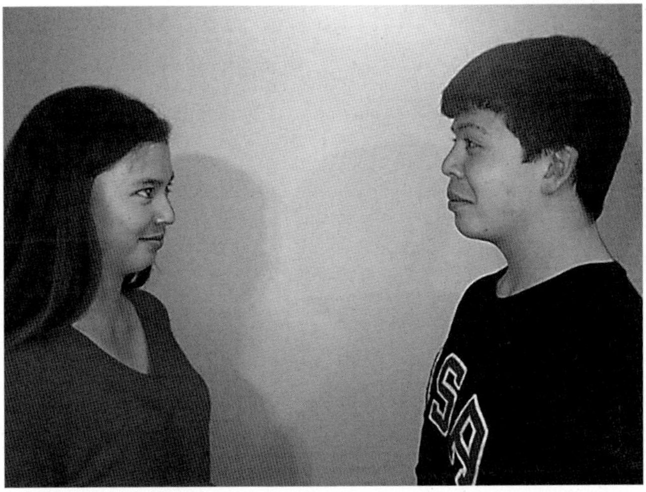

그림 1.3 | 대화의 맥락 해석하기

하면 커뮤니케이션의 과정은 반드시 다음의 다섯 가지 구성요소를 포함해야 한다.

1. 송신자(sender)
2. 메시지(message)
3. 형식(form)
4. 수신자(receiver)
5. 효과(effect)

예를 들어 〈그림 1.3〉에서 소년이 소녀에게 자신의 아이디어를 이야기한다고 가정해 보자. 위에 제시한 커뮤니케이션의 구성요소에 의하면 소년이 송신자이다. 메시지는 소년이 이야기하는 아이디어이다. 사진만을 보아서는 물론 그 메시지가 무엇인지는 모른다. 형식이란 커뮤니케이션이 전달되는 방식을 말하는데, 앞에서는 이것을 커뮤니케이션 채널이라고 지칭하였다. 이 사진에서의 형식은 구두대화이다. 다른 커뮤니케이션 형식으로 몇 가지 예를 들어보면 글쓰기, 노래하기, 춤추기, 수화로 대화하기 등이 있다. 사진에서 소녀는 메시지의 수신자이다. 효과는 메시지의 수신과 해석이며 제0장의 〈커뮤니케이션 및 상담 기술 프레임워크〉에서 메시지 해석으로 표현한 활동이다. 사진에서 소녀의 표정과 소년으로부터 약간 멀리하는 듯한 자세로 미루어 보아 소년이 전달한 메시지는 어떠한 효과를 보였다고 할 수 있다. 하지만 다시 한번 강조하지만 커뮤니케이션이 발생한 맥락에 대한 이해 없이는 그 효과가 긍정적이었는지 부정적이었는지를 아는 것은 불가능하다.

피드백의 중요성

앞에서 제시한 커뮤니케이션의 다섯 가지 구성요소는 커뮤니케이션 과정을 개념적으로 정의하고 있으나 '피드백'이라는 중요한 요소를 간과하고 있다. 피드백의 의미를 이해하기 위해서 우리는 커뮤니케이션 이론을 조금 더 깊이 이해할 필요가 있다.

가장 기본적인 수준에서 언어는 일련의 상징(기호, symbol)으로 이루어진 조합 그 이상은 아니다. 글쓰기는 커뮤니케이션 방법 중에서 상징의 조합을 가장 잘 나타내는 예이다. 이 페이지에 나오는 단어들을 보자. 한글을 읽을 수 있는 사람들에게 여기에 써 있는 언어, 줄, 띄어쓰기, 문장부호 등은 이해가 된다. 즉, 여기에 사용된 다양한 기호들의 조합과 문장 및 단락의 구성 등은 한글을 읽을 수 있는 사람들에게 쉽게 이해될 수 있는 것이다. 하지만 한글밖에 모르는 사람이 예를 들어 영어를 쓰는 나라(미국)에 방문하였다고 가정해 보자. 영어를 이해하지 못한다면 미국을 방문하였을 때, 영어밖에 모르는 사람과의 의사소통에 어려움을 겪게 될 것이며 간단한 질문에 대한 답을 얻는 데에도 많은 시간이 소요될 것이다. 그런데 커뮤니케이션은 학습되는 기술이라는 정의를 다시 생각해 보면 영어로 의사소통하기 위해서는 영어에서 사용되는 상징만을 알아서는 부족하며 효과적으로 커뮤니케이션하기 위한 지식이 필요할 것이다.

언어적 커뮤니케이션 역시 상징들의 조합으로 이루어져 있다. 이러한 상징을 추가하여 커뮤니케이션 맥락을 생각해 보자.

> 테드: 짐, 오늘 사장님 말씀하신 것 어떻게 들었어?
> 짐 : 글쎄, 사장님이 몇 가지 중요한 말씀을 하신 것 같아.
> 테드: 그러셨지. 특히 사장님께서 더 열심히 일해서 나의 발자취를 따르라고 하신 말씀은 생각할 거리를 준 것 같아.

이 예시는 커뮤니케이션의 상징이 상호간에 명확하게 이해되지 않았을 때 얼마나 쉽게 메시지를 오해하게 하는지를 보여준다. 이 대화에 참여하지 않고 대화를 읽은 우리들은 테드와 짐이 사장님을 정말 존경한다고 생각할 수 있다. 여기에 쓰여 있는 글만 보고 이렇게 판단하는 것은 이성적인 결론이라고 할 수 있다. 하지만, 우리가 이 대화에서 볼 수 없는 것은 메시지가 어떻게 코드화(encode)되었는가 하는 것이다. 이 예시에서 테드는 자신의 질문을 매우 단조롭고 건조한 목소리로 전달했을 가능성이 낮다. 또한 짐의 입장에서 테드의 질문을 액면 그대로 받아들였을 가능성도 희박하다. 짐은 테드의 질문이 어떠한 방식으로 제시되었는가에 따라 테드의 질문을 해석하고 반응하였을 것이다.

이 점은 효과적인 커뮤니케이션에서 중요한 것이 무엇인가를 보여주는 부분이다. 메시지의 송신자와 수신자는 모두 커뮤니케이션에서 사용된 상징에 대한 상호간의 이해가 있어야 한다. 효과적인 커뮤니케이션의 선행요건은 메시지를 전달받는 사람이 메시지 보내는 사람의 상징을 재빨리 이해하고 해석할 수 있어야 한다는 것이다. 경우에 따라서 이 이야기는 암호를 쓰는 스파이 작전 같이 들릴 수 있다. 스파이 작전이라는 표현이 정확하게 들어맞지는 않을지라도 커뮤니케이션의 주요 요소에 관하여 설명해주는 측면이 있다. 커뮤니케이션은 문화에 따라 다르다. 예를 들어, 우리나라 사람들의 경우는 다른 문화와는 다른 방식으로 상징과 기호를 사용한다. 커뮤니케이션에서 사용되는 상징과 기호를 학습하는 데에는 시간이 걸린다. 그리고 그러한 상징과 기호를 어떻게 해석하고 이해해야 하는

지와 관련된 기술을 습득하는 데에는 더 많은 시간이 걸린다. 아마도 우리가 영화를 볼 때 외국인이 한국사람에게 한국어를 하는 장면을 보면 웃는 이유가 여기에 있을 것이다. 대부분의 경우 외국인은 한국어에서 사용되는 표현에 대하여 잘못 해석하는 경우가 많기 때문이다.

앞에서 읽어 보았던 테드와 짐의 대화를 다시 한번 살펴보자. 이번에는 메시지가 전달될 때 코드화되는 상황을 괄호에 같이 포함하였다. 또한 메시지를 전달받은 사람이 그 메시지를 어떻게 해석하였는지 내면적 해석을 기울임체로 같이 제시하였다.

테드 (짐의 어깨를 치며): 짐, 오늘 사장님 말씀하신 것 어떻게 들었어?
해석: 테드가 뭔가 개인적인 이야기를 하려는 모양이다.
짐 (어깨를 약간 움츠리며): 글쎄, 사장님이 몇 가지 중요한 말씀을 하신 것 같아.
해석: 짐은 이 대화가 어떤 방향으로 흘러갈지 알기 전까지 아무 말도 안 할 것 같군.
테드 (거의 웃으며): 그러셨지 (윙크를 하며). 특히 사장님께서 더 열심히 일해서 나의 발자취를 따르라고 하신 말씀은 생각할 거리를 준 것 같아.
해석: 알았어. 테드는 사장님이 좀 위선적이라고 생각하는군.

여기에 써있는 언어(한국어)를 잘 이해하는 사람들은 위와 같이 해석된 대화 내용을 읽는다면 이 대화가 사실을 약간 비꼬는 투로 진행되었다는 것을 알 수 있을 것이다. 테드와 짐의 대화로 미루어 볼 때, 그들은 사장을 그리 존경하지 않는다. 왜냐하면 테드는 매우 심각한 이야기를 유머러스하게 코드화하였기 때문이다. 짐은 테드의 메시지가 아이러니하다는 것을 알아차릴 수 있었다. 게다가 테드는 윙크를 하면서 언어적인 단서 이외에 물리적인 단서를 추가로 제공하였고, 여기에서 짐은 테드가 사장을 놀리고 있다는 것을 확실하게 알 수 있었다. 테드는 사장의 말을 경멸하거나 경시하는 것을 겉으로 드러내지는 않았으나, 자신의 메시지를 코드화하여 제시하는 방법을 통해 확실히 사장을 존경하지 않는다는 것을 보여 주었다.

커뮤니케이션에서 사용되는 상징들을 해석하기 위해서는 확실한 해석 코드를 가지고 있어야 한다. 해석 코드는 메시지의 진정한 뜻이 무엇인지를 알 수 있게 해주는 것이다. 모르스 부호를 생각해 보자. 모르스 부호에서는 점과 선의 조합이 글자를 이루고 그러한 글자들이 모여서 단어와 문장을 만든다. 모르스 부호의 시스템을 이해하는 사람이라면 이 부호로 다른 사람과 의사소통이 가능하다. 수화도 마찬가지이다. 수화를 이해하는 사람들은 수화로 의사소통이 가능하다. 수화의 해석 코드를 이해하게 되면 새로운 커뮤니케이션의 방법을 알게 되는 것이다.

다시 피드백의 개념에 대하여 생각해 보자. 이 장의 앞부분에서 설명한 단순한 커뮤니케이션 모델에 의하면 효과적인 커뮤니케이션을 위해서는 송신자, 메시지, 형식 또는 채널, 수신자, 그리고 효과가 필요하다고 하였다. 이 모델에 우리는 코드화(encoding)와 해석(decoding)을 덧붙였다. 우리는 이 모델을 설명하면서 커뮤니케이션 당사자들 간에 정보가 공유되는 맥락이라는 틀을 이용하였다. 커뮤니케이션에서 정보가 공유되는 맥락에는 피드백이 내포되어 있다. 앞에 제시한 짐과 테드의 대화에서 알 수 있듯이 커뮤니케이션에는 송신자와 수신자 사이의 상호 교환이 포함되어 있다. 특정한 언어를 할 수 있는 사람들은 언어표현에 필요한 규칙들을 알고 있을 것이다. 이러한 규칙들이 메시지를 해석하는 방법을 제공하는 틀이 된다. 예를 들어, 미국의 어떤 지역에서는 특정 스포츠 팀의 로고가 그려져 있는 모자나 티셔츠 등의 의류를 착용하는 것은 그리 현명한 행동이 아니다. 왜냐하면 이러한 로고는 어느 갱단에 대한 충성을 나타내는 표시로 활용되어 그 갱단의 멤버임을 나타내는 것일 수 있기 때문이다. 단순히 모자를 쓰거나 옷을 입는 것으로 특정 갱단과 관련한 무언의 커뮤니케이션을 할 수 있는 것이다.

두 사람이 대화를 한다면 의식적이든 무의식적이든 그 두 사람은 각기 상대방의 메시지를 해석하는 과정에 능동적으로 참여하게 되는 것이다. 해석은 상대방이 사용한 단어, 몸동작, 표정, 그리고 대화에 내포된 무언의 다른 표현을 이해하려는 모든 노력을 포함한다. 〈그림 1.4〉에서 볼 수 있듯이 이러한 과정은 메시지가 보내지고 받아들여지고 해석되는 순환적인 과정으로 이해될 수 있다. 거의 모든 경우에 메시지에 대한 어떤 반응이 제공된다. 이것이 피드백의 핵심이다. 다른 말로 하면 메시지를 보낸 사람은 메시지를 받는 사람이 되고 메시지를 받는 사람은 메시지를 보내는 사람이 되어 각자 메시지를 코드화하고 해석하고 메시지에 반응한다는 것이다.

메시지에 대한 반응이 반드시 언어적일 필요는 없다. 앞에서 본 소녀와 소년의 대화 사진을 다시 생각해보자. 사진에서 소녀의 얼굴 표정은 소녀가 말하고 있는 것 이상을 표현한다. 피드백은 커뮤니케이션 당사자들에게 추가적 정보가 필요한지, 대화의 속도를 좀 더 빨리 해야 하는지 천천히 해야 하는지, 이 대화를 끝내야 하는지 등에 대하여 판단할 수 있도록 해 준다. 또한 피드백은 커뮤니케이션에서 전달된 메시지가 상대방에게 제대로 도달되고 이해되었는지를 파악할 수 있도록 도와준다.

바로 이 점이 이 책의 나머지 부분에 대한 핵심내용이다. 재무금융전

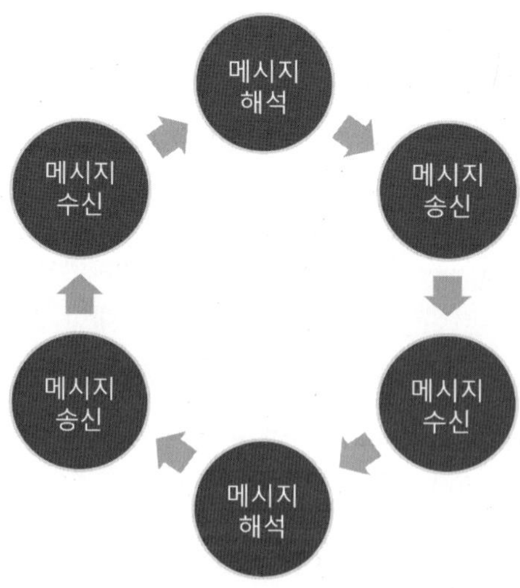

그림 1.4 | 메시지와 해석의 순환적인 과정

문가의 가장 핵심적인 역할은 고객에게 정보를 전달하고 고객으로 하여금 특정 행동을 하도록 하는 것이다. 특정 행동은 제안 내용을 실행한다거나, 추가적인 재무설계안을 고려해 본다거나, 다른 사람에게 전문가를 소개하는 것일 수 있다. 고객으로부터의 피드백은 재무금융전문가로 하여금 자신의 말과 행동이 고객에게 제대로 전달되었는지 판단할 수 있도록 도와주는 가장 핵심적인 것이다. 이 과정에서 고객은 비록 깨닫지 못하더라도 재무금융전문가가 고객에게 보내는 메시지를 해석하고 그에 대한 피드백을 끊임없이 제공한다. 따라서 고객의 피드백을 받아들이고 그것을 해석하고 이해하여 고객의 피드백에 반응을 잘 하는 재무금융전문가는 고객의 목표를 달성시켜주기 위한 재무설계서비스에서 유리한 고지에 있게 되는 것이다.

〈그림 1.5〉는 이 책에서 제시하는 재무설계 커뮤니케이션 및 상담 프레임워크를 단순화한 모델이다. 이 모델은 메시지를 송신자와 수신자, 메시지의 코드화와 해석을 포함한다. 각 기능 요소들을 연결하는 화살표는 커뮤니케이션의 방향과 커뮤니케이션 과정에서의 피드백을 나타낸다. 빠르게 진행되면서 순환되는 커뮤니케이션의 과정은 커뮤니케이션의 방향이 꽤 복잡해질 수 있다는 것을 보여준다. 메시지를 받는 사람은 언어적인 단서와 비언어적인 단서가 제시되는 그 순간부터 자동적으로 메시지의 해석을 시작한다. 이것은 또한 즉각적으로 메시지를 보낸 사람에게 피드백으로 작용한다. 물론 이러한 피드백을 받은 사람도 상대방에게 그에 대한 반응을 보낸다는 점을 기억하자. 즉, 재무금융전문가와 고객은 재무설계의 맥락에서 상대방의 단어 선택과 메시지가 전달되는 습관들, 교환되는 메시지를 해석하는 과정에 매우 적극적으로 참여하게 된다는 것이다. 이러한 과정에서 교환된 정보는 각 당사자가 이후의 메시지를 어떻게 형성하여 전달할 것인가에 영향을 미친다. 이러한 커뮤니케이션 과정에서 기대되는 성과는 재무금융전문가와 고객의 관계 증진이다.

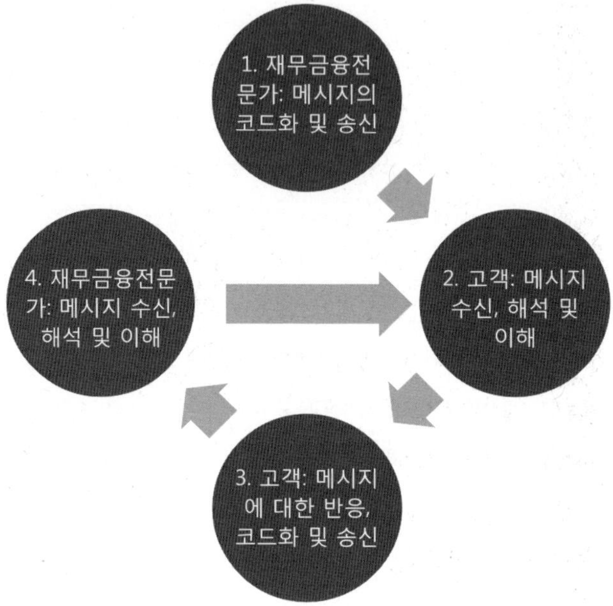

그림 1.5 | 재무설계 커뮤니케이션 모델

결 어

성공을 원하는 재무금융전문가는 커뮤니케이션이 때로는 매우 복잡할 수 있다는 사실에 압도당할 수 있다. 이미 이 분야에서 매우 성공적으로 일하고 있는 전문가들조차 경우에 따라서는 자신들의 메시지가 고객에게 잘못 이해되어 예상하지 못한 방향으로 대화가 진행되어 당혹스러울 때가 있을 것이다. 한편으로 고객이나 동료와 이야기하는 것은 매우 일상적인 것으로 누구나 자연스럽게 할 수 있는 일처럼 보인다. 하지만 이것은 착각일 수 있다. 커뮤니케이션은 학습되는 것이며, 커뮤니케이션 기술은 얼마든지 언제든지 더 발전시킬 수 있다.

훌륭한 커뮤니케이션 능력자로 태어나는 사람은 없다. 커뮤니케이션에 능통한 전문가가 되기 위해서는 다른 기술을 연마하는 것과 마찬가지로 학습과 훈련이 필요하다. 우리는 커뮤니케이션이 단순히 두 사람 간의 대인적인 대화가 아니라 메시지를 보내는 사람과 받는 사람 사이에 상징을 교환하는 과정이라고 설명하였다. 이러한 상징은 당사자 간에 상호 이해하고 있는 특정 규칙에 의해 해석되어야만 한다. 효과적인 커뮤니케이션은 메시지가 정확하게 코드화되고, 성공적으로 해석되고, 효과적으로 이해되었을 때에만 가능하다. 이 책의 나머지 부분은 재무금융전문가가 재무설계 과정에서 고객과의 커뮤니케이션에서 활용하는 가장 중요한 언어적, 비언어적 커뮤니케이션 방법에 대하여 설명하고자 한다.

요 약

커뮤니케이션의 과정을 좀 더 심도 있게 학습하기 이전에 이 책의 앞부분에 제시된 사진을 다시 한번 살펴보자. 이 장을 읽고 난 지금 〈그림 1.6〉을 본다면 좀 더 많은 정보를 얻을 수 있겠는가? 사실 이 사진에 나온 소년과 소녀는 원저자 중 한 명의 자녀들이다. 이 장의 내용을 중심으로 〈그림 1.6〉의 사진을 해석하는 방법은 아래와 같다.

1. 사진에서 소년은 메시지 송신자이다.
2. 소녀는 메시지 수신자이다.
3. 이 두 명의 커뮤니케이션 형식은 언어적 커뮤니케이션이다.
4. 두 명 모두 말하기, 아이 컨택, 자세를 대화에서 상징으로 사용하고 있다
5. 이 대화의 맥락은 아버지의 주문에 따라 여동생에게 웃긴 이야기를 해 주는 것이다.
6. 소년의 단어들은 유머러스하게 코드화되었다.
7. 소녀는 소년이 전달한 내용을 자기 집에서 보통 '웃기다'라고 생각하는 틀에서 해석하였다.

그림 1.6 | 커뮤니케이션 해석

8. 소녀의 웃음은 소년이 한 농담이 실제 웃겼고 따라서 성공적으로 해석되었다는 피드백을 제공한다.
9. 소년의 웃음은 본인이 얼마나 웃긴 농담을 할 수 있는 능력자인가를 식구들이 안다는 사실을 본인도 알고 있다는 것을 여동생에게 보내는 피드백이다.
10. 소년 입장에서 커뮤니케이션 과정의 효과는 "아 난 정말 능력자였어"이다. 즉, 본인이 웃긴 농담을 얼마나 잘 하는가에 대한 능력의 확신이다.
11. 소녀 입장에서 커뮤니케이션의 효과는 "아 친구들에게 해 줄 수 있는 웃긴 농담 하나 더 알았어"라는 기분 좋은 상태이다.

단원 정리 문항

1. 커뮤니케이션이란 무엇인가?
   Ⅰ. 정보를 생성하고 나누는 것이다.
   Ⅱ. 상호간의 이해를 향상시키는 과정이다.
   Ⅲ. 대인 간의 대화만을 전적으로 사용하는 과정이다.
   a. Ⅰ
   b. Ⅲ
   c. Ⅰ과 Ⅱ
   d. Ⅰ, Ⅱ, Ⅲ
2. 우리가 흔히 사용하는 동작들(인상찌푸리기, 눈을 찡끗거리기, 웃기 등)은 커뮤니케이션 과정에서 무엇을 나타내는가?
   a. 상징
   b. 코드
   c. 해석
   d. 효과
3. 재무설계의 관점에서 본다면, 아래의 커뮤니케이션 유형 중에서 개별 재무금융전문가에게 가장 중요도가 낮은 무엇인가?
   a. 내면적 커뮤니케이션
   b. 대인 간 커뮤니케이션
   c. 집단 커뮤니케이션
   d. 대중 커뮤니케이션
4. 커뮤니케이션 과정에 반드시 포함되는 것이 아닌 것은?
   a. 메시지
   b. 효과
   c. 해석해주는 사람
   d. 형식
5. 피드백이란 무엇인가?
   a. 메시지를 해독하는 능력
   b. 메시지 수신자가 메시지 송신자에게 보내는 반응

c. 대화를 빠르게 하는 것
d. 대화가 복잡하게 되는 상황

6. ________ 이란 대화에 포함된 단어, 몸동작, 얼굴 표정, 말로 표현되지 않은 사항들을 풀어내는 것이다.
a. 맥락화
b. 해석
c. 반응
d. 전달

7. 커뮤니케이션에 대한 설명 중 올바르지 않은 것은?
a. 커뮤니케이션은 감각적이다.
b. 커뮤니케이션은 코드의 사용을 필요로 한다.
c. 커뮤니케이션은 목적적이다.
d. 커뮤니케이션은 항상 피드백을 포함한다.

8. 고객과의 커뮤니케이션에서 피해야 할 것은 무엇인가?
a. 의도하지 않은 커뮤니케이션
b. 내면적 커뮤니케이션
c. 의도적 커뮤니케이션
d. 목적적 커뮤니케이션

9. 아래 설명 중 바른 것은?
a. 커뮤니케이션에서 사용되는 상징들은 반드시 상호간에 이해되는 코드로 해석되어야 한다.
b. 코드는 반드시 코드화된 상징으로 해석되어야 한다.
c. 내면적 커뮤니케이션은 반드시 대인 간 커뮤니케이션에 선행되어야 한다.
d. 위에 설명된 모든 설명

10. 사무실 직원들에게 메시지를 보내려고 한다. 아래 사항 중에서 이 커뮤니케이션 과정에서 가장 먼저 수행되어야 할 것은 무엇인가?
a. 메시지의 내용에 대한 해석
b. 직원들이 보낼 수 있는 부정적인 비언어적 피드백에 대한 반응
c. 메시지의 코드화
d. 메시지 보내기

11. 상대방과 마주보고 서서 이야기를 시도해 보자. 이때 어떠한 언어적, 비언어적 코드화를 사용하지 않는다. 즉, 매우 단조로운 목소리로, 어떠한 표정이나 동작 없이 이야기를 나누는 것이다. 대화를 얼마나 지속할 수 있는가? 자신이 메시지를 해석하는 능력에 대하여 어떤 평가를 내리게 되었는가? 상대방의 반응에 대해 어떠한 기분을 느꼈는가?
12. 이번에는 다른 상대를 찾아서 동일한 대화를 시도해 보자. 하지만 이번에는 가능한 한 매우 과장되게 코드화를 사용해 보자. 목소리를 크게 하고 몸 동작을 많이 사용하여 대화를 진행해 보자. 앞의 연습과 비교하여 자신의 의사소통 능력에 대하여 어떻게 느꼈는가? 얼마나 오랫동안 대화를 지속할 수 있었는가? 상대방이 본인의 이야기에 대하여 어떠한 반응을 보였다고 생각하는가?
13. 리얼리티 TV 프로그램을 틀고 소리를 완전히 줄여서 시청해 보자. 소리가 없이 표정이나 동작들만 보고 어떤 일이 발생하고 있는지를 알 수 있겠는가? 만일 해당 프로그램에서 사용된 언어를 이해하지 못하는 사람이나 해당 문화를 이해하지 못하는 사람이 소리 없이 프로그램을 본다면 그 내용을 잘 이해할 수 있을 것이라고 생각하는가? 그와 같이 생각하는 이유는 무엇인가?
14. 본인의 비언어적인 코드화 혹은 몸 동작이 전달하려는 메시지의 내용과 일치하지 않는 경우에 대해 적어보자. 예를 들면, 어떤 사람들(특히 학생들)은 당황하거나 무슨 말을 해야 할지 모르는 상황에서 웃는 경우가 있다. 이러한 경우에 메시지를 보내는 사람과 받는 사람 간의 커뮤니케이션이 어떻게 진행될 것인가? 매우 많은 사람들이 다양한 경우에 본인이 전달하고자 하는 메시지와 다른 행동 혹은 비언어적 단서를 제공한다. 이러한 경우가 어떤 경우인지를 알고 만일 그러한 경우가 있다면 어떠한 상황인지를 고객에게 알려주는 것은 오해의 소지를 줄이기 위해서 매우 중요하다.

주

1. B. Gawronski, R. J. Rydell, B. Vervliet, and J. De Houwer, "Generalization versus Contextualization in Automatic Evaluation," *Journal of Experimental Psychology: General* 139, no. 4 (2010): 683-701. doi: 10.1037/a0020315.
2. Resource Document available at: www.cfp.net/downloads/CFPBoard_Learning_Objectives_Resource_2012-08.pdf.
3. J. A. Devito, *The Communication Handbook: A Dictionary* (New York: Harper & Row, 1986).
4. G. Gerbner, "An Institutional Approach to Mass Communication Research," in *Communication: Theory and Research,* ed. L. Thayer (Springfield, IL: Charles C. Thomas, 1967), 429-445.
5. R. L. Heath and J. Bryant, *Human Communication Theory and Research* (Hillsdale, NJ: Lawrence Erlbaum Associates, 2000).
6. E. M. Rogers and D. L. Kincaid, *Communication Networks: Toward a New Paradigm for Research* (New York: Free Press, 1981).
7. R. Dimbleby and G. Burton, *More Than Words: An Introduction to Communication* (New York: Methuen, 1985).
8. D. A. Schon, *The Reflective Practitioner: How Professionals Think in Action* (New York: Basic Books, 1983).
9. Id., 22.

제 2 장 대인 간 커뮤니케이션 과정의 구조화

대인 간 커뮤니케이션의 이해

제1장에서 이야기한 것처럼 이 책의 초점은 대인 간 커뮤니케이션의 유형에 맞추어져 있다. 대인 간 커뮤니케이션은 분명해 보일 수 있지만 경우에 따라서는 꽤 복잡해질 수 있다. 고객과 재무금융전문가의 커뮤니케이션 상호작용의 내용과 그 성과를 설명하는 데에는 필수적인 가정과 개념들이 존재한다. 이 장에서는 이러한 중요 요소들을 자세히 살펴보고자 한다.

먼저 고객과 재무금융전문가 사이의 커뮤니케이션을 설명하기 위한 이론을 살펴볼 것이다. 여기에서 '이론'이라는 말에 너무 겁먹을 필요는 없다. 이론이란 어떠한 현상을 이해하거나 설명하는 것에 도움을 주는 도구를 제공한다. 또한 효과적인 커뮤니케이션을 가장 잘 설명하기 위한 개념들을 살펴볼 것이다.

우선 '대인 간 커뮤니케이션'이 무엇인지 짚고 넘어갈 필요가 있다. 히스(Heath)와 브라이언트(Bryant)는 대인 간 커뮤니케이션을 다음과 같이 정의하였다.[1]

> 대인 간 커뮤니케이션이란 협상의 관계에서 사용되는 개인들 간의 역동적인 상호작용이다. 이 상호작용에서 개인들은 커뮤니케이션 스타일과 전략을 사용하는데, 이러한 스타일과 전략은 해당 상호작용에서 자신, 상대방, 그리고 관계의 불확실성을 감소시키고, 자기 효능감을 향상시키고, 보상을 극대화하는 데 사용된다.

이 정의는 다음과 같은 내용을 내포한다.

- 첫째, 대인 간 커뮤니케이션은 관계를 중심으로 발생한다. 즉, 재무금융전문가와 고객이 말한 것과 행동한 것은 서로에게 직접적으로 영향을 미친다. 커뮤니케이션이 성공적이었다면 그러한 커뮤니케이션은 태도와 행동의 변화를 유발한다. 예를 들어, 심사숙고하여 행동을 취하고, 행동에 대하여 심사숙고해 보면서, 재무금융전문가는 고객접근방법에 변화를 모색할 수 있다. 이것은 재무금융전문가가 메시지를 전달할 때 좀 더 심사숙고하고, 자신의 이야기에 대한 고객의 반응에 주의를 기울일 때에 가능하다. 이러한 접근방법은 고객으로 하여금 전문가가 이야기한 것이 무엇인가에 대하여 제대로 이해할 수 있도록 만들어 고객이 전문가의 메시지를 정확하게 이해하는 데 도움을 준다.
- 둘째, 커뮤니케이션은 메시지에 포함된 내용 그 이상을 포함한다. 대인 간 커뮤니케이션을 행하는 당사자들은 항상 교환되는 메시지의 내용, 맥락, 예상되는 효과들에 대한 해석을 한다. 이것은 재무금융전문가와 고객의 경우에도 해당된다. 이러한 해석과 평가는 특별한 의도 없이 발생하기도 하고, 매우 심사숙고하는 과정을 거치기도 한다. 이러한 경우 커뮤니케이션은 보다 깊고 보다 의미있는 단계로 진입하게 된다.
- 셋째, 사람들은 커뮤니케이션으로부터 발생되는 편익이 비용보다 큰 경우에 한하여 지속적인 커뮤니케이션을 한다.

마지막 특성은 특히 재무설계 관점에서 중요한 의미를 가지고 있다. 고객들은 자신들이 지불하게 되는 대가와 비교하여 더 많은 것을 얻는다는 확신이 있을 때에 재무설계의 과정을 지속한다. 재무설계의 초기 단계에서는 고객은 이러한 비용과 편익의 계산을 해당 재무금융전문가와의 대화를 통해서 추정하게 된다. 고객들은 재무설계 과정의 비용을 단순히 현금 지불, 순자산 변동 등의 관점에서만 살펴보지 않고 해당 전문가와의 관계를 지속하였을 때 발생하는 관계비용까지 고려한다. 이러한 비용을 종합적으로 평가하여 이 관계를 지속할 가치가 있는지를 따져보는 것이다. 이때 고객과 재무금융전문가의 대인 간 커뮤니케이션이 고객이 느끼는 비용과 편익을 추정하는 데 사용된 주된 요소였다면, 대인 간 커뮤니케이션 능력이 높은 재무금융전문가는 확실히 우위에 있게 될 것이다. 왜냐하면 대인 간 커뮤니케이션 능력이 높은 전문가는 자신이 제공하는 서비스에 대한 '비용'을 낮추고 '편익'을 극대화할 수 있도록 재무설계의 가치를 전달할 수 있기 때문이다.

사회침투이론 (Social Penetration Theory)

어떤 관계에서든 관계의 지속력은 커뮤니케이션의 질에 달려 있다. 이것이 사회침투이론의 전제이다. 이 이론은 알트만(Altman)과 테일러(Taylor)에 의해 1970년대 초반에 제시되었다.[2] 그들은 대화의 일반적인 양상에 따라 관계가 형성된다고 하였다. 이 이론의 중요한 가정은 사람들은 다른 사람과의 상호작용 초기에 다른 사람에게 영향을 미칠 것을 기대하며, 영향을 미칠 수 있는 외적인 이미지를 보여준다는 것이다. 이러한 이미지는 각 개인의 진정한 자신일 수도 있고 그렇지 않을 수도 있다.

어떤 사람들은 자신들의 사회적 지위를 향상시킬 수 있도록 혹은 사회적 지위가 높아 보이도록 행동하려고 하는데, 재무금융전문가들은 이러한 사람들을 매일 만나게 된다. 특히 남성 고객들이 자신들의 위험수용성향에 대하여 매우 피상적으로 이야기하는 것은 이상한 일이 아니다. 많은 남성들이 위험을 선택하는 것과 강하다는 것 혹은 힘을 가지고 있다는 것을 같은 선상에서 생각한다. 따라서 남성에게 자신의 위험수용성향을 묻는다면 종종 그들은 실제 자신이 가지고 있는 위험수용성향과는 전혀 다른 대답을 하기도 한다. 일반적으로 남성들은 자신의 위험수용성향을 과대평가하여 그들이 위험을 수용하려는 의향이 매우 강하다고 답한다. 반면, 여성의 경우에는 자신의 위험수용성향을 과소평가하는 경향이 있다.

여성들이 자신의 위험수용성향을 과소평가하여 응답하는 이유는 자신이 재무적으로는 똑똑하지 않게 보임으로써 좀 더 많은 정보를 이끌어 내고 싶어하기 때문이기도 하다. 또한 실제로 여성들은 자신의 재무지식과 금융에 대한 이해도를 과소평가하여 실제 자신이 가지고 있는 위험수용성향을 낮게 인식한다. 따라서 남성이나 여성이 상담 초기에 보이는 위험에 대한 이러한 태도양상은 그들이 가지고 있는 실제 위험에 대한 태도를 정확하게 보여주지 못한다.

상대방에게 자신을 자신의 실제와 다르게 보이도록 하는 것은 단지 성별과 관련한 이슈는 아니다. 어떤 사람들은 자신이 가지고 있는 부의 수준을 과대 포장한다. 재무금융전문가들이 명품 옷을 입는다거나 매우 비싼 차를 타고 다니고 부유한 동네에 거주하는 등의 과시적인 소비를 하는 고객을 만나는 경우에는 그 고객이 그러한 수준의 부를 가지고 있는지를 반드시 확인하라는 조언을 듣는다. 하지만 고객과의 초기 상담에서 게다가 아직 고급 커뮤니케이션 기술을 갖추지 못한 상태에서 고객의 진정한 부의 수준을 파악한다는 것은 매우 어려운 일이다.

이렇게 위험수용성향을 과대 혹은 과소평가한다거나 자신이 가지고 있는 부의 수준을 과장하는 것 말고도 일반적으로 고객들은 재무금융전문가와 만나는 자리에서 자신들에 대한 좋은 인상을 심어주기 위하여 노력한다. 그런데 불행하게도 이러한 긍정적인 자기포장 태도가 재무설계에서 매우 중요한 정보인 고객의 과거 재무 행동, 부채 수준, 배우자 혹은 파트너와의 관계를 왜곡시켜 설명하거나 감추도록 하는 요인이 된다. 따라서 커뮤니케이션의 질적 수준을 높여서 상담 초기에 고객과의 신뢰관계를 형성하는 것은 재무설계의 과정에서 매우 중요한 일이다. 사회침투이론에 의하면 재무금융전문가와 고객이 의사소통하는 방법 혹은 관계를 형성하는 방법은 다음의 4단계를 거치게 된다.

1. 접근(orientation)
2. 탐색(exploration)

그림 2-1 | 고객-재무금융전문가 커뮤니케이션의 선형단계

3. 정서적 교류(affective(emotional) exchange)
4. 안정적 교류(stability)

이러한 단계는 〈그림 2.1〉에 제시되어 있다. 이 단계들은 친밀도와 정보공개의 수준으로 구별된다. 알트만과 테일러가 사회침투이론에서 사용한 '침투'라는 용어는 커뮤니케이션에서 메시지를 보내는 사람과 받는 사람이 짧거나 긴 시간에 걸쳐 관계를 형성하고 그러한 관계를 성숙시켜 나가기 위해서 필요한 친밀도와 정보공개의 수준을 설명하기 위하여 사용하였다.

접 근

재무금융전문가와 고객 간의 일반적인 초기 상담을 생각해 보자. 일반적으로 전문가는 고객을 맞이하고 자기 소개를 하고 주요 정보를 얻는 데 사용할 수 있는 시간이 매우 제한적이다. 경우에 따라서는 고객이 전문가와 만날 수 있는 시간 자체가 길지 않을 수 있다. 또한 더 중요한 점은 고객은 초기 상담에서 자신이 이 재무금융전문가와 지속적으로 재무설계 상담을 이어가고 싶은지에 대하여 확신이 없는 경우가 많다는 것이다.

일반적으로 초기 상담에서 전문가와 고객은 상대방에 대하여 조금 더 많이 알기를 원하게 된다. 또한 전문가와 고객 모두 자신이 상대방에게 특정 이미지로 보이도록 자신을 가장하거나 중요한 정보가 드러나지 않도록 자신을 포장할 수 있다. 예를 들어, 재무금융전문가는 자신의 성공이나 회사의 수준이 드러나도록 하기 위하여 매우 고급스럽게 꾸며진 사무실에서 초기 상담을 할 수 있다. 고객도 마찬가지로 자신이 해당 전문가의 서비스를 받을 정도의 부를 가지고 있다는 것을 드러내기 위하여 고급시계나 보석을 착용할 수 있다.

이 단계의 커뮤니케이션에서 친밀도와 정보공개의 수준은 낮다. 커뮤니케이션 당사자들은 매우 신중하고 일반적인 수준의 대화를 한다. 고객은 전문가가 자신을 부정적으로 평가하게 만들 것이라고 생각하는 정보를 드러내지 않기 때문에 이 단계의 대화가 매우 피상적으로 진행될 수 있다. 초기 접근에서 흔하게 사용되는 질문은 '만나 뵙게 되어 정말 반갑습니다' '오시는 데 길은 많이 안 막혔나요?' '음료 드릴까요?' 등이다.

접근단계는 고객과 재무금융전문가에게 이후의 관계가 어떻게 형성될 것인가를 가늠할 수 있도록 해준다. 경우에 따라서 이 단계는 데이트와 비슷하다. 두 사람이 처음 만났을 때 일반적으로 두 사람 사이의 공통점이나 공감대를 발견하기 위하여 피상적인 수준의 이야기를 나눈다. 커뮤니케이션 전문가들은 이 단계를 내면적 커뮤니케이션 해석학(intrapersonal communication analytics)이라고 칭한다. 언어적 및 비언어적 단서를 활용한 상대방에 대한 평가는 일단 자동적이고 무의식적으로 일어난다. 이 단계에서 커뮤니케이션 당사자들은 상대방의 진실성, 능력, 신뢰도 등을 주관적으로 평가한다. 일단 공감대가 형성된다면 커뮤니케이션은 다음 단계인 탐색의 단계로 진입한다.

초기의 접근단계에서 탐색단계로 넘어가기까지 걸리는 시간은 재무금융전문가와 고객이 공감대를 얼마나 잘 형성하는가에 달려 있다. 여기에서 공감대의 형성은 수많은 요인들에 의해 영향을 받는데, 예를 들면 얼마나 신뢰할 수 있는가, 좋아할 만한 사람인가, 나의 문제를 해결해 줄 수 있는 능력이 어느 정도인가 등에 대한 평가이다. 이 장의 뒷부분에서는 고객이, 경우에 따라서는 재무금융전문가도, 관계를 지속시켜 나갈 것인가를 결정하기 위하여 어떠한 방법을 사용하는지에 대하여 자세히 설명할 것이다. 만약에 고객이 재무금융전문가와 지속적으로 일할 마음이 있다면 초기 상담이나 적어도 두 번째 상담에서 고객은 접근에서 탐색의 단계로 매우 빠르게 진입한다는 것을 말해두고자 한다. 만일 지속적인 만남을 하고자 하는 생각이 없는 경우 이 의사결정도 매우 빠르게 일어난다.

탐 색

탐색적인 커뮤니케이션은 상대방을 보다 깊게 이해하기 위한 방법을 사용한 대화로 이루어진다. 이 단계의 커뮤니케이션 당사자들은 초기 단계의 조심스러운 접근에서 더 나아가 자신들의 감정, 느낌, 불안, 염려, 요구사항 등을 드러내는 대화를 나눈다. 대화의 내용은 매우 진지하고 심각하지만 대화하는 방식은 조금 덜 공식적이고 편하다. 즉, 이 단계에서 재무금융전문가와 고객은 상대방에게 보다 많은 정보를 알려줄 마음이 생긴다. 고객이 단순한 탐색을 떠나 전문가와 함께 일을 하고자 하는 경우에는 더욱 그렇다. 탐색적 대화의 예를 살펴 보자.

전문가: 지금까지 고객님은 회사의 퇴직연금계좌에 추가적으로 저축을 하고 계셨다는 것이죠?

고 객: 네.

전문가: 그 퇴직연금계좌의 수익률은 어느 정도인가요?

고 객: 별로 좋지 않아요. 처음 퇴직연금계좌에 돈을 넣을 때부터 지금까지 아마 연평균 3% 정도 될 것 같아요.

전문가: 그렇군요. 그 수익률에 대해서 만족하세요?

고 객: 전혀요. 은퇴까지 자금을 충분히 모을 수 없을 것 같아서 걱정이에요.

이 예시에서 볼 수 있듯이 탐색적인 대화는 초기 접근 대화보다 깊은 수준의 정보 공개를 수반한다. 그렇지만 재무금융전문가는 고객과 지속적인 관계를 수립하기 위하여 추가적인 정보가 필요하다. 즉, 커뮤니케이션이 다음 단계로 진입해야 한다는 것이다.

정서적 교류

탐색적인 대화가 고객으로 하여금 정보를 공개하도록 만드는 대화이지만 정서적인 교류는 한층 더 나아간다. 이 단계에서 고객은 단순히 자신의 정보를 전문가에게 공개하는 것 이상으로 전문가와 친구가 되어 보다 단단한 관계를 형성하고자 할 것이다.

정서적 교류의 커뮤니케이션 단계는 탐색적 커뮤니케이션의 연장선상에 있다. 이 단계에서 재무금융전문가와 고객은 전문가와 고객의 관계에서뿐 아니라 개인적인 관계에서도 상대방을 더 많이 알게 된다. 이 단계에 진입하게 된다면 전문가와 고객이 만나서 하는 대화는 상대방의 가족, 건강, 기타 개인적인 사항에 대한 질문으로 시작한다. 정서적 교류의 단계에서 대화는 정보를 탐색하기 위한 것이라기보다는 각자 가지고 있는 진정한 감정이나 느낌 등을 공유하기 위한 것이다. 정서적 교류는 서로간의 믿음을 공고히 하고 마음을 열도록 하는 것뿐 아니라 진정성과 친밀도를 증진시킨다. 고객이 “저는 선생님 말씀은 정말 믿어요”라든가 “선생님은 어쩌면 이렇게 어려운 것을 귀에 쏙쏙 들어오게 설명을 잘 해 주시나요”라고 말하는 것은 고객이 해당 전문가와의 관계를 정서적인 교류단계에서 보고 있다는 것을 드러내 주는 말이다. 커뮤니케이션이 정서적 교류의 단계로 진입하는 것은 재무설계에서 매우 중요하다. 왜냐하면 이러한 교류가 재무금융전문가로 하여금 고객이 가지고 있는 재무목표를 충분히 이해할 수 있도록 해주기 때문이다. 이 단계에 진입하면 고객은 자신에게 진정으로 가장 중요한 것이 무엇인가에 대하여 전문가와 이야기할 수 있는 수준의 감정을 느끼게 된다.

안정적 교류

관계가 바람직하게 지속된다면 안정의 단계로 진입하게 된다. 이 단계의 커뮤니케이션은 일반적으로 매우 개방적이며 자연스럽고 어떠한 제약도 없다. 안정이라는 것은 커뮤니케이션이 매우 개방적이고 솔직하며, 아이디어나 전략, 정보를 나누는 데 있어서 친밀하다는 것을 뜻한다. 이 단계에서 고객은 자신의 재무금융전문가를 매우 잘 알게 된다. 마찬가지로 재무금융전문가도 고객을 고객으로뿐 아니라 개인적으로 대한다. 이 단계에 진입하면, 재무금융전문가는 고객이 어떤 질문을 할지, 어떻게 느낄지, 어떻게 행동할지 등을 예측할 수 있게 된다. 대화는 매우 개방적이고, 친밀하며, 동시에 의미심장하다. 이 단계에서 이루어지는 대화의 예시를 보자.

고 객: 랜스, 구리 가격이 장기적으로 어떻게 될 것이라고 생각해?
전문가: 왜 물어보시는데?
고 객: 내가 '구리 ETF'를 좀 사볼까 해서.
전문가: 아, 잠깐만. 우리가 이미 광물 투자에 대해서 이야기 나눈 것 같은데.
고 객: 알아. 그런데 오늘 TV에서 그러는데 거기 나온 전문가라는 사람이 구리 가격이 앞으로 올라갈 거라고 하더라고.
전문가: 마이크, 정말 가끔가다 왜 이러나. 그 TV 프로그램 이제 그만 보는 게 좋다고 내가 누누이 말했잖아. 그 프로그램은 뉴스거리에 집중해서 사람들을 호도한다니까. 자, 좀 냉정해지고 구리 ETF는 잊으세요.
고 객: 그러게… 랜스 말이 맞겠지… 하긴 늘 맞는 말만 했지만… 좀 바보같이 보이지만 그래도 한번 물어보고 싶었다고. 점심이나 같이 먹을래?

재무금융전문가와 고객 사이에 이런 식의 대화를 얼마나 자주 듣겠는가? 아마도 그리 자주 듣지 못할 것이다. 어쩌면 이런 대화를 들을 기회는 전혀 없을 수도 있다. 이러한 수준에서 각자를 드러내는 친밀한 대화는 재무금융전문가와 고객이 상대방을 서로 완전히 믿는 경우에만 가능하다. 이러한 관계는 안정 단계로 진입하였을 때 발생한다. 위의 예시에서 재무금융전문가는 고객이 말하는 방식을 알고 있고 어떤 배경에서 특정 이야기를 하는지를 알고 있다. 고객이 마음놓고 이야기할 수 있도록 해 주는 것, 고객과의 관계를 더욱 공고히 하는 것이 핵심이다.

하지만 모든 관계가 접근에서 안정적 교류로 진입하는 것은 아니다. 관계는 접근에만 머무를 수 있다. 물론 이러한 경우에 재무금융전문가와 고객은 각자 자신의 길을 가게 될 것이다. 또한 관계는 탐색만 하다가 말 수도 있다. 이 경우에 재무금융전문가는 고객이 의사결정을 질질 끌고 있다고 결론짓게 된다. 탐색만 하는 경우에도 일정 수준의 신뢰가 형성되어 관계를 이룰 수 있겠지만 장기적인 관계를 형성하기 위해 필요한 교류나 친밀도는 부족하다. 대부분의 커뮤니케이션 전문가는 접근에서 탐색을 지나, 정서적 교류를 거쳐 안정적 교류상태로 가는 일련의 단계가 필요하다는 것을 강조한다. 이러한 단계를 거치게 된다면 서로의 정보를 거리낌 없이 나누는 친밀도를 바탕으로 한 지속적인 신뢰관계가 형성된다.

관계의 비용과 편익

대인 간 커뮤니케이션이 서로간의 정보, 감정 등에 대한 공유 정도에 따라 다양한 단계로 이루어져 있다는 것을 받아들이는 독자라면, 항상 다음의 질문을 한다. 어떠한 경우에 고객이나 재무금융전문가가 커뮤니케이션을 다음 단계로 진행하는 것일까? 다시 말하면 어떠한 경우에 커뮤니케이션의 당사자들이 탐색의 단계를 넘어 정서적 교류와 안정적 교류의 단계로 진입하게 되는가? 이 질문에 대한 답은 생각보다 매우 단순하다. 경제학적 이론에 의하면 개인들은 의사결정을 내릴 때 각 대안이 가지고 있는 비용과 편익을 비교하게 된다. 비용과 편익을 비교하는 과정은 때로는 명시적으로 드러나게 행해지기도 하지만, 대부분의 경우 겉으로 드러나지 않게 행해진다. 테일러와 알트만(Taylor and Altman)[3]은 다음의 공식[4]으로 사람들이 계산하는 비용과 편익의 관계를 설명한다.

> 관계에 대한 평가=관계에서 얻는 편익−관계에 필요한 비용
>
> 관계를 지속하는 경우=관계에서 얻는 편익>관계에 필요한 비용
> 관계를 끝내는 경우=관계에서 얻는 편익<관계에 필요한 비용

재무설계의 관계에서 비용과 편익의 본질은 무엇인가? 이 질문에 대한 답을 알아내기 위해서는 사회침투이론의 주요 내용을 먼저 이해하는 것이 필요하다. 알트만과 테일러는 접근에서 안정적 교류로 가는 관계의 발전에는 어느 정도의 고생과 노력이 필요하다고 하였다. 즉, 재무금융전문가와 고객이 관계에서 위기상황에 직면하였을 때 이를 어떻게 극복하였는가, 그러한 위기 극복으로부터의 편익은 어떻게 평가되었는가가 중요하다는 것이다. 고객이 얻게 되는 명백한 편익은 재무금융지식, 자신감, 안심, 부의 축적일 것이다. 비용은 돈, 시간, 그리고 노력이다. 재무금융전문가 역시 고객과의 관계로부터 소득의 증가, 만족감, 명성 등을 얻게 되고 시간, 노력, 다른 고객과 일할 기회의 상실로 인한 기회비용 등의 비용을 지불하게 된다.

하지만 무엇보다 중요한 점은 관계 자체를 비용 또는 편익으로 여길 수 있다는 것이다. 재무금융전문가 중에는 자신이 관리해야 할 자산이 규모가 작고 고객의 재무상황이 제한적이더라도 그러한 고객을 만나는 것을 매우 기대하는 경우가 있다. 즉, 이 고객과의 만남 자체에서 만족을 얻을 수 있다는 것이다. 아마도 그 고객이 재무금융전문가에게 지적인 자극을 제공할 수도 있고, 혹은 그 고객이 재무금융전문가와의 관계에서 진정한 이익을 얻는다고 느끼는 것을 알기 때문에 이러한 과정에서 만족을 얻을 수도 있다. 이러한 만족이 재무금융전문가에게는 재무설계의 내재적인 가

치를 느끼게 해 주는 일이 될 수 있다. 보유하고 있는 자산 규모는 작은 고객이지만, 다수의 고액자산가를 소개해 줘서 회사의 입장에서 매우 큰 가치를 가진 고객이 될 수도 있다. 회사에서 관리할 만한 자산을 보유하고 있지 않은 젊은 전문가 고객을 상대하는 것은 완화된 위험수준에서 고객 관리의 연습기회를 제공함으로써 회사에 이익을 줄 수 있다. 이제 막 대학을 졸업한 초보 재무금융전문가가 이러한 고객을 만나고 관계를 형성하는 과정을 거침으로써 얻게 될 학습의 양을 생각해 보자. 초보 재무금융전문가에게 이러한 경험은 자신의 커리어 개발에 매우 유익할 뿐 아니라 이러한 경험을 거친 초보 재무금융전문가는 회사에서도 인재로 성장하게 될 가능성이 크다.

반면, 고객의 입장에서는 재무금융전문가와의 관계가 비용이 많이 드는 일이라고 느낄 수 있다. 고객의 이러한 생각은 자신이 피곤한 고객이라는 것을 안다고 하더라도 쉽게 변하지 않는다. 고객은 재무금융전문가의 성격이 거슬린다고 느낄 수 있고 다른 전문가가 더 높은 수익률을 달성할 수 있게 도와줄 것이라고 느낄 수도 있다. 만일 고객이 재무금융전문가의 개인적인 성격, 포트폴리오 관리, 종합재무설계안의 도출 등을 위한 비용이 자신이 얻는 편익보다 크다고 느끼게 된다면 고객은 해당 재무금융전문가와의 관계를 종료하고자 할 것이다.

고객과 재무금융전문가는 모두 비용에 대한 예측을 한다. 고객과 재무금융전문가는 이야기 나눈 것과 행한 것을 토대로 장기적으로 어떠한 비용이 발생하고 어떠한 편익을 얻게 될 것인가를 예측한다. 예를 들어, 재무금융전문가와 고객이 세 번째 미팅을 하게 되었다고 생각해 보자. 이 미팅에서 이야기하는 내용은 이전에 만난 두 번의 미팅과 동일할 수 있다. 재무금융전문가는 이제는 고객과 논의한 내용에 대하여 어떠한 행동을 취할 때가 되었다고 여길 수 있다. 하지만 고객이 어떠한 행동도 취하지 않는다면 재무금융전문가는 그 고객이 행동을 취할 생각이 없거나 행동을 취할 능력이 안 된다고 결론내릴 수 있다. 이러한 경험을 통하여 재무금융전문가는 그 고객이 앞으로도 이러한 방식으로 행동할 것이라고 예측하게 될 것이다. 이런 경우 아마도 해당 재무금융전문가는 해당 고객과 관계를 종료하는 것이 나을 것이라고 결론내리게 될 수 있다.

스트레스에 대한 고려

정보공개와 친밀감을 바탕으로 한 관계를 형성하고 그러한 관계를 적극적으로 지속하려면, 그만한 대가를 지불해야 된다는 것을 유념해야 한다. 예를 들어, 초기 접근의 단계에서 대화를 지속하기 위해서 재무금융전문가는 고객에게 도전적이고 단도직입적인 질문을 해야 할 경우도 있다. 그런데 이러한 질문을 받게 된다면 고객은 스트레스를 느낄 것이다. 마찬가지로 고객의 반응도 재무금융전문가에게 스트레스를 줄 수 있다. 재무금융전문가들의 단도진입적인 질문에 고객이 어떤 주저함이 없이 대답을 한다거나 반대의 내용을 제시하지 않을 것이라고 예상하는 것은 너무 순진한 것이다. 게다가 이러한 상황에 비언어적인 표현이 더해지게 되는데, 제1장에서 설명한 것처럼 대화에서 비언어적인 표현은 끊임없이 사용되며 따라서 지속적인 해석이 필요하다.

재무치료(financial therapy)와 행동재무학의 최신 연구결과에 의하면 고객이 스트레스를 느끼게 된다면 재무금융전문가가 하는 이야기를 제대로 듣지 못한다고 한다. 또한 스트레스의 수준이 참을 만한 수준을 넘는다면 고객은 재무금융전문가의 제안을 전혀 받아들이지 않는다고 한다.

〈그림 2.2〉는 재무금융전문가와 잠재적인 고객의 초기 미팅에서 발생할 수 있는 고객의 스트레스 반응을 보여준다. 그래프는 고객의 신체적인 스트레스 반응을 나타내는데, 여기에서 신체적 스트레스 반응은 땀과 피부반응을 실시간으로 측정하였다. 사람들은 일반적으로 스트레스 수준이 높아지면 땀을 더 흘리게 된다. 그래프에서 세로의 점선들은 재무금융전문가가 고객에게 질문을 한 순간들이다. 대화의 초기 질문들은 소개와 인사에 집중되어 있으며 친밀한 관계를 필요로 하는 질문이 아닌 피상적인

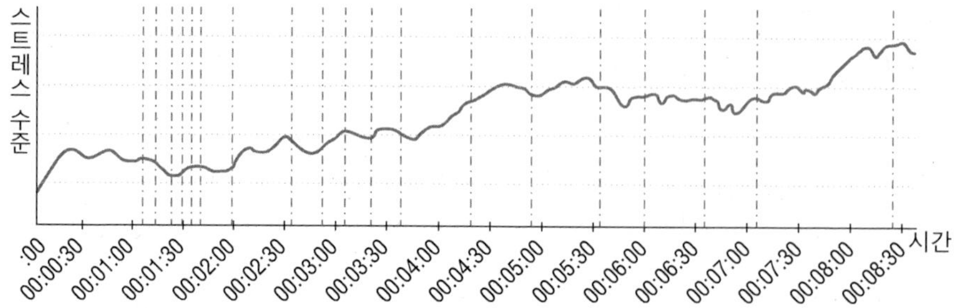

그림 2.2 ❙ 재무금융전문가가 취하는 커뮤니케이션 침투로 인한 고객의 스트레스

질문일 가능성이 많다. 간략한 도입 질문을 지나게 되면 재무금융전문가는 고객에게 조금 더 도전적이고 어려운 질문들, 고객의 사생활을 침해할 수도 있는 질문들을 하게 된다. 예를 들면, 소득이 얼마인지, 현재 자신의 인생에서 가장 중요한 세 가지 재무목표는 무엇인지, 인생에서 바라는 것과 꿈꾸고 있는 것은 무엇인지 등에 대하여 질문할 수 있는데, 이러한 질문은 고객의 스트레스를 높이는 질문이다. 고객의 스트레스 수준이 높아지게 되면 고객은 전문가와의 대화 상황, 재무설계를 하는 상황, 그리고 전문가에 대하여 초조한 마음을 가지게 된다. 이러한 상황이 지속된다면 신뢰를 쌓고 지속적인 관계를 형성하기보다는 재무금융전문가와의 관계를 종료하는 결과를 낳게 된다. 〈그림 2.2〉에서 보는 바와 같이 대화를 시작한 지 단 9분만에 스트레스의 수준은 확연하게 증가할 수 있다.

재무금융전문가와 고객의 대화에서 소득, 자산, 가족관계, 목표와 희망 등에 대한 이야기는 당연히 포함되어야 한다. 문제는 이러한 사항에 대한 질문을 하느냐 마느냐에 있는 것이 아니고 이러한 사항에 대한 질문을 어떠한 방식으로 하는가이다. 이 책의 뒷부분에서는 이러한 어려운 질문을 어떻게 할 수 있는지, 어떠한 방법이 고객의 스트레스를 줄이고 재무금융전문가에 대한 신뢰를 형성할 수 있는지에 대하여 효과적이고 실질적인 방법을 제시할 것이다. 예를 들면, 단순히 고객과 재무금융전문가가 상담할 때 앉는 위치를 바꾼다거나 가구의 배치를 바꾸는 것만으로도 고객의 스트레스를 줄이고 고객으로 하여금 보다 솔직하게 답변하도록 하고 재무금융전문가와 심도 있는 대화를 나눌 수 있도록 하는 데 도움이 될 수 있다.

신뢰형성: 고객을 이해하는 질문

궁극적으로 재무금융전문가와 고객이 관계를 지속시켜 나갈지에 대한 결정은 양 당사자가 상호간의 대인적 커뮤니케이션에서 얼마나 만족하였느냐에 달려 있다. 대화와 커뮤니케이션에 대한 만족은 전문가와 고객이 모두 고려하는 주요 요소인데, 이는 상대적으로 지극히 주관적이다. 만족을 평가하는 데 있어서 핵심은 커뮤니케이션이 발생한 과정이다. 즉, 메시지를 보내고, 받고, 그러한 메시지를 해석하고, 또 다시 메시지를 보내는 과정을 평가하게 된다. 이 커뮤니케이션의 과정이 지금부터 이 책에서 설명하게 될 주요 내용이다.

대인 간 커뮤니케이션의 장애물을 헤쳐 나가면서 다양한 관계의 단계를 거쳐 궁극적으로 신뢰를 바탕으로 한 관계를 형성하기 위해서 재무금융전문가는 커뮤니케이션의 과정을 지배해야 한다. 이는 고객과의 초기 상담에서 본인을 소개하는 순간부터 이루어져야 한다. 전문가가 커뮤니케이션 과정을 지배한다는 것은 고객이 어떻게 행동해야 할지를 재무금융전문가가 정하고 고객은 단순히 그것을 따르도록 하는 것이 아니다. 고객이 재무금융전문가와의 관계에서 얻는 편익을 비용보다 크게 느끼도록 하는 것이다. 고객이 재무금융전문가와의 관계에서 얻는 편익이 지신이 지불하게 되는 비용보다 크다고 느낄 때, 고객과 재무금융전문가의 관계는 다음 단계로 나아간다. 고객이 재무금융전문가와의 관계에 대한 편익과 비용을 평가할 때 사용하는 것이 재무금융전문가와 나눈 언어적·비언어적 커뮤니케이션이기 때문에, 재무금융전문가에게는 대인 간 커뮤니케이션 기술을 습득하고, 연습하고, 끊임없이 발전시키는 것이 가장 중요한 일이다.

고객을 이해하는 질문하기(Appreciative Inquary: AI)는 재무설계에서 신뢰를 형성하기 위해 많이 활용되는 기법이다.

도니(Doney), 캐넌(Cannnon), 뮬런(Mullen)[5]은 '신뢰'를 개인이 다른 사람에게 의지하거나, 상대방과의 관계에서 자신을 취약한 위치로 만들 수 있는 행동을 기꺼이 하려는 정도로 정의하였다. 이것이 고객과 재무금융전문가의 견고한 관계의 핵심이다. 고객이 재무금융전문가가 제시하는 대안을 실행하기 전에 반드시 재무금융전문가와의 관계에서 신뢰를 바탕으로 한 강력한 협력관계(working alliance, 일에 있어서의 동맹관계)를 형성해야 하는데, 이러한 협력관계는 재무금융전문가가 전문가 자신보다 고객의 이익을 우선순위에 둘 것이라는 믿음을 바탕으로 한다. 재무설계의 전반적인 과정에서 성취하고자 하는 목표, 당사자 간의 과업에 대하여 고객과 전문가가 얼마나 동의하는지의 정도, 고객과 전문가 사이의 감정적인 결합의 정도가 협력관계의 강도를 결정하는 요인이다.

물론 모든 재무금융전문가는 고객과의 관계를 의미 있는 관계로 발전시키고 협력관계의 강도를 높이기 위하여 어느 정도의 노력을 기울인다. 에드워드 제이콥슨(Edward Jacobson)[6]의 모델을 살펴보자. 그는 "고객을 이해하는 재무설계(Appreciative Financial Planning: AFP)"라고 명명한 재무설계의 모델을 실무에 적용할 것을 주장하였다. AFP는 쿠퍼라이더(Cooperrider)와 위트니(Whitney)[7]가 개발한 "고객을 이해하는 질문하기"를 확장한 것이다. 재무설계 과정의 관점에서 AFP는 전문가와 고객의 대화내용이 과거의 실수, 손해, 실망에 대한 대화에서 벗어나야 한다고 지적한다. 과거의 잘못과 실수에 대한 부정적인 내용을 이야기하는 것보다는 고객이 잘한 것, 좋은 성과를 낸 방법 등에 초점을 맞추는 것이 AI의 방법이다. 아래는 과거에 고객이 손실을 보았던 경험에 대하여 문제중심 방법(problem-oriented method)을 적용한 질문의 예시이다.

'어떤 이유 때문에 거기에 투자하셨나요?"

하지만 AFP를 사용한다면 아래와 같이 질문할 수 있다.

> "고객님의 그 투자 경험에서 얻은 긍정적인 면이 무엇이 있을지 이야기 해 주시겠어요?"

AFP에는 네 가지의 핵심 구성요소가 있다. 첫 번째로 재무금융전문가는 고객에 대하여 가능한 한 많은 것을 알아내려는 노력을 해야 한다. 두 번째로 고객은 과거의 실수나 현재의 제약에 얽매이지 말고 자신의 재무적인 미래에 대한 비전을 가져야 한다. 세 번째는 목적을 달성하기 위한 재무설계 행동 및 과업이 포함되어야 한다는 것이다. 마지막으로는 재무설계안의 도출 및 실행이다. 제이콥슨에 의하면, 재무설계안의 도출 및 실행은 강력한 협력관계를 바탕으로 하여 재무금융전문가가 고객의 가장 신뢰할 만한 어드바이저가 된다는 것을 뜻한다. 즉, 고객의 눈에 재무금융전문가가 전문지식을 가진 기술자가 아니라 인생의 코치가 된다는 것이다.

AI와 AFP는 이 장에서 제시된 접근과 탐색 커뮤니케이션 및 상담의 이론과 그 맥락을 같이한다. 거의 모든 재무설계의 접근방법에서 추구하는 협력관계는 고객과 전문가의 관계가 단순한 문제해결을 위한 관계에서 한 발 더 나아가 정서적이고 보다 안정적인 상호교류의 관계가 되어야 한다는 것을 강조하고 있다.

개념적으로 볼 때, 문제해결의 관계에서 정서적이고 안정적인 상호교류의 관계로 변환해 나가는 접근방법은 꽤 단순하다. 하지만 실제 이러한 변환을 이루는 것은 매우 어렵다. 퓰렌(Pullen)[8]은 전통적인 재무설계의 모델이 4단계를 거친다고 말하였다 (1) 문제 파악, (2) 문제의 원인에 대한 분석, (3) 문제해결을 위한 분석 및 해결방안 도출, (4) 실행계획의 수립이 그 4단계이다. 그런데 퓰렌은 이러한 전통적인 접근방법으로는 고객과 전문가 사이의 협력관계 형성에 실패한다고 하였는데, 그 이유는 문제해결을 위한 분석과정에서 고객으로 하여금 과거의 부정적인 사건, 행동, 태도에 집중하게 하기 때문이라고 하였다. 이 접근방법은 오직 문제해결에만 집중하는 방법이다. 물론 많은 경우에 고객의 문제와 걱정거리가 무엇인지를 알아내고 그것을 명확하게 하는 것이 필요하지만 부정적인 내용에 과도하게 집중하는 것은 꽤 우울한 일이 될 수 있다. 또한 문제해결에만 집중하는 것은 사람들을 절망이나 회피의 상태로 몰아가는 요인이 될 수 있다. 과거의 실수에 너무 집착한다거나, 불확실한 미래나 특정 문제에 대하여 과도하게 걱정하는 고객은 이로 인해 과도한 스트레스를 받게 될 것이고, 따라서 재무설계의 전 과정을 제대로 수행하지 못할 것이 분명하다. 이 책에서 제시된 커뮤니케이션의 방법과 기술들, AFP 방법에서 권장하는 방법들과 기타의 재무설계 모델들(예를 들면, 문제 중심이 아닌 문제해결 중심의 재무설계 모델(solution-focused financial planning))은 독자들로 하여금 문제해결 중심의 방안에서 벗어나 장기적이고 안정적인 신뢰를 바탕으로 한 교류관계를 형성해 나가는 구체적인 방법을 알 수 있게 해줄 것이다.

요 약

대인 간 커뮤니케이션의 과정은 많은 경우에 자연스럽게 발생한다. 어떤 사람들은 훌륭한 의사소통능력자는 그렇게 태어나는 것이며 고객과 전문가의 관계에서 훌륭한 커뮤니케이션은 존재하거나 존재하지 않거나 두 가지 중 하나라고 생각한다. 하지만 이 책에서는 대인 간 커뮤니케이션 과정은 학습되는 것이라는 견지를 취한다. 더 나아가 고객과의 협력관계를 형성하는 훌륭한 커뮤니케이션은 학습될 수 있고, 연습할 수 있으며, 향상될 수 있는 것이다. 이 책의 뒷부분은 제1장에서 제시한 커뮤니케이션 이론이 실제 고객과의 커뮤니케이션에서 어떻게 활용될 수 있는지에 대하여 설명할 것이다. 이 장에서 설명한 것처럼 재무금융전문가가 고객의 관심과 신뢰, 그리고 그것을 바탕으로 한 관계를 형성할 수 있는 경우는 고객이 재무금융전문가와의 관계에서 얻는 편익이 그러한 관계를 유지하는 데 사용되는 비용보다 크다고 느낄 때이다. 어떤 경우이든 그것이 좋건 나쁘건 고객이 재무금융전문가와의 관계에서 얻는 편익과 비용을 예측할 수 있는 방법은 재무금융전문가와의 커뮤니케이션 과정에서 재무금융전문가가 보내는 메시지를 해석하는 방법뿐이다. 대인 간 커뮤니케이션이 고객과 전문가 관계의 비용과 편익을 분석할 수 있는 틀을 제공하는 중요 요소임을 인정한다면 커뮤니케이션의 기술을 습득한 사람들은 그렇지 않은 사람에 비하여 고객에게 제공할 수 있는 것이 많을 것이다. 그리고 이러한 전문가의 고객이 평가하는 편익은 비용보다 클 것이다. 그러므로 이 경우에는 장기적이고 의미 있고 신뢰를 바탕으로 한 관계를 형성하는 데 있어서 유리하게 될 것이다.

단원 정리 문항

1. 사회침투이론에 따른 관계 커뮤니케이션 단계에 포함되지 않는 것은?
   a. 접근
   b. 탐색
   c. 정보공개
   d. 안정적 교류
2. 재무금융전문가의 입장에서 고객과의 관계를 유지하는 데 들어가는 비용이 관계에서 얻는 편익보다 크다면 재무금융전문가는 어떻게 하는 것이 좋은가?
   a. 조금 더 높은 수준의 대화로 이끌기 위하여 더 노력한다.
   b. 관계를 종료한다.
   c. 전문가와 고객의 갈등을 조정할 수 있는 외부 전문가의 도움을 받는다.
   d. 고객에게 추가적인 접근 질문을 한다.
3. 신뢰와 친밀함, 진정한 정보공개를 바탕으로 고객과 장기적인 관계를 형성하는 재무금융전문가는 사회침투이론 커뮤니케이션의 어떤 단계에 있다고 할 수 있는가?
   a. 접근
   b. 탐색
   c. 정보공개
   d. 안정적 교류
4. 비용예측은 무엇을 뜻하는가?
   a. 고객의 겉모습에서 재무설계의 수익성을 예측하는 것
   b. 고객의 현재 행동을 통하여 고객이 미래에 어떻게 행동할 것인가를 예측하는 것
   c. 커뮤니케이션의 한 단계에서 다음 단계로 넘어가는 데 걸리는 시간을 예측하는 것
   d. 위의 모든 것
5. 스트레스는 어떠한 경향이 있는가?
   a. 고객의 집중과 듣기 능력을 저해한다.

b. 고객이 재무금융전문가의 제안을 실행하려는 의지를 저해한다.

c. 고객이 재무설계 과정에 참여하려는 의지를 저해한다.

d. 위의 모든 것

6. 재무금융전문가가 고객에게 “전 고객님이 사회현상을 보고 이해하는 관점을 정말 높게 평가합니다”라고 말하였다면, 다음 중 어떤 사항에 대한 예시인가?

a. 정서적 교류

b. 안정적 교류

c. 탐색적 교류

d. 비용 중심의 교류

7. 고객이 자신의 재무금융전문가와의 관계를 종료하게 되는 경우는?

a. 관계에서 얻는 편익 > 관계에 필요한 비용

b. 관계에 필요한 비용 > 관계에서 얻는 편익

c. 관계에서 얻는 편익 − 관계에 필요한 비용 = 0

d. 위의 모든 경우

8. 재무금융전문가가 커뮤니케이션 과정을 통제하는 것은 어떠한 경우에 권장되는가?

a. 고객으로 하여금 특정 상품을 구매하도록 할 때

b. 고객의 재무의사결정을 재무금융전문가에게 넘기도록 지시할 때

c. 재무설계의 비용을 편익에 비하여 높게 유지하고자 할 때

d. 고객이 재무금융전문가에 대하여 가지고 있는 신뢰의 수준을 향상시키고자 할 때

9. AFP의 구성요소에 포함되지 않는 것은?

a. 고객을 좀 더 알기 위해 시간을 할애하는 것

b. 고객으로 하여금 자신의 재무적 미래에 대하여 그려보도록 하는 것

c. 고객의 과거 실수와 잘못에 대하여 깊게 파는 것

d. 재무설계안을 제시하는 것

10. 고객과의 신뢰를 완전하게 형성하기 위해 재무금융전문가가 반드시 해야 하는 것은?

a. 자신이 고객의 이익을 최우선에 둔다는 것을 확신하도록 만든다.

b. 자신이 시장 혹은 관련 지수보다 항상 더 좋은 수익을 냈다는 것을 서류로 정리하여 보여준다.

c. 자신이 고객의 행동을 조정할 수 있는 관계를 형성하기 위한 방법을 익혔다는 것을 알린다.

d. 위의 모든 것

11. 아래 제시된 예시는 각각 커뮤니케이션의 단계인 접근, 탐색, 정서적 교류, 안정적 교류 중 어디에 해당하는가?

a. 오늘 상담은 정말 좋은 시간이었습니다.

b. 근무하시는 시간이 어떻게 되시나요?

c. 세법 개정안에 대하여 어떻게 생각하세요?

d. 언제쯤이면 일을 제대로 해서 그 여자분이랑 결혼하실 거예요?

e. 탐, 이 분이 내 보조재무설계사인 에밀리야.

f. 저는 지금 심각한 부채에 허덕이고 있어요.

12. 아래 각 문항은 문제해결 중심의 접근방법과 고객을 이해하는 접근방법 중 어디에 해당하는가?

a. 고객님이 회사에서 일하시면서 가장 즐기는 일이 무엇인지 말해주시겠어요?

b. 고객님이 올해 은퇴하시는 것에 방해되는 요인은 무엇이죠?

c. 만약에 내일 은퇴하신다면 꿈꾸는 은퇴는 어떤 모습일까요?

d. 왜 배우자께서 명절에 그렇게 많은 돈을 쓰셨을까요?

e. 앞으로 한 달간 어떤 부분의 지출을 줄이실 수 있으세요?

13. 고객과 재무금융전문가의 커뮤니케이션 단계인 접근, 탐색, 정서적 교류, 안정적 교류에 대하여 재무금융전문가가 사용할 수 있는 대화의 예시를 각각 2개씩 만들어 보자.

14. 재무설계 과정에 대한 비용/편익의 관계를 고려하여 고객이 재무금융전문가와의 관계에서 오는 비용이 편익보다 크다고 생각하여 관계를 종료하게 되는 경우의 예시를 3가지 들어 보자. 반면 재무금융전문가가 고객과의 관계를 종료하게 되는 경우는 어떠한 경우가 있을 것인지 본 책에 제시된 예시 이외의 사례를 생각해 보자.

15. AFP의 접근에 동의하는지 혹은 동의하지 않는지 그 이유를 설명해 보자.

동료 학생이나 친구를 대상으로 상대방이 과거에 행한 실수, 실수로 인해 발생한 문제 등을 이야기하도록 하고 그 문제의 해결을 위하여 AI를 적용해 보고 이 경험을 적어보자.

주

1. R. L. Heath and J. Bryant, *Human Communication Theory and Research: Concepts, Contexts, and Challenges* (Hillsdale, NJ: Lawrence Erlbaum Associates, 1992).
2. I. Altman and D. A. Taylor, *Social Penetration: The Development of Interpersonal Relationships* (New York: Holt, Rinehart & Winston, 1973).
3. D. A. Taylor and I. Altman, "Communication in Interpersonal Relationships: Social Penetration Processes," in *Interpersonal Processes: New Directions in Communication Research*, ed. M. E. Roloff and G. R. Miller (Newbury Park, CA: Sage), 257-277.
4. 행태이론을 잘 아는 사람들은 이 책에 소개된 사회침투이론이 사회교환이론과 비슷하다는 것을 알게 될 것이다. 사회교환이론에서는 사람들이 비용을 줄이고 편익을 늘리는 방향으로 행동한다고 설명한다. 재무설계의 관점에서 사회교환이론은 고객과 전문가의 관계가 예측되는 비용이 편익을 넘어섰을 때 종결된다고 예측한다.
5. P. M. Doney, J. P. Cannon, and M. R. Mullen, "Understanding the Influence of National Culture on the Development of Trust," *Academy of Management Review* 23 (1998): 601-620.
6. E. A. Jacobson, "Appreciative Financial Planning: Harnessing the Power of Appreciative Inquiry for Your Advisory Practice," *Investments and Wealth Monitor* (2009, November/December): 37-45.
7. D. L. Cooperrider and D. Whitney, *Appreciative Inquiry: A Positive Revolution in Change* (San Francisco: Berrett-Koehler Publishers, 2005).

8. C. Pullen, "Money and Soul: Appreciative Inquiry in Financial Planning and Life," *Journal of Financial Planning* 14, no. 10 (2001): 52-54.

제 3 장 사무실 환경을 통한 커뮤니케이션 프로세스 구성

커뮤니케이션 능력의 중요성

대인 간 커뮤니케이션 기술을 개발하고 증진시킴으로써 얻는 이익은 생각보다 매우 크다. 아마도 재무금융분야의 전문가에게 가장 큰 수확은 고객의 신뢰와 고객의 적극적인 참여(commitment)[1]를 이끌어냄으로써 오는 결과일 것이다. 언어적인 것과 비언어적인 것을 통틀어 커뮤니케이션은 고객으로 하여금 자신이 대하는 재무금융전문가가 얼마나 능력이 있는 사람인지를 가늠하게 해주는 가장 중요한 잣대 중 하나이다.[2] 물론 해당 재무금융전문가가 금융분야에 대하여 얼마나 전문적인 지식을 가지고 있는지, 외모가 어떠한지, 어떠한 평판을 가지고 있는지 등도 고객에게는 전문가의 능력을 가늠하는 중요한 요소이지만 고객과 전문가의 장기적인 관계를 형성하도록 돕는 것은 무엇보다도 재무금융전문가의 커뮤니케이션 능력이다. 그런데 이러한 사실은 양날의 검과 같다. 이 책에서 지속적으로 말하겠지만 듣는 것, 고객이 자신의 목표와 필요를 잘 파악할 수 있도록 하는 것, 고객이 보내는 신호들을 잘 해석하는 것, 고객을 지지하면서도 올바른 방향을 제시하는 방식으로 고객을 응대하는 것에 능통한 재무금융전문가는 확실히 고객의 신뢰를 얻을 기회가 더 많다. 하지만 그러한 기법과 기술을 이용하여 고객으로 하여금 특정 태도를 가지고 특정 행동을 취할 수 있도록 고객을 조종할 수도 있다. 즉, 어떤 전문가들은 자신들이 습득한 대인 간 커뮤니케이션의 기술을 활용하여 고객의 태도나 행동을 특정 방향으로 조종하는 것이 쉽다는 것을 알아차리게 된다는 것이다.

이 책의 핵심은 '고객을 조종하는 것'이 아니다. 여기에서 조종이라는 것은 자신이 배운 기술을 활용하여 고객으로 하여금 특정 행동을 하도록 하여 이익을 편취하고, 속이고, 오도하는 것에 이용하는 것을 뜻한다. 이 책에서 제시된 커뮤니케이션의 도구와 기법은 전문가로 하여금 특정 상품의 판매를 돕거나 계약률을 높이기 위한 기술로 제시된 것이 아니다. 물론 상품 판매와 계약의 증가는 커뮤니케이션 기술의 증진으로 인한 결과가 될 수 있겠으나 이러한 사항은 이차적이고 부가적인 결과물일 뿐이다. 이 책에 제시된 도구, 기법, 전략이 오직 고객으로 하여금 고객의 인생에서 꿈과 재무목표를 달성하여 보다 행복한 상태로 이끌도록 하는 데 사용되기를 희망한다. 즉, 이 책에서 제시되는 내용들이 재무금융전문가로 하여금 보다 다양한 고객에게 접근하는 방법을 파악하고, 더 많은 고객에게 재무설계를 제공함으로써 고객들의 삶의 질 증진에 기여할 수 있게 되기를 바란다.

타겟 고객 선정

모든 재무금융전문가가 대답해야 할 가장 중요한 질문은, 본인이 원하는 타겟 고객군이 누구이며, 어디에서 그러한 고객을 만나고 싶은가이다. 대부분의 고객들은 서로 반대의 연속선 상에 있는 두 개의 집단 중 하나에 속한다. 〈그림 3.1〉에서 보는 바와 같이 연속선 상의 왼쪽 끝에는 재무설계를 하나의 상품으로 보는 고객이 있다. 이러한 고객은 재무금융전문가들을 부동산중개업자나, 세무사, 배관공, 전기기술자, 혹은 자동차 정비사와 같은 부류의 사람들로 본다. 이 연속선 상 중에서도 가장 왼쪽에 속하는 고객은 대부분 자신이 현재 가지고 있는 상품이나 서비스상의 문제만 해결된다면 사람을 가리지 않고 어떤 재무금융전문가와도 기꺼이 일을 하고자 할 것이다. 이러한 고객들은 거래 중심적이다. 어떤 고객들은 이렇게까지 극단적으로 거래에 집착하는 태도를 가지고 있지는 않다. 아마도 이러한 고객들은 재무설계를 여전히 상품으로 여기지만, 특정 문제가 아니

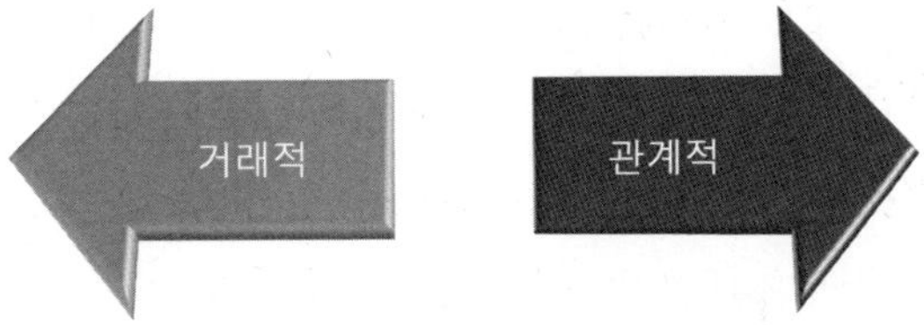

그림 3-1 | 고객특성의 연속선

더라도 일상적으로 혹은 정기적으로 함께 일할 수 있는 재무금융전문가를 원할 것이다. 만일 전문가가 고객이 원하는 바에 미치지 못한다면 이러한 고객들은 주저하지 않고 다른 전문가를 찾을 것이다. 왜냐하면 이러한 고객들에게 재무금융전문가는 자신의 문제를 해결할 수 있도록 해주는 비즈니스 관계로 맺어진 상대방일 뿐이기 때문이다. 재무설계가 제공되는 시장 환경에서 이렇게 거래 중심적인 관계를 타겟으로 하는 전문가들은 '관계'를 중심으로 하는 전문가와는 전혀 다른 커뮤니케이션 전략을 가지고 있을 것이다.

이제 연속선 상의 다른 쪽을 살펴보자. 이 연속선 상의 오른쪽에는 재무설계는 관계를 맺어가는 것이고 그렇기 때문에 재무설계가 과정이라고 여기는 고객이 있다. 이러한 고객들이 재무금융전문가와 일할 때 가장 중요하게 생각하는 것은 신뢰이다. 관계 중심적인 사람들에게 고객-전문가 관계는 그 자체가 재무설계의 결과로 제시되는 상품, 서비스, 성과 등 그 어떤 것보다도 중요하며 해당 재무금융전문가와 일을 계속할지를 결정하도록 하는 요소이다.

거래 중심적인 고객들의 경우와 마찬가지로 관계 중심적인 고객들도 그 정도에 따라 연속선 상에 퍼져 있다. 오른쪽의 가장 극단에 있는 사람들은 재무금융전문가를 자신의 '치료사' '상담자' '코치' '멘토' 혹은 '인생의 조언자'로 여길 수 있다. 이러한 고객들은 자신의 매우 개인적인 삶의 내용 혹은 직업에 있어서 전문적인 부분을 재무금융전문가의 삶 또는 일과 묶어서 생각할 수 있다. 어쩌면 재무금융전문가와 의논하지 않고서는 인생에서 중요한 의사결정을 단 하나도 내리지 못할 수도 있다. 즉, 이러한 고객들에게 재무금융전문가는 인생에 있어서 가장 믿을 만한 조언자가 될 것이다. 매우 많은 재무금융전문가에게 이러한 상황은 인생에서 꿈꾸어 온 것일 수 있다. 특히 소수의 부유층 고객이 해당 전문가의 비즈니스를 지탱해 줄 때에는, 고객들이 전문가를 인생에서 가장 믿을 만한 조언자로 여기는 것이 꿈을 현실화해 주는 것이다. 이러한 극단의 경우가 아니더라도 고객들은 남들에게 말하고 싶어하지 않는 은밀한 개인적인 비밀내용을 기꺼이 나눌 수 있을 정도로 믿을 만한 전문가를 원하는 경우가 있다. 하지만 이러한 고객일지라도 재무금융전문가가 자신의 생활 전반에 걸친 문제를 해결해 줄 수 있다고 생각하지는 않는다. 이러한 부류의 고객들은 관계 중심적인 고객으로 분류될 수 있겠지만 지속적인 관계를 형성하기 위해서는 보다 공을 들여야 한다.

따라서 재무금융전문가들은 자신이 처해 있는 시장이 거래 지향적인 곳인지를 파악하고 자신의 고객 중에서 몇 퍼센트의 고객이 거래 중심적인 관계를 원하는지 아는 것이 매우 중요하다. 얼마나 많은 고객이 거래 중심적인 특성을 가지고 있는지를 판단하는 데에는 아래 특성을 가진 고객이 얼마나 되는지를 파악하는 것이 유용하다.

- 종합적인 조언보다는 해당 토픽에 대한 답변만을 찾는 고객
- 상담시간이 짧은 것을 선호하는 고객
- 몇 년에 한번씩만 만나도 된다고 생각하는 고객
- 인생의 목표와 꿈에 대해서는 짧게 이야기하는 것을 선호하는 고객
- 인생에서 남기고 싶은 것에 대해서는 거의 이야기하지 않는 고객
- 미팅을 취소하는 빈도가 높은 고객
- 자기 스스로 정보를 찾아본 후 본인이 찾은 정보에 대한 확신을 얻기 위한 질문을 하는 고객
- 다른 사람에게 전문가 소개를 꺼리는 고객
- 상품의 구매에는 기꺼이 동의하더라도 종합적인 재무설계를 하는 것은 꺼리는 고객

이러한 고객의 수가 많을수록 해당 재무금융전문가의 고객은 거래 중심적인 고객들로 이루어져 있을 가능성이 커진다.

고객을 고객 특성의 연속선 상에서 두 개의 집단으로 나누는 연구는 조지아 대학과 캔자스 주립대학에서 수행되었다.[3] 실제 고객과 전문가를 대상으로 수행된 연구로부터 두 가지 흥미로운 결과를 발견하였다. 첫째, 주요 고객군의 특성이 거래 중심적인지 관계 중심적인지와 상관없이 고객 상담 및 서비스에서 기본적인 커뮤니케이션 기법과 전략을 활용하는 전문가가 보다 성과가 좋았다. 둘째, 보다 장기적으로는 관계적인 측면에서 자신의 비즈니스 전략을 수립하고 수행한 전문가들이 더 좋은 성과를 얻었고 자신들의 개인적인 복지수준도 높았다. 즉, 관계 중심적인 고객과 일하는 재무금융전문가들은 경제적으로 더 부유하였을 뿐 아니라 더 행복하였다는 것이다.

거래를 바탕으로 하는 것이 아니라, 관계를 바탕으로 신뢰를 형성하고 장기적인 고객의 참여를 이끌어내기 위해서는 커뮤니케이션 기술이 필수적이다. 그러나 이러한 기술을 성급하게 배워서 익히고자 하는 경우에는 대인 간 커뮤니케이션의 프레임워크를 간과하기 쉽다. 단독으로 일하거나 규모가 매우 작은 재무설계회사에서 일하는 전문가를 생각해 보자. 커뮤니케이션 기술은 고객이 해당 전문가의 사무실로 걸어 들어오기 훨씬 이전부터 사용되어야 한다. 인터넷 광고, 브로슈어나 전단지, 제휴 업체, 잡지나 기타 미디어의 광고를 포함하는 일체의 마케팅 활동이 고객으로 하여금 해당 업체를 평가하게 하는 틀로 작용한다. 이러한 마케팅 매체들은 고객에게 객관적인 정보를 전달할 뿐 아니라 주관적인 평가를 내리도록 하는 요소이다. 예를 들어, 어떤 회사의 마케팅 문건은 해당 회사가 전통 있고 경험 많은 유명한 회사라는 이미지를 강조하는 반면, 어떤 회사의 문건은 재무설계의 접근방법에 대하여 보다 대중적이고 덜 형식적인 접근을 내세울 수 있다. 신규 고객은 재무금융전문가를 만나기 이전에 이미 기존 고객으로부터 해당 전문가에 대한 이야기를 들었을 수 있다. 그러나 이러한 것들은 보다 강력한 커뮤니케이션의 접근방법을 시작하는 데 있어서 초기에 고려해야 할 측면에 불과하다. 재무금융전문가가 고객과 의미 있는 의사소통을 하기 위해서는 물리적인 환경 또한 매우 중요하다.

사무실 환경에 대한 이해

어떤 고객이, 스스로 찾아왔든 소개를 받아서 왔든 간에, 전문가와 상담예약을 하고 찾아오는 상황을 생각해 보자. 예약 당일 고객은 가져오라는 서류들을 챙겨서 전문가의 사무실을 방문한다. 대인 간 커뮤니케이션의 과정은 해당 고객이 사무실 빌딩에 주차를 하고 빌딩 안으로 들어오는 순간부터 시작된다. 우리는 이곳을 '사무실 환경'이라고 칭하도록 하겠다. 많은 전문가들이 사무실 환경을 생각할 때 단순히 인테리어를 얼마나 예쁘게 했는지 이상의 것들을 깊이 생각하지 않는 반면, 고객들은 사무실 환경에서 해당 전문가의 전문성을 평가한다는 연구결과가 있다. 고객의 이러한 평가는 전문가에게 있어 긍정적일 수도, 부정적일 수도 있다.

전형적인 사무실을 생각해 보자. 고객이 영업장의 문을 열고 들어오면 맨 처음 안내직원을 만나게 된다. 안내직원은 안내 데스크에 앉아있거나 입구에 서 있을 것이다. 영업장에 들어오는 순간 안내직원 이외에 고객이 처음으로 경험하게 되는 것은 무엇일까? 이에 대한 답변은 고객이나 전문가에게 확실하지 않을 수도 있다. 하지만 그 순간에 고객이 보거나 느끼는 사무실 환경의 색, 냄새, 소음의 정도, TV나 라디오, 음악 등이 고객으로 하여금 재무금융전문가의 스타일과 능력을 평가하는 요인으로 작용한다. 이러한 요인들이 전형적인 고객에게 어떻게 영향을 미치는지를 살펴보도록 하겠다.

사무실의 바닥 혹은 카펫의 색은 무엇인가? 사무실 벽의 색은? 벽에 그림이 있다면 그림의 주제는 무엇인가? 가구는 크기와 색이 사무실과 잘 어울리는가? 대기실이 따로 마련되어 있다면 그곳에는 고객이 TV를 볼 수 있도록 해 두었는가? 이러한 질문들에 대한 답변은 고객이 앞으로 이곳에서 경험하게 될 재무설계의 과정이 어떠할 것인지를 평가하는 데 일부 기여한다. 그리고 이러한 평가는 고객이 재무금융전문가를 만나기도 전에 형성된다. 그러므로 사무실 환경의 각 요소들이 미리 계획되어 설계되지 않았다면 재무설계의 과정 자체가 어려워질 수 있다. 재무금융전문가들이 인테리어 디자이너를 고용하여 사무실을 매우 멋지게 꾸몄지만 그 공간이 고객에게는 재무설계에 도움이 되지 않는다는 인상을 줄 수 있다는 것이다. 예를 들어, 사무실에 들어왔을 때 안내직원이 고객을 바라보고 있지만 고객과 사이를 가로막는 큰 책상에 앉아 있다거나 자신의 칸막이방(cubicle)에 앉아 있는 경우를 생각해 보자. 이러한 배치는 일을 하는 데 매우 효율적이고 전문적일 수 있으나 고객으로 하여금 이 회사에서 제공하는 재무설계 서비스가 거래 중심적이라는 인상을 남길 수 있다. 왜냐하면 안내직원이 앉아 있는 책상은 고객과 직원 사이의 어떤 장벽을 뜻할 수 있기 때문이다. 이러한 환경은 권위의 서열을 제시한다. 예전 미국의 은행에는 고객과 직원 사이에 벽이 있었을 뿐 아니라 창살도 있었다. 고객과 직원 사이에 책상을 배치하는 것은 사실 고객과 직원 사이에 주로 하는 업무가 거래적인 경우에는 매우 적절하다. 하지만 고객과 관계를 중심으로 한 비즈니스를 하려는 재무금융전문가에게 이러한 사무실 배치는 악영향을 미칠 수 있다.

독자들 중에서는 책상이나 탁자의 선택이 어떻게 전문가의 재무설계 스타일을 그 정도로 뚜렷하게 고객에게 전달할 수 있는지를 묻는 사람이 있을 것이다. 기본적으로 고객은 경험, 규칙과 기대를 바탕으로 매우 빠른 정보처리를 하게 된다. 이러한 정보처리 과정은 신체에 '생리적인 변화'를 유발한다. 특히 사무실 환경에 따라 고객이 느끼는 스트레스의 수준이 늘어날 수도 있고 줄어들 수도 있다. 정신적인 과정과 생리적인 반응의 관계를 분석한 거의 모든 연구는 고객의 스트레스가 특정 수준을 넘어서게 되면 종합재무설계의 과정에 참여하게 될 가능성이 줄어든다고 하였다. 다른 말로 하면 과도한 스트레스는 고객과 전문가의 관계에 악영향을 미친다는 것이다.[4] 앞에서 제시한 예시를 다시 보자. 책상이 직원을 둘러싸고 있는 배치는 고객으로 하여금 진입에 대한 장벽을 느끼게 만들 수 있다. 즉, 고객이 어떤 장소에서 만나게 되는 사람이 책상 뒤에 앉아 있는 사람이라는 인식을 가지게 되면, 고객은 해당 장소에 들어가는 데에 제약이 있다고 느낀다. 재무금융전문가들 중에서 자신의 사무실에서 일하고 있는 안내직원을 이러한 시각에서 인식하는 경우는 많지 않다. 대부분의 전문가들은 안내직원이 친절하고, 따뜻하고, 성실하기를 바라며, 예약을 잡고 예약을 확인하는 업무를 수행하거나 비즈니스와 직접적인 관련이 없는 사람들(예, 잡상인)을 내보내는 문지기 역할을 하는 사람으로 여긴다. 어떤 전문가들은 안내직원을 경호원 혹은 경비원으로 생각한다.[5] 하지만 고객과 직원 사이에 책상 등을 배치하는 것은 일반적으로 전문가가 의도하는 것과는 정반대로 인식된다. 안타깝게도 그러한 경우 고객은 사무실에 들어서면서부터 스트레스를 느끼게 된다.

고객이 사무실에 들어와서 안내하는 장소를 지나쳐서 바로 재무금융전문가의 공간(사무실)으로 들어가게 되는 경우는 그리 많지 않다. 대부분의 경우 고객들은 대기실에서 잠시 기다리도록 안내를 받게 된다. 일반적인 대기장소를 생각해 보자. 어떤 회사는 안내직원이 있는 곳의 맞은편 혹은 옆에 마련된 의자에 앉아서 기다리게 한다. 이것은 병원에서 의사의 진료를 받기 위해 기다리는 경우의 장소배치와 비슷하다. 이러한 장소에 앉아서 기다리는 것은 그리 유쾌한 일이 아니며 경우에 따라서는 스트레스를 받기에 충분하다. 어떤 회사는 대기장소를 따로 마련하여 고객이 전문가를 만나기 이전에 잠시 한숨 돌릴 수 있도록 만들어 준다. 이렇게 대기실이 따로 만들어져 있는 경우를 상상해 보자. 대기실은 대부분 입구에서 그리 멀지 않은 공간일 것이다. 아마도 대여섯 개 정도의 단순한 사무실용 의자가 벽 쪽으로 놓여 있고 맞은편 코너벽에는 TV가 걸려 있을 것이다. 회사의 방침이나 혹은 안내직원의 선호에 의하여 TV에는 비즈니스 뉴스가 나오고 있을 것이다. 비즈니스 뉴스를 틀어놓는 것은 이성적이고 논리적인 것일 수 있다. 왜냐하면 재무금융전문가들은 자신의 고객이 자신을 만나기 이전에 금융시장에서 무슨 일이 일어나고 있는지를 알기 원할 수 있기 때문이다.

그런데 이러한 가정은 옳은 것인가? TV와 같은 시각적인 미디어가 어떤 고객들에게는 스트레스를 유발하는 요인이다.[6] 스트레스 수준의 증가는 고객에게 부정적인 반응을 이끌어 낸다는 사실을 기억하자. 선행연구에서는 사람들이 재무금융과 관련한 뉴스를 시청하는 것의 영향을 받는다고 하였다. 특히 재무금융 뉴스 중에서 부정적인 뉴스보다 긍정적인 뉴스를 더 많이 시청하는 사람들은 일반적으로 후회의 감정을 느끼게 된다고 하였다. 다시 말하여 사람들은 시장이 호황일 때 본인이 왜 투자하지 않았는가에 대하여 자책하게 된다는 것이다. 이러한 자책은 스트레스를 유발한다. 반면 시장이 불황이어서 부정적인 뉴스를 시청하게 된다면 일반적으로 사람들은 자신이 할 수 있는 일이 없다고 느끼게 되어 해당 뉴스를 중요하게 받아들이지 않는다. 당연히 부정적인 뉴스도 스트레스 유발요인이지만 부정적인 뉴스의 영향은 긍정적인 뉴스의 영향만큼 크지는 않다.

그렇다면 이러한 선행연구의 결과가 재무금융전문가로 하여금 자신의 고객을 앉혀놓고 부정적인 뉴스를 시청하도록 해야 한다는 뜻일까? 답변은 당연히 '아니오'이다. 이러한 연구 결과들은 만일 전문가가 사전에 해당 뉴스의 내용을 면밀하게 살펴보고 선택하지 않았다면 고객들로 하여금 전문가와의 미팅 이전에 어떠한 미디어라도 시청하게 해서는 안 된다는 것을 뜻한다. 예를 들어, 집을 개조하고 인테리어를 해주는 프로그램에서 인테리어를 받는 사람이 재무적으로 어려움을 겪고 있는 이야기가 나온다면 그러한 프로그램도 고객에게 비즈니스 뉴스에서 시장의 상황을 알려주는 프로그램과 동일한 영향을 미치게 되어 스트레스를 유발할 수 있다. 아무런 생각 없이 고객에게 TV를 틀어주는 재무금융전문가는 자신의 사무실 환경에서 고객에게 스트레스 유발요인을 제공하는 실수를 범하게 되는 것이다. 이러한 실수는 반드시 피해야 한다.[7]

고객과의 관계를 바탕으로 자신의 비즈니스를 이끌어가려고 하는 전문가들은 고객이 앞으로 펼쳐지게 될 재무실계의 과정을 어떻게 경험하고 이해하게 될 것인가에 대한 관리에 특별히 주의를 기울여야 한다. 이러한 과정은 지금까지 예시에서 설명한 것처럼 고객이 사무실에 들어서는 그 순간부터 시작된다. 만일 고객이 편안함을 느끼고 스트레스 수준이 낮다면 고객은 보다 의미있게 대화에 참여하게 될 것이며, 개인적인 정보나 가족에 대한 정보, 그리고 자신의 재무상황에 대한 정보에 대하여 더 많은 이야기를 하게 될 것이며, 무엇보다도 재무설계의 제안을 받아들이고 실행할 가능성이 높다.[8] 대화가 지속될수록, 스트레스가 낮은 환경이라면 고객은 재무금융전문가를 가장 신뢰하는 어드바이저로 여기게 될 것이다. 이러한 신뢰는 전문가와 고객이 공유하는 가치, 협력, 그리고 확신을 바탕으로 형성된다.

이제 재무설계 과정에서 가장 큰 환경적 스트레스 요인인 '사무실의 좌석배치'를 살펴보자.[9] 고객이 재무금융전문가의 사무실 공간에 앉아 있는 경우를 생각해 보자. 〈그림 3.2〉는 일반적인 재무금융서비스 사무실 공간을 보여준다. 〈그림 3.2〉에 제시된 사무실 배치는 스트레스 수준을 줄여줄 것인가 늘릴 것인가? 일반적으로 고객은 자신과 전문가 사이에 어떠한 물리적인 장벽이 있는 경우 스트레스를 느낀다. 〈그림 3.2〉에서는 탁자가

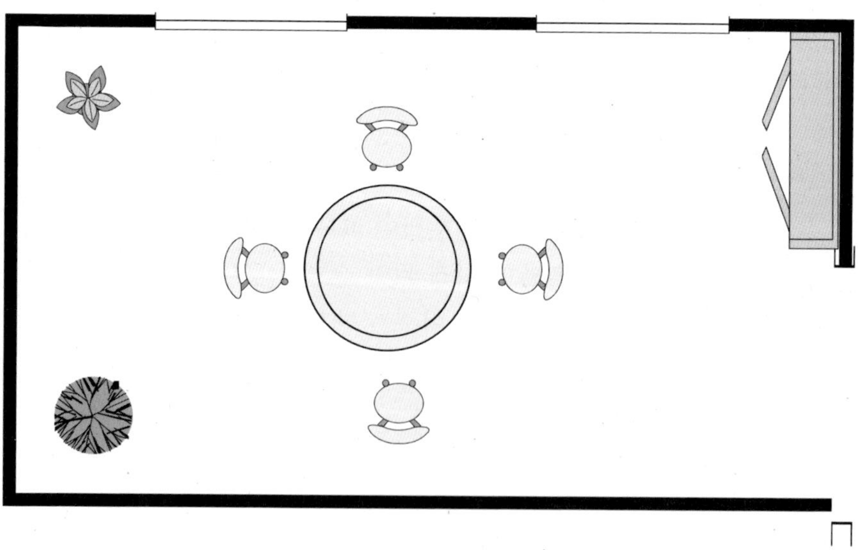

그림 3.2 | 고객의 스트레스를 유발하는 사무실 배치

고객과 전문가 사이의 커뮤니케이션 장벽으로 여겨질 수 있다. 따라서 〈그림 3.2〉와 같은 사무실 배치에서 고객을 만나는 재무금융전문가는 자신의 고객이 다른 사무실 배치보다는 더 높은 수준의 스트레스를 경험할 수 있다는 것을 알아야 한다.

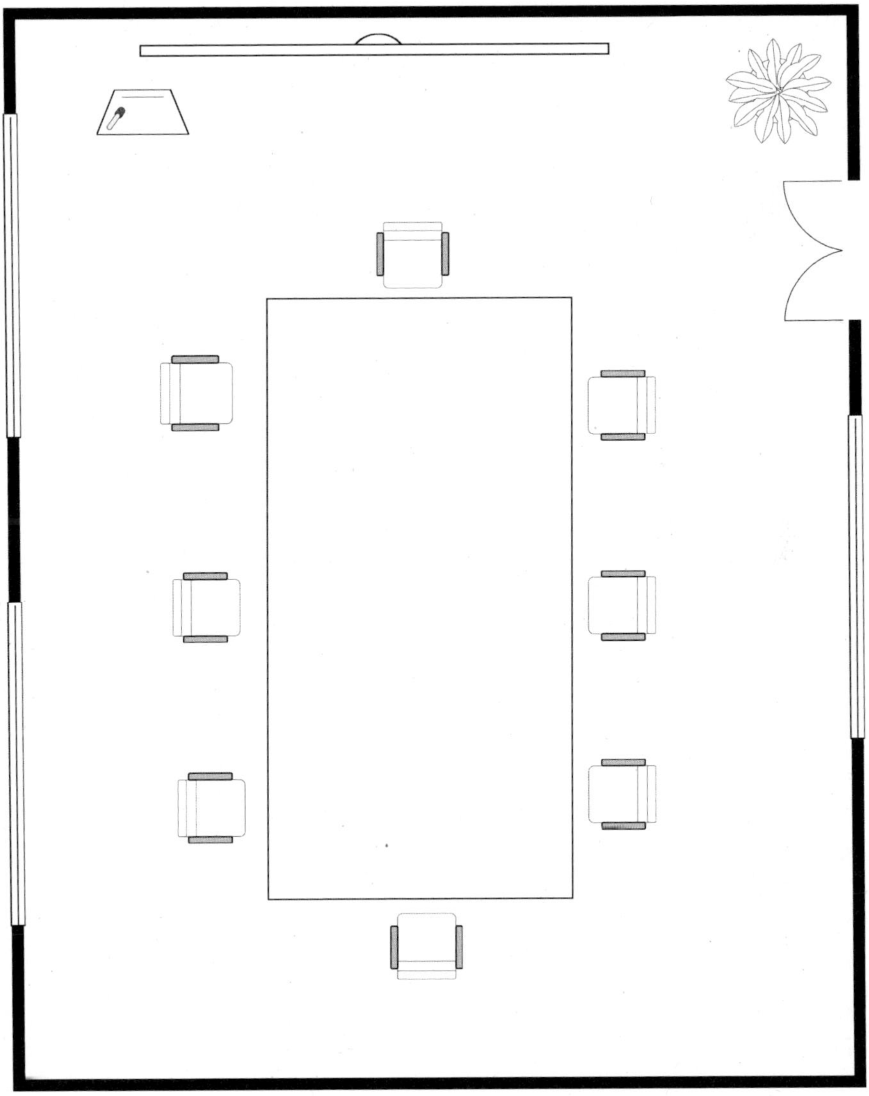

그림 3.3 | 회의실 유형의 사무실 배치

그렇다면 〈그림 3.3〉과 같은 회의실 유형의 사무실 배치에서 고객의 스트레스 수준은 〈그림 3.2〉와 비교하면 어떠할까? 회의실 유형 배치에는 일반적으로 탁자의 한쪽 끝에 스크린이 설치되어 있다. 재무금융전문가는 탁자의 상석 혹은 한쪽에 앉게 되고 고객은 – 여기에서 고객을 부부라고 가정하자 – 전문가의 맞은편에 같이 앉게 될 것이다. 하지만 안타깝게도 이러한 회의실 유형의 사무실 배치는 원형탁자를 배치한 〈그림 3.2〉와 비교할 때 스트레스 수준을 전혀 경감시키지 못한다. 오히려 이러한 회의실 유형의 배치는 원형탁자와 비교할 때 고객의 스트레스 수준을 증가시키며 만일 부부가 서로 마주보고 앉게 된다면 그 스트레스 수준은 더욱 증가할 수 있다. 만일 전문가가 상석에 앉고 부부가 서로 마주보고 앉게 된다면, 부부간에도 책상이라는 장애물을 놓게 된 것이고, 부부 사이에 놓인 책상은 대화, 정보공개, 그리고 의견 나눔에 방해물이 될 것이다. 이러한 경우 재무금융전문가는 부부의 이야기로부터 배제될 수도 있다. 만일 재무금융전문가가 상석에 앉고 부부가 한쪽 면에 나란히 앉게 된다면 전문가로부터 멀리 떨어진 자리에 앉은 사람은 대화에 적극적으로 참여하지 않거나 자신의 이야기는 잘 들어주지 않는다고 느끼게 될 수 있다. 이러한 감정이 발생되는 것은 재무금융상담에 전혀 도움이 되지 않는다.

사무실 가구 배치가 재무설계의 과정에 어떠한 역할을 하는지에 대한 사례를 하나 더 들도록 하겠다. 〈그림 3.4〉와 같은 사무실 배치는 금융기관에서 매우 흔한 배치이다. 거의 모든 재무금융전문가는 고객을 만날 때 자신의 회사 사무실에서 만나게 된다. 대부분의 사무실 특히 개인사무실을 생각해 보면 사무실의 한쪽 벽에는 문이 있고, 서류를 넣어두는 장이나 서랍이 있을 것이다. 그리고 나머지 공간에 책상과 책꽂이가 있을 것이다. 책상 앞에는 편안함보다는 실용성에 무게를 둔 두 개의 사무실용 의자가 배치되어 있을 것이다. 이러한 환경에서 재무금융전문가가 고객을 만날 때 일반적으로 전문가는 책상에 앉아서 고객과 대화를 하는데, 아마도 전문가가 앉아 있는 의자는 가죽 회전의자일 가능성이 높다. 전문가가 앉아 있는 의자가 다소 높다면, 고객이 재무금융전문가와 상담을 하는 과정에

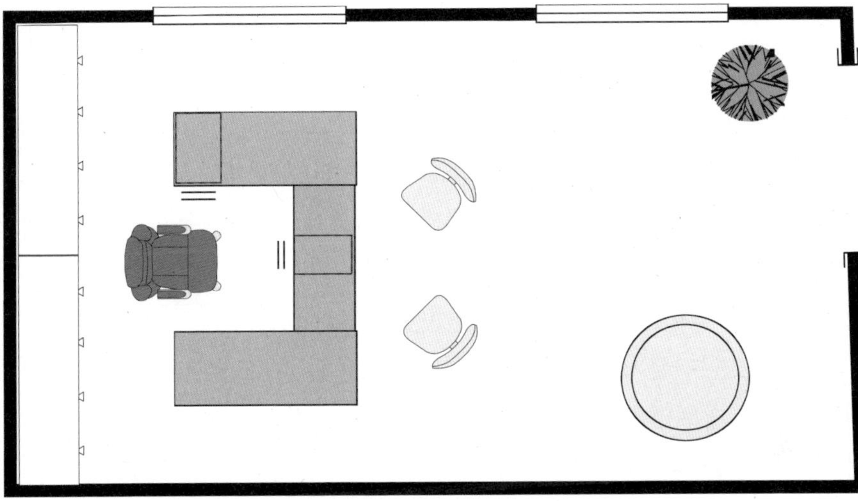

그림 3.4 ❙ 거래 중심적인 재무설계를 하는 사무실 배치

서 책상 건너편에 앉아 있는 전문가를 조금 올려다 보아야 할 수도 있다. 이러한 경우는 커뮤니케이션 과정에 어떠한 영향을 미치게 될까? 이러한 배치는 고객의 스트레스 수준을 증가시키게 된다. 전문가와 고객의 좌석 배치는 해당 재무설계의 유형이 전혀 관계 중심적이지 않고 거래 중심적이라는 것을 비언어적으로 보여주는 것이다. 이러한 사무실 의자의 배치는 자동차를 산다거나, 세금신고와 관련된 상담을 받는다거나, 변호사와 상담을 하는 경우에는 적절할 수 있다. 하지만, 신뢰를 바탕으로 한 고객-전문가 관계를 정립하고자 하는 경우에는 전혀 도움이 되지 못한다.

〈그림 3.2〉, 〈그림 3.3〉, 〈그림 3.4〉에서 제시한 사무실 배치는 관계를 바탕으로 한 대인 간 커뮤니케이션을 원활하게 하는 데 도움을 주지 못한다. 물론 이러한 사무실 배치가 관계를 바탕으로 한 대인 간 커뮤니케이션에 도움을 주지 못한다고 하더라도 책상이나 탁자 없이 고객과 상담하는 것은 거의 불가능하다고 말할 수도 있다. 하지만 탁자나 책상이 반드시 필요한 경우는 생각보다 그렇게 많지 않다. 고객과 재무금융전문가가 처음으로 만나는 미팅을 생각해 보자. 첫 미팅의 목적은 무엇인가? 상품을 판매하는 것인가? 상품을 판매하는 것이라면 상품 정보를 제시하고 계약

서에 사인을 하기 위해서 책상은 중요하다.[10] 만일 첫 미팅의 목적이 고객을 조금 더 알고, 고객의 인생 목표나 꿈에 대하여 조금 더 이해하고, 고객이 어떤 이유로 재무설계를 행하려고 하는지를 파악하고자 하는 것이라면 책상 또는 이와 비슷한 형식의 장애물은 도움이 되지 않는다. 중요한 것은 고객으로 하여금 재무금융전문가가 거래에 중점을 두는 사람이 아니라 고객과 의미 있고 심도 있는 정보를 나눌 수 있는 신뢰할 만한 전문가라는 인상을 심어주기 위한 환경을 만드는 것이다.

그렇다면 전문가는 그러한 환경을 어떻게 디자인하면 되는 것일까? 전통적으로 재무금융전문가의 사무실은 조용하고 아늑하지만 비밀 이야기를 할 수 있는 개인적인 공간, 클럽하우스의 라운지, 혹은 PB의 고급스러운 사무실과 같이 꾸며야 한다고 믿어 왔다. 따라서 어두운 색을 많이 쓰고, 가죽의자를 주로 사용하고, 털이 긴 카펫을 깔아서 아늑한 분위기를 연출하려고 노력하였다. 이러한 디자인을 사용하는 것은 고객으로 하여금 해당 재무금융전문가가 얼마나 안정적이고 부유한지를 느끼게 해 주려는 의도가 깔려 있다. 즉, 해당회사의 고객이 되는 것이 골프 클럽이나 스포츠 클럽 등의 멤버십을 가지는 것처럼 부유층의 이익을 누릴 것이라는 이미지를 고객에게 전달하는 것이 디자인의 초점이다. 이러한 이미지를 고객에게 전달하는 것이 근본적으로 잘못된 것은 아니다. 단 이러한 형식의 디자인에는 고객과 전문가 사이의 장벽을 형성하는 요소들이 있다는 점을 생각해야 한다. 예전에는 재무금융전문가가 믿을 만한 사람이라는 이미지보다는 능력 있는 전문가라는 이미지를 강조하기 위해서 상담을 할 때 고객으로부터 떨어져 앉아야 한다고 믿었다. 고객과의 거래에 중점을 두는 재무설계에 집중하는 전문가라면 이러한 형식의 사무실 디자인이 꽤 유용할 수 있다. 하지만 이러한 사무실 배치는 거래에 집중하는 것이 아닌 다른 유형의 전문가를 찾는 고객에게는 잘못된 정보를 전달할 위험이 있다.

고객과 깊은 수준의 신뢰를 바탕으로 한 장기적인 관계를 형성하고자 하는 재무금융전문가라면, 첫 상담이나 이후의 상담에서 고객이 필기를 하거나 서류에 서명을 해야 할 필요가 없는 경우에는 무엇보다도 고객과 전문가 사이에 장벽이 없는 환경을 만드는 것에 초점을 맞추어야 한다. 〈그림 3.5〉는 가장 단순한 형식의 '재무치료 사무실'의 가구 배치가 어떠한지를 보여준다. 〈그림 3.5〉의 방에는 두 가지 중요한 요소가 포함되어 있다. 우선 매우 편안한 소파 혹은 충분히 커다란 의자가 고객을 위해 배치되어 있다. 그리고 고객의 의자와 비슷한 색 혹은 천으로 되어 있는 의자가 전문가를 위한 의자이다. 그리고 사무실은 전반적으로 한 개 혹은 두 개의 화분이나 많지 않은 단순한 그림으로 꾸며져 있어서 상대적으로 매우 깨끗하다는 것에 주목하자. 또한 재무금융전문가를 위해서 작은 탁자가 전문가 의자 옆에 배치되어 있다. 그림에서 볼 수 있듯이 작은 탁자는 서류를 놓아두는 등의 기능을 하지만 고객과 전문가 사이의 장애물이 되지는 않는다. 또한 소파와 의자가 어떻게 배치되어 있는지에 주목해 보자. 일반적인 규칙은 고객의 소파와 전문가의 의자를 90도에서 150도 각도 사이에 배치하는 것이다.[11] 창문이 고객의 뒤쪽으로 오도록 의자를 배치해야 한다.[12] 또한 방에 시계를 놓아야 한다면 시계는 전문가만 볼 수 있는 위치에 놓아야 한다는 것이 중요하다.[13] 이렇게 치료를 위한 환경을 꾸미는

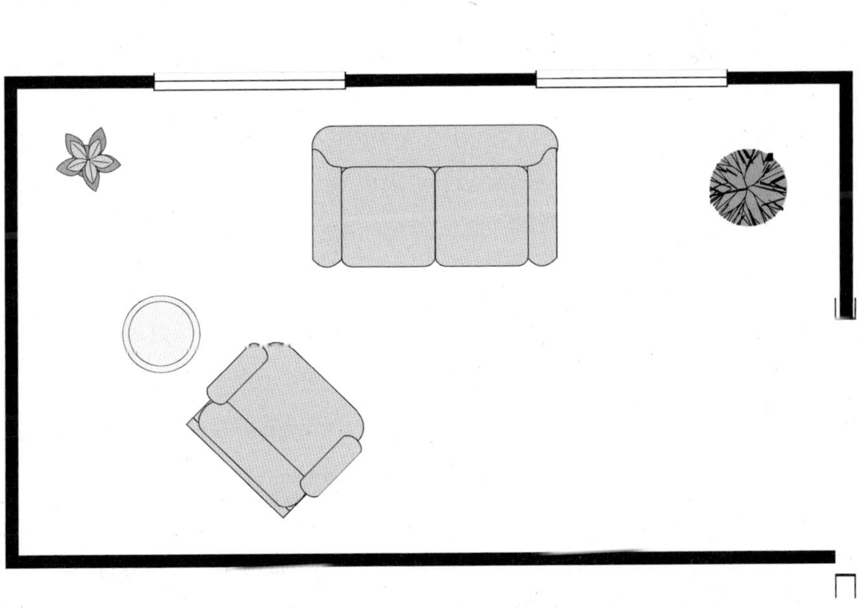

그림 3.5 | 재무치료 사무실 배치

것이 가지는 효과에 대하여 벤저민(Benjamin)[14]은 아래와 같이 말하였다.

"이러한 가구 배치는 정말 좋다. 고객은 나를 보고 싶으면 나를 쳐다보아도 되고 그것이 편하지 않으면 앞을 보면 되는데 고객이 앞을 볼 때 내가 고객에게 방해가 되지 않을 뿐더러 나도 고객의 시선에 방해를 받지 않는다"(p. 3).

하지만 재무금융전문가가 이렇게 재무치료 형식의 사무실 배치를 반대하는 경우는 매우 흔한 일이다. 왜냐하면, 우선 고객에게 서류나 정보제공 문건 등을 보여주어야 하는데 그에 필요한 책상이나 탁자가 없기 때문이며, 무엇인가를 적어야 하는 경우에 활용할 수 있는 것(탁자와 같은 가구, 칠판이나 보드 등)이 없다는 점 때문이다. 이러한 반대의견은 전문가가 반드시 고객이 하는 이야기를 적어야 하고, 전문가만이 그러한 이야기를 적을 수 있으며, 고객은 문건으로 제공되는 서류나 정보를 선호한다는 가정하에서는 적절한 이유라고 할 수 있다. 하지만 고객 커뮤니케이션을 연구한 많은 선행연구에서 이러한 가정이 맞지 않다는 것을 보여준다. 이에 대한 근거를 살펴보자.

치료사, 상담가, 심리학자, 그리고 정신건강 분야에서 일하는 많은 전문가들은 상담 중에 전문가가 지속적으로 고객의 이야기를 받아 적는 것을 고객이 좋아하지 않을 뿐더러 이에 대하여 반감을 가지고 있다는 것을 밝혀왔다. 고객의 이야기를 받아 적는 것이 대인 간 커뮤니케이션에 도움이 되는 경우는 극히 드물다. 이유는 간단한다. 이야기하는 것을 받아 적는 것은 전문가가 고객의 이야기에 주의 집중하는 것을 방해하는 요인이 되기 때문이다. 적는 것에 집중하다 보면 고객의 언어적인 그리고 비언어적인 단서들을 놓치기 매우 쉽다. 전문가가 고객이 하는 이야기를 반드시 적어야만 하는 경우를 생각해 보자. 전문가는 고객이 하는 이야기를 노트나 태블릿 컴퓨터를 활용하여 적을 수 있다. 보통의 경우 전문가는 자신의 의자에 편하게 앉아서 상담을 진행한다. 이때 노트나 태블릿 컴퓨터는 무릎에 놓으면 된다. 무릎 위에 노트나 태블릿 컴퓨터를 놓고 중요한 사항만을 받아 적는 방법은 고객과 전문가가 서로 눈을 맞추고 이야기할 수 있도록 해준다. 만일 무엇인가를 적어야 한다면 전문가는 상담을 시작할 때 오늘 상담의 중요 내용을 적을 것이라고 고객에게 미리 알려주어야 한다. 고객과의 상담과정에서 필기를 하지 않는 것을 불안해 하는 전문가를 위한 추가적이고 구체적인 전략은 이 책의 뒷부분에서 더 설명하도록 하겠다.

[시나리오 사례 3A] 앉아서 상담을 하는 과정에서 필기하기
아래 사진은 재무금융전문가가 어떻게 효과적으로 고객의 이야기를 받아 적으면서도 고객의 이야기를 잘 들을 수 있는가를 보여준다.

다소 역설적인 질문은 왜 재무금융전문가가 필기를 해야 하는가이다. 요즘에는 재무금융전문가의 보조 전문가(para-planner)가 고객과의 미팅에 같이 참석하는 경우가 흔하다. 비밀유지의 원칙 혹은 개인정보보호법 등에 의하여 고객은 자신과 전문가의 상담에 다른 사람이 같이 참석하는 것을 원치 않을 수 있다. 또한 고객이 전문가를 단독으로 만나기를 원하는 경우도 있다. 이러한 경우에 재무금융전문가는 상담이 끝나고 난 이후에 고객과의 상담내용을 정리하면 된다.

앞서 언급한 재무치료 형식의 배치에 반대하는 이유 중 고객에게 제시해야 할 서류나 설명서, 정보를 제공하는 문건들을 책상 없이 어떻게 고객에게 보여줄 것인가에 대해 생각해 보자. 비록 선행연구가 많이 수행되

지는 않았지만, 종이 형식의 정보와 다른 형식(스크린을 이용한 미디어)의 정보 제시에 대한 선호를 파악한 결과 사람들은 종이보다는 스크린을 통해 정보를 제공받는 것을 선호하였다.[15] 〈그림 3.3〉에서와 같이 커다란 평면 TV 스크린을 사무실에 배치하는 것은 쉬운 일이다. 태블릿 컴퓨터를 이용하거나 리모컨을 이용하여 고객에게 제시해야 할 모든 서류, 설명서, 기타 문건을 스크린을 통해 제시할 수 있다. 거래 중심적이기보다는 관계 중심적으로 재무설계를 진행하고자 하는 고객들은 스크린에 서류가 제시되고 전문가와 눈을 맞추어 진행되는 커뮤니케이션 방식을 선호한다.[16]

많은 전문가들이 〈그림 3.5〉에 제시된 사무실의 배치는 자신들이 제공하는 재무설계를 생각할 때 받아들이기가 너무 어렵다고 느낄 수 있다. 이러한 형식의 미팅룸을 일반 사무실과 별도로 꾸미기에는 회사에 충분한 공간이 없는 경우도 있다. 하지만 다행히 이러한 형식의 치료적인 가구 배치의 요소는 어떠한 형태의 사무실에도 어렵지 않게 도입될 수 있다. 〈그림 3.6〉을 보자. 이 그림에서는 사무실 의자를 편안한 소파로 대체함으로써 전형적인 사무실을 치료적인 환경으로 쉽게 바꿀 수 있다는 것을 보여준다. 〈그림 3.6〉에 작은 커피 탁자를 추가할 수도 있다. 커피 탁자는 고

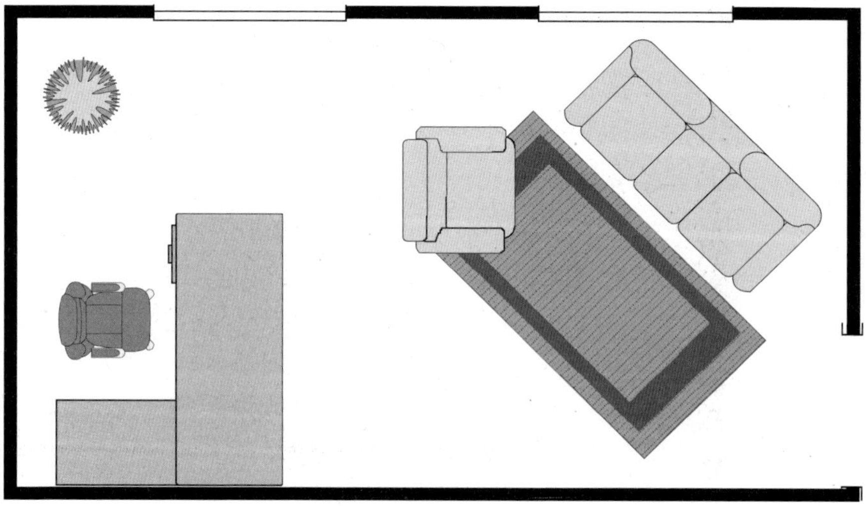

그림 3.6 ❙ 치료적인 재무설계 사무실 가구 재배치

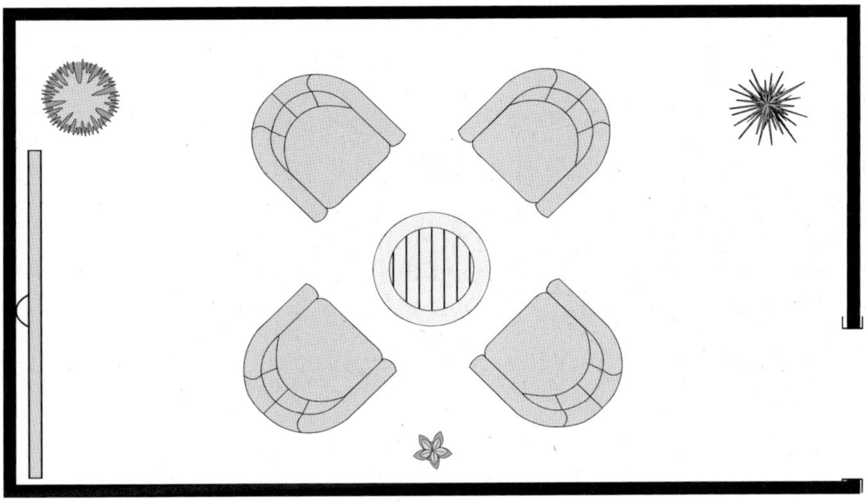

그림 3.7 ❙ 치료적인 재무설계 사무실 가구 배치 대안

객과 재무금융전문가 사이에 장애를 제공하기는 하지만 책상이나 회의탁자보다는 덜 위압적이고 서류를 제공하거나 고객이 서류에 서명을 해야 하는 경우에 유용하게 활용될 수 있다.

〈그림 3.7〉은 치료적인 요소가 전형적 사무실 공간에 어떻게 적용될 수 있는지를 보여주는 다른 예시이다. 이 배치에서는 4개의 편안한 의자가 보통의 커피 탁자를 둘러싸고 배치되어 있다. 또한 커다란 평면 스크린이 서류나 정보를 보여주는 용도로 사용되도록 배치되어 있다. 사무실에 화분이 놓여져 있는 것에도 주목하자. 이런 형식의 사무실 배치는 창문이나 열려 있는 문 등과 같이 외부적인 방해요소가 없는 경우에 적당하다.

이 장에서 설명된 모든 커뮤니케이션 기술과 방법들은 한 가지 중요한 결과에 초점이 맞추어져 있는데, 그것은 고객이 재무금융전문가를 만나기 이전과 만나는 동안에 느낄 수 있는 스트레스 수준을 낮추도록 관리하는 것이다. 앞에서도 언급한 바와 같이 사무실의 환경은 고객에게 해당 재무금융전문가의 업무성향이 어떠할 것인가에 대한 첫인상을 심어주고 이러한 첫인상은 종종 재무설계 과정을 통해 지속적으로 유지된다. 고객과의 단순한 거래 중심 업무에 집중하기보다는 신뢰할 수 있는 어드바이

저를 찾는 고객들에 집중하여, 신뢰와 적극적 참여를 바탕으로 한 관계를 형성하고자 하는 재무금융전문가들은 특별히 자신들의 사무실 환경이 고객에게 어떠한 메시지를 전달하는지에 대하여 관심을 가져야 한다. 다시 한번 말하지만, 고객의 스트레스 수준은 매우 중요하다. 고객의 스트레스 수준이 높아질수록 재무설계 과정에 대한 참여와 관심의 정도는 낮아지게 된다. 즉, 고객과의 미팅 과정에서 사무실 등의 주위 환경을 잘 관리하여 고객의 스트레스 수준을 낮추는 전문가는 고객에게 능력있고, 믿을 만하며, 진심을 다해 고객을 대하는 전문가로 평가된다는 것이다.

스트레스와 커뮤니케이션의 관계

특정 언어적·비언어적 커뮤니케이션에 대하여 설명하기 전에 스트레스와 커뮤니케이션의 관계를 살펴보는 것은 의미가 있다. 지금까지 이 장을 읽은 독자들은 고객이 보여주는 스트레스 수준은 그 수준이 어떠하든지 간에 고객과 재무금융전문가의 관계에 방해가 된다는 결론에 이르렀을 것이다. 하지만 솔직하게 말하면 이것은 사실이 아니다. 현재 고객이건 잠재적인 고객이건 고객들은 어떤 행동을 취하기 위하여 반드시 어느 정도 긴장상태를 경험해야 한다.

이러한 점을 운동경기의 코치와 팀의 관점에서 생각해보자. 코치가 자신의 팀에게 해야 하는 가장 중요한 역할은 그 팀이 최고의 컨디션에서 최상의 결과를 얻을 수 있도록 하는 것이다. 〈그림 3.8〉은 여크스-도드슨 모델(Yerkes-Dodson model)이라고도 불린다. 이 그림에서 세로축은 팀의 성취수준을 나타낸다. 그림의 가로축은 각 선수들의 스트레스 반응인 긴장상태를 나타낸다. 그림에서 보여주듯이 팀의 성취수준은 긴장상태가 증가함에 따라서 증가하다가 긴장상태가 어느 정도를 넘어서게 되면 떨어지는 모습을 보인다. 이러한 사실은 왜 팀 경기에서 각 팀이 경기가 시작되기 이전에 매우 빠르고 시끄러운 음악을 틀어놓고 연습을 하다가 경기

직전에는 다같이 모여서 조금 차분한 노래를 부르는가를 설명해 준다. 또 운동경기 중에 코치가 왜 어떤 선수들을 긴장시키려고 노력하고(소리를 치는 등), 어떤 선수들은 조금 차분히 경기를 하도록 달래는지를 설명해 준다.

재무설계 관점에서 재무금융전문가는 운동경기의 코치와 같은 역할을 한다고 볼 수 있다. 이 예시를 적용하자면 고객은 각각의 운동선수이다. 고객이 어느 정도 긴장상태를 유지하고 능동적으로 참여하려는 생각을 갖지 않으면 고객은 전문가가 제시하는 재무설계 제안에 대하여 무관심하게 되거나 제안의 내용을 실행하려는 의지를 보이지 않게 된다. 즉, 고객으로 하여금 제안의 내용을 실행할 수 있도록 어느 정도는 긴장하도록 만드는 것이 재무금융전문가의 몫이라는 것이다. 문제는 고객의 긴장상태가 지나치게 높거나 지나치게 자극을 많이 받은 경우에 발생한다. 〈그림 3.8〉과 예시에서 설명한 것처럼 긴장상태가 지나치게 높은 선수의 성취결과가 낮아진다는 것을 기억해야 한다. 고객을 지나치게 압박하게 된다면 해당 고객은 재무설계의 과정에 적극적으로 참여하지 않게 될 것이며 전문가에 대한 신뢰 또한 낮아지게 된다.

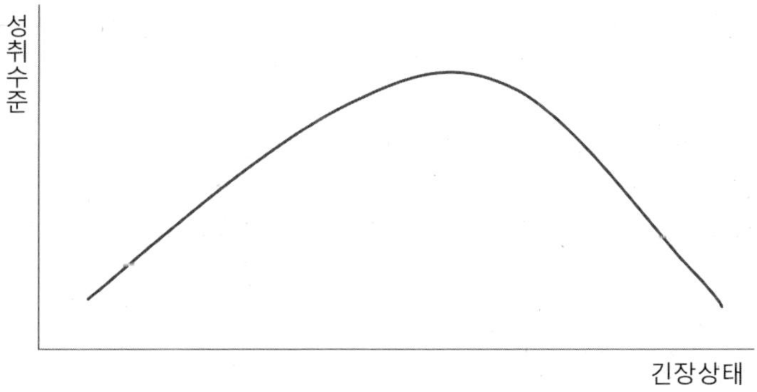

그림 3.8 | 긴장상태와 성취수준의 관계

요 약

사무실 환경이 어떻게 스트레스를 유발하는가를 이해하기 위해서는 스트레스 유발요인들이 하나하나 쌓이게 된다는 사실을 기억해야 할 필요가 있다. 아무것도 하지 않는 것을 원하고 재무설계 자체에 대하여 관심이 없는 고객을 재무설계의 과정에 참여하도록 만드는 것은 스트레스 유발요인이지만, 재무설계에서는 바람직한 것이다. 고객으로 하여금 자신의 목표, 꿈, 재무상태, 다양한 선택사항의 존재 등을 생각하도록 만들어주기 때문이다. 재무금융전문가는 고객으로 하여금 고객 자신에게 의미 있는 이슈를 깊게 생각하도록 만드는 질문을 던짐으로써, 고객과 재무금융전문가의 관계를 정립하는 데에 있어 고객의 긴장감을 활용할 수 있다. 하지만 재무설계의 과정이 통제할 수 없는 상태가 된다면 재무금융전문가가 유발한 고객의 긴장상태는 고객으로 하여금 해당 재무설계 과정 자체에 대하여 의문을 품게 만든다. 바로 이러한 점이 재무금융전문가가 왜 사무실 환경을 꾸밀 때 심사숙고해야 하는지를 말해준다. 재무설계의 과정에서 사소한 것으로 여길 수 있는 사무실 환경으로 고객의 긴장상태를 높일 필요는 없는 것이다. 아무런 생각 없이 사무실의 인테리어를 하게 된다면, 재무설계의 과정에서 발생하는 고객의 긴장상태에 사무실 환경에서 오는 긴장상태가 더해져 그 수준이 지나치게 높아질 가능성이 있다. 이 장에서 설명한 바와 같이 재무설계의 과정에서 사무실 환경으로 고객의 스트레스 수준을 높일 이유가 전혀 없는 것이다. 고객의 스트레스를 있는 그대로 내버려 두지 않고 고객의 스트레스 유발요인들을 통제하려고 노력하는 전문가들은 고객들에게 신뢰할 만한 전문가가 될 가능성이 더 높다.

단원 정리 문항

1. 재무설계의 고객을 나눌 때 서로 반대되는 극단의 두 유형은 무엇인가?
   a. 만족한 유형과 독립적인 유형
   b. 거래 중심적 유형과 관계 중심적 유형
   c. 심사숙고하는 유형과 수동적인 유형
   d. 치료적인 유형과 지시적인 유형
2. 자신이 지켜내고자 하는 유산에 대하여 이야기하거나 소개하기를 주저하는 고객은 재무금융전문가와의 관계를 어떠한 시각으로 보는 고객이라고 할 수 있는가?
   a. 치료적인 시각
   b. 관계적인 시각
   c. 지시적인 시각
   d. 거래적인 시각
3. 스트레스 유발요인은 어떠한 결과를 낳게 되는가?
   a. 신체의 생리적인 변화
   b. 해당 재무금융전문가와 관계를 끝내고 싶어함
   c. 고객과 전문가 사이의 보다 심도 있는 대화
   d. a와 b
4. 재무설계 과정에서 발생하게 되는 환경에 의한 스트레스 유발요인으로 가장 강력한 것은 무엇인가?
   a. 재무금융전문가 사무실의 카페트 색깔
   b. 기다리는 동안에 고객이 TV를 보도록 하는 것
   c. 고객이 안내직원과 같은 방에 앉아서 기다리도록 하는 것
   d. 재무금융전문가 사무실의 전문가와 고객의 좌석 배치
5. 고객과 의미 있는 관계를 정립하기 위하여 고객의 스트레스 수준을 낮추고자 하는 재무금융전문가에게 고객과 최초 미팅을 위한 사무실 배치는 어떻게 하는 것이 좋은가?
   a. 서류를 세시하고 보여주기에 충분한 크기의 커다란 탁자가 있는 방
   b. TV에 비즈니스 뉴스 혹은 재무금융뉴스가 지속적으로 틀어져 있는 방

c. 편안한 의자와 소파가 있는 방

d. 전문가가 책상에 앉아 있고 고객이 책상 앞에 앉도록 배치되어 있는 방

6. 재무금융전문가와 관계를 맺고 싶어하는 고객은 다음 중 어떠한 특성을 보이게 되는가?

Ⅰ. 전문가를 다른 사람들에게 기꺼이 소개하고자 한다.

Ⅱ. 상담예약을 잘 취소하지 않는다.

Ⅲ. 자신의 재무 목표와 자신이 가지고 있는 꿈에 대하여 이야기하고 싶어한다.

a. Ⅲ

b. Ⅰ과 Ⅱ

c. Ⅱ와 Ⅲ

d. Ⅰ, Ⅱ, Ⅲ

7. 재무금융전문가 미셸은 사무실에서 탁자의 한쪽에 앉아있고 고객은 탁자 건너편에 앉아서 이야기를 나눈다. 미셸에게 탁자는 서류나 관련 문건을 고객에게 제시하고 고객이 이야기하는 것을 받아 적을 수 있도록 하기 위해서 매우 중요하다. 하지만 미셸은 고객과의 관계가 거래적인 단계에서 더 이상 진전하지 않는다는 것을 알게 되었다. 이러한 경우 고객으로 하여금 재무설계 과정에 좀 더 적극적으로 참여하여 앞으로 나아가도록 하는 데 방해가 되는 요인은 무엇일까?

a. 탁자를 사용하는 것이 고객과 미셸 사이에 어떠한 장벽으로 작용했을 것이다.

b. 미셸이 고객과의 관계에서 스트레스를 충분히 유발시키지 못하였다.

c. 미셸은 고객으로 하여금 다음 단계를 실행하도록 하는 데 실패하였다. 왜냐하면 탁자가 고객으로 하여금 미셸을 사무실 안내직원으로 보이도록 만들었기 때문이다.

d. 위의 모든 내용이 사실이다.

8. 고객과 재무금융전문가 또는 재무설계 회사의 직원과 만나는 사무실 공간을 꾸밀 때 사무실에 포함하여도 좋은 것은?

a. 편안한 의자

b. 2인용 혹은 그 이상의 소파

c. 화분

d. 위의 모든 것

9. 사무실에서 고객이 앉는 자리는 어떠해야 하는가?

a. 사무실의 창문을 향해야 한다.

b. 시계가 잘 보이는 곳에 배치해야 한다.

c. a와 b

d. 위에 답이 없음

10. 고객의 스트레스 수준 관리와 관련한 아래 내용 중 옳은 것은?

a. 사무실 환경에서 고객의 스트레스 수준을 제거하는 것은 중요하다.

b. 어느 정도의 스트레스와 긴장상태를 포함시키는 것은 고객으로 하여금 행동을 취하도록 도울 수 있다.

c. 스트레스와 성취의 결과는 정적인 관계이므로 전문가는 제안서를 제시하기 이전에 고객의 스트레스 수준을 높이는 데 노력해야 한다.

d. 고객으로 하여금 제안서의 내용을 실행하도록 하기 위해서는 스트레스 수준을 낮추어야 하고 고객으로부터 정보를 수집하는 단계에서는 스트레스 수준을 높여야 한다.

11. 고객을 거래 중심적인 집단으로 구분할 때 사용하는 질문을 검토해 보자. 이 질문들을 활용하여 현재 자신의 고객을 분류해 보자. 어느 정도의 고객이 거래 중심적 고객으로 분류되는가? 자신의 고객집단은 본인이 원하는 집단인가?

12. 현재 자신이 일하고 있는 사무실의 가구 배치를 그려보자. 본인의 사무실 환경은 거래 중심적인 관계 혹은 관계 중심적인 관계 중 어떠한 관계를 유발시킨다고 보는가? 관계 중심적인 고객을 더 많이 확보하기 위하여 사무실 배치를 바꾼다면 어떻게 해야 하는가?

13. 본인의 업무에서 변호사의 도움이 필수적이고 변호사와 정기적인 협업이 필요하다고 가정해보자. 이를 위해서 유능한 변호사 3명을 인터뷰하게 되었다면 변호사를 인터뷰하는 장소의 가구 배치는 어떠해야 할 것이라고 생각하는가? 그렇게 생각한 이유는 무엇인가?

14. 커뮤니케이션에 할애되는 시간과 사용되는 기술을 고려할 때, 거래 중심적인 고객과 비교하여 관계 중심적인 고객과 일할 때 발생하는 비용과 편

익은 무엇일지 생각해 보자.

15. 가구의 배치와 스크린 등과 같은 커다란 시각적 프리젠테이션에 사용되는 도구 이외에 고객과의 커뮤니케이션 및 고객의 스트레스에 영향을 미치는 사무실의 환경적 요인은 무엇이 있을까? 예를 들면, 고객의 오감에 영향을 미칠 수 있는 물리적인 환경요인을 생각해 보자.

주

1. C. Anderson and D. L. Sharpe, "The Efficacy of Life Planning Communication Tasks in Developing Successful Client-Financial Planner Relationships," *Journal of Financial Planning* 21, no. 6 (2008): 66-77.
2. S. Neeru and P. G. Patterson, "The Impact of Communication Effectiveness and Service Quality on Relationship Commitment in Consumer, Professional Services," *Journal of Services Marketing* 13 (1999): 151-170.
3. A. Herbers, "Stress Fracture," *Investment Advisor* 32, no. 11 (2012): 24-35.
4. J. E. Grable and S. L. Britt, "Assessing Client Stress and Why It Matters to Financial Advisors," *Journal of Financial Service Professionals* 3 (2012): 39-46.
5. 이러한 방법이 대부분의 보험, 법무, 세무, 그리고 서비스 회사들이 고객을 맞이하는 방법이라고 생각한다. 왜냐하면 대부분의 서비스 제공자와 제조업자들은 고객과의 관계는 거래적인 관계를 기반으로 하고 있다고 믿고 있기 때문이다.
6. J. E. Grable and S. L. Britt, "Financial News and Client Stress: Understanding the Association from a Financial Planning Perspective," *Financial Planning Review* 5, no. 3 (2012): 22-36.
7. 대안적으로 활용할 수 있는 것은 회사의 마케팅 이미지나 고객의 증언,

회사가 타겟으로 하는 고객의 꿈이나 희망에 연관되는 사진이나 그래픽 이미지 등을 지속적으로 보여주는 비디오나 DVD를 틀어주는 것이다.

8. 스트레스는 대부분의 사람들에게 "싸움 또는 도망"의 반응을 일으킨다. 스트레스 수준이 증가함에 따라 개인의 자연스러운 첫 번째 반응은 두 가지인데 그중 하나는 상황을 인정하지 않거나, 그 상황에 대하여 논쟁하거나 그 상황에 대하여 대항하는(싸우는) 것이다. 또 다른 하나는 스트레스의 근원으로부터 도망치거나 스트레스 상황을 회피하는 것이다. 만일 재무금융전문가의 사무실 환경이 스트레스 유발요인으로 작용한다면 스트레스에 대한 이러한 "싸움 또는 도망"의 반응은 고객상담의 초기에 나타나게 될 것이며, 이러한 초기 반응은 재무금융전문가가 반드시 극복해야 하는 또 다른 장애물로 작용하게 된다.
9. S. L. Britt and J. E. Grable, "Your Office May Be a Stressor: Understand How the Physical Environment of Your Office Affects Financial Counseling Clients," *The Standard* 30, no. 2 (2012): 5 and 13.
10. 그럼에도 불구하고 몇몇 사람은 장애물이 없는 상황에서의 대화가 잠재적인 고객이 상품을 구매할 확률을 높일 것이라고 말할 것이다. 상품 판매의 시점이 되면 서류에 서명할 수 있는 책상 등이 마련된 다른 사무실이나 회의실로 자리를 옮길 수 있다.
11. J. Sommers-Flanagan and R. Sommers-Flanagan, *Foundations of Therapeutic Interviewing* (Needham Heights, MA: Allyn & Bacon, 1993).
12. 이러한 배치는 고객의 주의가 산만해지는 것을 방지한다.
13. 시계를 전문가만 볼 수 있는 위치에 배치하는 것은 상담시간을 지키고 상담이 효율적으로 진행될 수 있도록 돕는다.
14. A. Benjamin, *The Helping Interview*, 3rd ed. (Boston: Houghton-Mifflin, 1981).
15. 이러한 일반적인 원칙에 대하여서는 제한적인 기대를 하기도 한다. 예를 들면 운동감각적 학습자(주로 경험이나 촉각, 또는 감정 등을 통하여 학습하는 사람들)의 특성을 가지고 있는 고객들은 주요 내용을 TV 스크린

이나 컴퓨터 모니터를 통하여 보는 것보다는 관련 내용이 포함된 종이를 직접 받는 것을 선호한다. 하지만 일반적으로 운동감각적 학습자는 최대로 5명 중에 1명 꼴이다. 나머지 고객들은 청각적 혹은 시각적 학습자들이다.

16. 남성의 경우 재무와 관련된 서류를 보거나 응답하는 데 있어서 미디어를 통한 방법을 여성보다 더 선호하는 경향이 있다.

제 4 장
듣기의 기술

듣기의 중요성

기업체로부터 커뮤니케이션 효과를 높이는 방안에 대한 컨설팅을 요청받을 때, 우리가 제안하는 핵심은 주로 아래와 같다.

> 무엇을 말하기 전에 우선 고객의 이야기를 들어야 한다. 일단 말하는 것을 멈추고 들어라. 무슨 말을 하는지 고객이 사용하는 단어들을 들어라. 고객이 말하지 않은 것들도 들어라. 고객의 이야기를 더 이상 듣기 힘들고 이제는 이야기를 해야겠다는 생각이 들어도 다시 들어라. 다시 한번 들으려는 노력을 한 이후에야 이야기를 시작하라.

듣기는 매우 중요하다. 왜냐하면 소수의 사람들만이 듣기의 기술을 실제로 연습하기 때문이다. 재무금융전문가들에게 질문한다면 거의 모든 전문가들이 자신들은 정말 잘 듣는 사람이라고 말한다. 하지만 대부분의 재무금융전문가들에게, 그리고 대부분의 사람들에게, 이것은 사실이 아니다. 듣기를 잘하는 사람이 되기 위해서는 어마어마한 수준의 의식적인 노력과 연습이 필요하다. 비록 대부분의 경우 효과적이지는 않지만 우리는 일상생활의 대화에서 어느 정도는 듣기를 한다. 따라서 대부분의 재무금융전문가들은 듣기를 당연한 것이라고 여기게 된다.

사람들은 듣기를 한다고 생각하는 순간에 사실은 무슨 말을 해야 할지 생각하거나 어떤 반응을 보여야 할지에 대해 고민하고 있다. 하지만 듣기에서는 상대방이 무슨 말을 하고 있는지에 집중해야 한다. 바로 이 점이 상대방에게 주의를 집중하고 '듣기'를 연습해야 하는 중요성을 말해준다.

재무금융전문가가 되고 싶어하는 사람이라면 일상생활 전반에 걸쳐 듣기 연습을 하도록 권한다. 듣기의 연습만이 진정으로 잘 듣는 사람으로 만들 수 있고 궁극적으로 고객과 마주하였을 때 훌륭한 재무금융전문가로 만들어 줄 것이다. 이미 재무금융전문가로 활동하고 있다고 할지라도, 초보 전문가들에게 권한 것과 마찬가지로 듣기를 연습하라고 권한다. 듣기의 연습은 지금 당장 할 수 있다. 직장 동료가 하는 말을 들어보면 된다. 동료가 하는 말을 가로막거나 그 사람이 다음에 무슨 말을 할 것인지 예측하지 마라. 편히 앉아서 듣는 것을 즐겨라. 그리고 고객과의 미팅에서도 동일하게 하라. 고객이 하는 말을 가로막거나 다음에 무슨 말을 할지에 대하여 예측하지 말고 편히 앉아서 듣는 것을 즐겨라. 이미 재무금융전문가로서 매우 성공한 사람들일지라도 자신의 듣기 실력을 다시 한번 생각해 보면, 듣기의 기술을 더 발전시킬 수 있는 부분을 발견할 수 있다. 듣기에 관한 지식 습득과 연습을 통해서 듣기의 기술을 지속적으로 발전시킬 수 있을 것이며, 궁극적으로는 듣기의 전문가가 되어 듣기에 쏟아야 하는 의식적인 노력을 줄이는 단계에 이를 수 있다.

재무금융전문가들은 종종 잠재 고객과의 첫 번째 미팅에서 자신들이 듣기에 집중한 경우 그 과정이 얼마나 피곤한 일이었는지에 대하여 깨닫게 된다. 전문가가 단순히 잘 듣는 사람에서 듣기의 전문가로 거듭나게 된다면, 고객이 이야기하는 것이 무엇인가에 대하여 더 잘 집중할 수 있게 되고 고객이 말하는 것의 진의가 무엇인지를 파악하는 능력이 생기게 된다. 듣기의 전문가들은 고객이 이야기하는 동안 어떤 답변을 해야 할지를 생각하기보다는 고객이 말하는 것에 집중하여 고객의 말이 무엇을 뜻하는지 그리고 왜 그러한 말을 했는지를 파악할 수 있게 된다. 이 장에서는 고객과 강력한 업무적 협력관계를 형성하고자 하는 재무금융전문가에게 듣기야말로 가장 중요한 커뮤니케이션 도구의 하나라는 것을 설명할 것이다. 듣기의 과정은 세 가지 요소로 구성되어 있다.[1] 즉 (1) 고객에게 주의 집중하기, (2) 고객이 무엇을 말하는지에 주의 집중하기, (3) 그리고 고객이 이야기하는 것이 무엇인지를 해석하기이다. 이 장에서는 세 가지 요소를 설명하고자 한다. 재무금융전문가가 얼마나 오랜 시간 동안 고객을 만나고 상담을 진행하여 왔는지와 상관없이 이 장에서 제시하는 세 가지 듣기의 요소를 학습하고 연습하는 것은 업무성과를 향상시키는 데 기여하게 될 것이다.

고객에 대한 주의 집중

효과적인 듣기의 첫 번째 요소는 고객에게 주의를 집중하는 것이다. 어떤 사람들은 고객에게 주의를 집중하는 것은 명확하고 쉬운 일이라고 생각하지만, 사실 고객에게 주의를 집중하고 그러한 주의 집중을 유지하는 것은 꽤 어려운 일이다. 대인 간 커뮤니케이션의 다른 모든 요소들과 마찬가지로 다른 사람에게 주의 집중하기는 학습을 통하여 습득되는 기술이다. 아이비(Ivey)와 글럭커스턴(Gluckerstern)[2]은 듣기의 세부기술을 숙달하는 것이 중요하다고 하였다. 이들이 제시하는 세부기술은 아래와 같다.

- 편안하고 친절하게 고객을 대할 수 있어야 함.
- '고객을 향해 열린 자세'와 같이 적당한 자세를 취할 수 있어야 함.
- 지속적으로 고객과 눈을 마주쳐서 아이 컨택을 유지할 수 있어야 함.
- 고객 쪽으로 몸을 기울여 고객의 이야기를 주의하여 듣고 있고 고객과 친밀하다는 것을 나타내는 것과 같이 적당한 바디랭귀지를 사용할 수 있어야 함.
- 즉각적인 판단은 잠시 유보함으로써 열린 마음을 유지해야 함.
- 특히 고객과 처음 만나는 경우에 더욱 그러하지만, 고객의 애매한 표현을 감수할 수 있어야 함.

여기에 제시된 듣기와 관련된 세부기술은 고객과의 친밀한 관계 형성에 도움이 된다. 이러한 기술 중에서 특히 중요한 것은 (1) 아이 컨택을 계속 유지하는 것, (2) 적절한 바디랭귀지를 이용하는 것, (3) 목소리의 톤을 효과적으로 사용하는 것이다. 특히 다수의 커뮤니케이션 전문가들은 대인 간 커뮤니케이션에서 아이 컨택을 유지하는 것을 가장 중요한 요소라고 말한다. 다른 사람과 대화를 할 때 상대방을 얼마나 오랜 시간 동안 응시하고 있어야 하는지에 대하여 정해진 법칙은 없으나 참고로 사용할 수 있는 기준은 있다.

- 다른 사람과 이야기를 할 때 약 70% 이상 동안 상대방을 계속적으로 응시하는 것은 오히려 주의를 집중하지 못하게 하고, 상대방을 불편하게 만들 수 있으며, 오히려 생산성이 떨어진다.
- 눈을 똑바로 바라보지 않는다면 상대방이 이야기를 할 때 그 사람의 이마, 입, 또는 얼굴을 바라본다.
- 자신이 말을 할 때에는 상대방의 눈을 응시하는 것이 꼭 필수적인 것은 아니다.

아이비(Ivey, 1988)[3]는 아이 컨택의 기술을 배우고자 하는 사람들에게 몇 가지 재미있는 팁을 제공한다. 아이비는 고객이 대화에 적극적으로 참여하고 있다면 동공이 확장된다는 것을 발견했다. 반면에 지루하거나, 대화에 관심이 없거나, 주의가 산만해지는 경우에는 동공이 축소된다. 고객의 동공이 확장되었는지를 살펴보는 것만으로도 과연 이 대화에 고객이 얼마나 관심을 가지고 있는가를 알 수 있다는 것이다.

> [시나리오 사례 4A]
> 아래 사진은 고객으로 하여금 긍정적인 반응을 불러일으키는 바디랭귀지와 부정적인 반응을 불러일으키는 바디랭귀지가 어떠한 것인지를 보여준다.

볼펜으로 노트를 탁탁치는 행위

턱을 괴고 있는 행위

팔짱을 끼는 행위

고객과 떨어져 앉아 다리를 꼬는 행위

이야기 도중 시계를 보는 행위

다리를 꼬고 앉아 인상쓰는 표정

자신이 해야 할 질문이 무엇인지 몰라서 우물쭈물 하는 행위

고객에게 눈을 맞추고 고개를 끄덕이며 환한 표정을 지어주는 행위

듣기에 있어서 중요한 세부기술의 하나로 바디랭귀지를 적절하게 사용해야 한다는 것은 이 책의 중요 주제 중의 하나이다. 아이비(Ivey, 1988)[4]는 비디랭귀지를 운동감각(kinesics)과 인간공간(proxemics)으로 설명하였다. 운동감각이란 신체와 신체 일부의 물리적인 움직임과 관련된 요소들을 말하며, 인간공간은 대화를 하는 사람들이 얼마나 떨어져 있는지 혹은 얼마나 가까이 앉아 있는지와 같은 공간적인 거리나 환경 등을 말한다.[5] 〈표 4.1〉은 긍정적인 바디랭귀지와 부정적인 바디랭귀지를 제시한다.

표 4.1 | 긍정적 바디랭귀지와 부정적 바디랭귀지

긍정적 바디랭귀지	부정적 바디랭귀지
편안한 자세로 앉는 것	경직되고 딱딱하게 앉아 있는 것
고객 쪽을 향하여 앉는 것	고객과 멀리 떨어지는 방향으로 앉는 것
손, 발, 팔, 다리를 고객 쪽으로 열린 자세를 취하는 것	고객 앞에서 팔짱을 끼거나 다리를 꼬는 것
고객으로부터 한 팔이나 두 팔 정도의 거리를 두고 앉는 것	고객과의 거리가 한 팔 길이보다 더 가깝게 앉거나 고객으로부터 너무 멀리 떨어져 앉는 것
고객과 재무금융전문가 사이에 물리적인 장벽을 제거하는 것	고객과 재무금융전문가 사이에 가구나 기타 다른 물리적인 장벽을 두는 것
고객의 얼굴표정에 어울리는 표정을 짓는 것	이상하다거나 혼란스럽다는 표정을 짓는 것

이 표에서 볼 수 있듯이 훌륭한 듣기의 기술은 단순히 다른 사람의 이야기에 집중하는 것 이상을 포함한다. 고객들로 하여금 자신들이 하는 이야기를 상대방이 듣고 있다는 사실을 알 수 있도록 해 주어야 한다. 재무금융전문가의 바디랭귀지는 "저는 지금 고객님께서 하시는 말씀을 잘 듣고 있습니다"라는 말을 전하는 방법으로 사용되어야 한다. 의도적이든 비의도적이든 잘못된 바디랭귀지로 고객에게 부정적 메시지를 전달하게 될 수도 있다.

목소리의 톤을 효과적으로 사용하는 것은 듣기의 세부기술 중에 세 번 째 기술이다. 사람의 목소리는 강도, 높낮이, 속도, 부드러움의 정도로 이루어져 있다.[6] 일반적으로 부모들은 자녀에게 이 네 가지 목소리의 요소를 가르치는데, 특히 조용한 소리와 큰 소리가 있다고 가르친다. 조용한 소리는 집이나 사무실과 같은 장소에서 대화할 때 사용하며, 큰 소리는 소리를 지르거나 매우 크게 웃거나 과장되게 높은 목소리로 이야기하는 것이 허락되고 경우에 따라서는 그러한 목소리가 더 권장되는 곳에서 사용한다. 소머스-플래내건과 소머스-플래내건(Sommers-Flanagan and Sommers-Flanagan, 1993, p. 55)[7]은 목소리의 사용방법과 관련하여 다음과 같은 통찰력 있는 관찰을 하였다. "종종 다른 사람에게 영향을 미치는 말은 당신이 무슨 말을 하였는가보다는 당신이 어떻게 말하였는가에 의해 결정된다."

고객이 선호하는 혹은 고객이 자연스럽게 느끼는 상담시간의 속도를 따르는 것을 대화속도 조절하기(pacing)라고 하는데, 이것은 고객과 협력적인 관계를 형성하는 데 영향을 미치는 매우 중요하고 강력한 커뮤니케이션 기술이다. 대화속도 조절하기 혹은 대화속도 이끌기는 재무금융전문가가 고객에게 지시하는 사항의 양을 결정할 수 있다. 재무금융전문가는 고객이 이야기하는 방식에 따라 다른 반응을 보여주어야 하는데, 특히 고객과의 만남 초기에서 친밀한 관계를 형성해 나가는 단계라면 이는 더욱 중요하다. 예를 들어, 고객이 매우 낮은 목소리로 천천히 말을 한다면 전문가도 그러한 방식으로 말을 하여 고객을 따라 해야 하며(mirroring), 이러한 방식을 대화속도 조절하기에 이용해야 한다. 만일 고객의 목소리 톤이 높아지게 되면 대부분의 경우 재무금융전문가도 고객과 보조를 맞추어서 목소리의 톤을 높여야 한다. 하지만 재무금융전문가가 고객이 말하는 것과 반대의 내용을 말하기 위해서는 목소리의 네 가지 요소인 강도, 높낮이, 속도, 부드러움의 정도를 적절히 활용해야 한다. 일반적으로 작은 크기의 목소리, 부드럽고 낮은 톤의 목소리와 문장구조의 유창함 등은 고객의 기분, 생각, 의견 등을 보다 심도 있게 파악할 수 있도록 해 준다. 부드러운 목소리는 많은 경우에 고양되고 심각한 상황을 진정시키는 데 도움이 된다. 반면, 고객에게 전문가의 전문성과 유능함을 전달하는 것이 중요한 경우에는 목소리의 톤을 높이거나 소리를 높이는 방법을 활용할 수 있다.[8] 또한 고객으로 하여금 재무금융전문가에게 대화속도를 맞추도록 해야 할 경우가 있는데, 이때는 고객을 특정 방향으로 이끄는 질문을 하거나 특정한 지시를 하는 커뮤니케이션 방법을 활용할 수 있다.

무엇을 말하였는가에 대한 주의 집중

듣기의 과정에서 두 번째 요소는 고객이 무엇을 말하였는가에 주의 집중하는 것이다. 고객이 무엇을 말하였는가에 주의 집중한다는 것은 듣는 중에 고객이 말하고자 하는 것이 무엇인지를 알아내고 그 내용을 확인하는 것을 뜻한다. 고객이 말하는 것을 인식하는 것과 이해하는 것에는 차이가 있다. 이것을 상황적 인식이라고 부른다.[9] 아래 상황을 생각해 보자. 어느 날 고객이 전문가의 사무실을 방문하여 직장을 그만두겠다고 말한다고 가정하자. 재무금융전문가로서 당신이 이러한 말을 듣는다면 해당 고객이 현재 직장에서 스트레스를 많이 받는다고 인식하게 될 것이다. 고객의 말로부터 이것을 느끼게 되는 것은 중요하지만 그 고객이 왜 이러한 말을 했는가에 대한 정확한 이해 없이는 고객에게 어떤 제안을 제시하는 것이 매우 어렵다. 해당 고객이 일을 그만두겠다고 하는 것이 직장동료의 괴롭힘에 대한 즉각적인 반응이었다면, 그 고객에게 필요한 것은 단순한 상담일 수 있다. 반면에 그 고객이 일을 그만두겠다고 결정한 것이 현재 직장에서의 극심한 스트레스에 의한 것이라면 해당 고객에게 제시할 수 있는 대안에 대한 보다 심도 있는 분석이 필요하다.

소머스-플래내건과 소머스-플래내건(Sommers-Flanagan and Sommers-Flanagan, 1993)[10]은 고객의 이야기를 듣고 고객의 이야기에 주의 집중하는 것을 언어적 발자취 따르기(verbal tracking)라고 하였다. 고객의 이야기에 주의 집중한다는 것은 실제로 당신이 고객이 하는 이야기가 무엇인지를 적극적이고 능동적으로 따라가고 있다는 것을 뜻한다.[11] 이 책의 다른 장에서 언어적 발자취 따르기의 고급기술－요약하기, 바꾸어 말하기 등－에 대하여 자세히 살펴보겠지만, 여기에서는 언어적 발자취 따르기 기술의 기본으로 주의 집중하기를 살펴보고자 한다. 가장 쉬우면서도 최선인 언어적 발자취 따르기 방법은 주기적으로 고객이 이야기하는 것을 반복하여 따라 하는 것이다. 고객이 하는 이야기를 반복하여 따라 하는 것은 고객의 이야기에 주의를 집중하고 해당 대화에 적극적으로 참여하고 있다는 것을 보여준다.

언어적 발자취 따르기에 관한 연구결과들은 적어도 초기 상담에서는 고객이 이야기하는 것에 대하여 재무금융전문가의 개인적인 의견이나 반응을 최소화하는 것이 좋다는 것을 분명하게 보여준다. 다른 말로 하면 특히 정보를 수집하거나 향후 상담을 어떻게 이끌어가야 할지를 생각하는 단계에서는 고객으로 하여금 말하도록 하고 조용히 듣는 것이 고객의 의견과 다른 의견을 제시하거나 고객 의견에 반대하는 것보다 중요하다는 것이다. 고객과의 관계가 발전해 나가면서 고객이 가지고 있는 가치관과 반대되는 것에 대하여 의견을 나누고, 깨달은 바에 대하여 이야기하고, 고객의 이야기에 반응할 수 있는 기회는 충분히 있다. 고객에게 주의 집중하기에 활용되는 가장 단순하고 중요한 법칙은 고객에게 최대한 집중하는 것이다. 이 단계의 듣기에서는 고객의 말과 고객의 행동을 생각의 중심에 두기 위해 최선을 다해야 한다. 이것은 이론에서 설명하는 것보다 실제로 행하는 것이 훨씬 어렵다.

언어적 발자취 따르기와 고객에게 주의 집중하기를 이해하기 위한 효과적인 방법 중 하나는 최적의 커뮤니케이션과 상반되는 사례를 살펴보는 것이다. 아래의 사례들은 재무금융전문가가 고객이 하는 이야기를 중요하게 생각하지 않는다는 것을 보여주는 언어적·비언어적인 행동들이다.[12]

- 지속적으로 고개를 끄덕이는 행동과 같이 고객에게 주의 집중하기를 과도하게 사용하는 것
- '예' '맞아요' 등과 같은 말을 규칙적으로 반복하는 것
- 오랜 시간 동안 고객의 눈을 바라보지 않는 것
- 아예 자세를 고객으로부터 틀어버리는 것
- 고객이 말하고 있는 동안 팔짱을 끼고 있는 것
- 고객이 말하고 있는데 고객의 반대방향으로 기대어 앉는 것
- 고객이 말하고 있는 동안 티가 날 정도로 다른 곳으로 주의를 기울이는 것

들은 바에 대한 해석

듣기의 과정에서 세 번째 단계는 들은 것이 무엇인지를 해석하는 단계이다. 치료상담의 과정에서 이 단계는 '제3의 귀를 가지고 듣는 것'으로 표현되기도 한다.[13] 고객들은 두 가지 수준의 언어를 사용하여 자신의 의사를 전달한다. 고객은 표면적인 수준의 단어, 표현방법, 언어를 사용하여 말한다. 상황적 인식을 바탕으로 한다면 고객이 사용하는 단어는 그 고객이 무엇을 말하려고 하는지를 알 수 있도록 해 준다. 단어, 표현방법, 언어는 보다 깊이 있는 이해를 바탕으로 한 경우 다른 이야기를 전해줄 수 있다. 이때 필요한 것이 이해하기이다. 고객과 재무금융전문가의 전형적인 대화 내용을 살펴보자.

전문가: 주택담보대출의 대환대출에 대하여 생각해 보셨어요?
고 객: 네 그럼요. 그런데 이자율이 더 내려갈 것이라고 들었는데요.
전문가: 확실히 그럴 가능성이 있어요. 그렇지만 앞으로 몇 주 혹은 몇 달 후에 주택담보대출 이자가 더 올라갈 가능성도 있습니다.
고 객: 왜 그렇게 생각하시죠?
전문가: 오늘 아침에 한국은행에서 인플레이션 수치를 발표하였는데요, 사람들이 생각한 것보다 훨씬 높은 수치가 나왔어요.
고 객: 어머 전 몰랐어요. 그렇지만 대환대출을 하려면 또 추가적인 비용이 드는 것 아닌가요?
전문가: 네 그럴 수 있습니다. 일단 대환대출을 할 때 드는 비용이 어느 정도인지 계산해 볼 수 있습니다.
고 객: 글쎄요, 잘 모르겠어요. 앞으로 상황이 어떻게 될지 조금 더 두고 볼 수도 있지 않을까요?

표면적으로 본다면 이 대화는 매우 단도직입적이다. 대화에서 재무금융전문가는 고객에게 주택담보대출의 대환대출을 제안하며 대화를 시작하고 있다. 고객은 그 제안에 대하여 부정적인 반응을 보인다. 전문가가 지금이 대환대출의 적기가 될 수 있다는 사실적인 근거를 제시한 이후 고객은 의사결정을 뒤로 미루는 쪽으로 대화를 진행한다. 이 정도가 이 대화에서 발생한 상황이다.

그런데 이 상황에서 고객이 진짜 말하는 것은 무엇일까? 보다 깊은 수준의 의미는 무엇인가? 고객이 사용한 단어를 보다 깊게 살펴봄으로써 고객의 감정이 어떠하다는 것을 이해한다면 재무금융전문가는 이 대화를 다르게 해석할 수 있다. 아마도 고객은 다음과 같은 이야기를 하고 있을 가능성이 매우 크다.

> "선생님이 말하는 것이 무엇인지 알겠어요. 지금이 주택담보대출의 대환대출을 하기에 가장 적당한 때이겠지요. 그런데 나는 어떻게 해야 할지 모르겠어요. 만약에 지금 대환대출을 하였는데 이자율이 더 내려가면 아마도 내가 한 결정에 대해 매우 후회하게 될 것 같아요. 만약에 지금 대환대출을 하지 않으면 그것도 멍청한 것 같고요. 그렇다면 하든 안 하든 다 나쁜 건데 그냥 아무것도 안 할래요."

여기에서 제시한 예시가 보여주듯이 고객이 말한 단어들은 경우에 따라서 두 가지 의미를 가지고 있다. 즉, 표면적인 뜻과 보다 깊은 내면적인 의미이다. 하지만 고객은 더 많은 경우에 자신이 말한 것 그대로를 전달하고자 한다는 것을 기억해야 한다. 보다 깊은 의미가 있을 것이라는 상황은 고객이 아래의 행동을 보여주는 경우라고 할 수 있다.

- 직접적인 행동을 피한다.
- 질문의 방향을 바꾸기 위하여 시도한다.
- 질문과 응답을 다른 수준으로 이끌려고 한다.

예를 들어, 고객이 매우 심각한 문제에 대한 질문에 농담으로 대답한다면 이것은 고객이 재무금융전문가의 질문에 대해 스트레스를 받는다는 것을 뜻할 수 있다. 그러한 질문에 대한 반응을 제시할 때 고객은 자신의 진정한 감정이나 의도를 숨기기 위하여 주의를 다른 곳으로 돌리는 표면적 언어를 사용하게 되는 것이다.

앞의 예시에서 듣기의 기술에 능통한 전문가라면 이자율과 대환대출 선택에 대한 직접적인 질문을 하지 않으려고 노력할 것이다. 대화의 내용을 위험과 수익률의 상호관계를 살펴보는 것으로 이끌거나, 후회 회피와 같은 행동재무학적 개념을 이야기하거나, 단순히 고객이 걱정하는 것을 이야기하려고 할 것이다. 이렇게 '제3의 귀'를 사용하여 고객이 진짜로 말하는 것이 무엇인가를 알기 위하여 주의를 집중한다면 고객에게 보다 효과적인 반응을 제공할 수 있을 것이다.

전이와 역전이

고객과 재무금융전문가의 대화에서 중요하게 작용하는 두 가지 개념을 살펴보도록 하자. 첫 번째는 전이(transference)인데 이것은 고객의 감정이나 커뮤니케이션 패턴이 이전에 끝내지 못한 거래나 감정의 바구니[14]에 의해 영향을 받는 것을 뜻한다. 이러한 전이는 일반적으로 과거에 고객에게 중요한 영향을 미친 사람들과 관련이 있는데, 고객의 부모 혹은 이전에 거래하였던 재무금융전문가 등이 포함된다. 역전이(countertransference)도 전이의 개념과 비슷하다. 그런데 역전이는 재무금융전문가에게 해당되는 것이다. 모든 재무금융전문가는 자기 자신의 과거에 의한 의식적인 감정과 무의식적인 감정을 가지고 있는데, 이러한 감정이 고객이 한 말이나 고객의 행동으로부터 다시 기억되기도 한다. 이러한 감정은 고객과 전문가의 커뮤니케이션에 도움이 될 수도 있고 방해가 될 수도 있다. 그러나 어떤 경우이든 중요한 것은 커뮤니케이션의 과정에서 전이와 역전이가 발생하는 상황을 알아채는 것이다.

전이의 과정에서 고객은 자신의 과거 사건이나 과거의 인물로부터 가지고 있던 감정을 자신의 재무금융전문가에게 옮기게 되는데 이러한 전이가 커뮤니케이션 과정에 방해가 될 수 있다. 예를 들면, 재무금융전문가가 고객에게 무엇인가를 말하였는데 그 말이 과거에 고객을 배신한 사람이나 과거의 전문가가 한 말과 비슷한 말일 수 있다. 이때 고객은 이성적으로는 이 말을 한 현재의 전문가가 예전의 그 사람이 아니라는 것을 알고 있음에도 불구하고 현재의 전문가를 믿지 못할 사람이라고 판단할 수 있다.

재무금융전문가가 어떤 중립적인 발언을 했다고 생각해보자. 재무금융전문가가 한 말이 중립적이었다고 할지라도 고객의 입장에서는 지금 재무금융전문가가 한 말이 예전에 자신이 경험한 매우 비판적인 사람(예를 들면, 모든 것을 비판하던 아버지)에 전이되어 그 중립적인 말을 매우 비판적인 말로 받아들이게 될 수 있다. 이 경우에는 그 말뿐 아니라 재무금융전문가도 비판적인 사람이라고 인식하게 될 수 있다. 전이가 유발하는 부정적인 영향에 대하여서는 이 책의 다른 장에서 보다 자세히 설명하겠지만, 전이의 부정적 영향을 방지하기 위해 재무금융전문가가 할 수 있는 일은 고객에게 고객의 과거 경험을 질문하는 것이다. 돈이나 재무문제와 관련하여 가족, 사귀었던 사람, 다른 전문가로부터의 부정적인 경험과 긍정적인 경험에 대하여 이야기를 듣는 것이 필요하다. 이러한 과정을 통해 재무금융전문가는 고객에게 전이가 일어날 만한 상황이 어떤 상황인지를 보다 쉽게 파악할 수 있다.

재무금융전문가도 고객이 한 말이나 행동에 의해 감정 바구니에 영향을 받아 고객과의 커뮤니케이션이나 고객에 대한 판단이 흐려질 수 있다. 이것이 역전이이다. 재무금융전문가에게 가장 흔하게 발생하는 문제를 일으키는 역전이는 고객이 재무금융전문가의 제안을 따르지 않고 특정 행동을 지속적으로 하거나 또는 지속적으로 거부할 때 발생한다. 고객과의 관계에서 일정 수준의 어려움은 예측 가능한 일이다. 하지만 이러한 어려움에 직면하여 재무금융전문가가 고객에게 화를 내거나 의사결정에 곤란을 겪게 된다면 이것은 매우 비생산적인 일이다. 예를 들어, 고객의 행동을 개선시키는 의미 있는 조언을 제공하는 것을 목표로 하는 전문가를 생각해보자. 만일 고객이 전문가가 제안한 행동을 따르지 않고 그러한 고객에게 전문가가 부정적으로 반응하게 된다면 이것이 역전이이다. 만약 재무금융전문가가 '가치 있는 사람이 된다는 것은 내가 하는 일이 얼마나 효과적인가를 통해 알 수 있는 것인데, 만일 고객이 내 말을 듣지 않는다면 나는 완전히 실패자야'라고 생각한다면 이때는 역전이가 발생된 것이다.

재무금융전문가는 역전이가 고객과의 커뮤니케이션을 위협한다는 것을 명심하고 역전이의 부정적인 영향력을 줄이기 위하여 이 책의 이후 장에서 제시되는 다양한 기술을 이용하는 것에 최선을 다해야 한다. 재무금융전문가가 역전이를 잘 인식하고 있다면 재무설계의 커뮤니케이션에서 발생하는 부정적인 결과를 피할 수 있을 것이다. 역전이의 위험을 인지하고 역전이의 발생 가능성을 파악하여 고객과의 커뮤니케이션 패턴이나 고객과의 관계를 한 발 물러서서 객관적으로 살펴볼 수 있는 능력을 가진 전문가들이 뛰어난 전문가라고 할 수 있다. 고객의 전이를 파악할 수 있는 능력과 잠재적인 역전이를 스스로 가늠할 수 있는 능력을 기르는 연습은 뒤의 장들에서 제시될 것이다.

[시나리오 사례 4B]

시나리오 사례 4B는 협력관계를 방해하는 고객으로부터의 부정적인 전이를 전문가가 어떻게 처리할 수 있는가를 보여준다. 재무금융전문가가 이러한 상황을 어떻게 대처하는지를 살펴보자. 해당 전문가가 잠재적인 부정적 전이와 그 결과로 협력관계가 무너질 수 있다는 것을 이야기함으로써 고객과의 감정적인 결연관계가 더욱 견고해졌는지 살펴보자. 대부분의 전문가에게 자연스러운 반응은 고객과의 긴장상태를 피하기 위하여 주제를 바꾸는 것이다. 이러한 방법은 효과적인가?

• **전이를 잘 활용한 예시**

전문가: 고객님, 오늘은 예산과 소비에 대하여 이야기했으면 합니다.

고 객: 네… (주저함)

전문가: 본인이 생각하실 때 자신의 소비습관이나 성향이 어떠하다고 생각하세요?

고　객: 네 뭐 그냥 그런 것 같아요. 특별한 것은 없는 것 같고.

전문가: (기다리다가) 소비습관이나 예산 등에 대하여 말씀하시기가 조금 어려운 부분이 있으세요?

고　객: 아니오… 뭐 그냥 특히 할 말이 없는 것 같아서요.

전문가: 소비습관에 대하여 이야기하는 것이 그렇게 쉬운 일은 아니죠… 그런데 혹시 이야기를 꺼려하시는 무슨 이유가 있으신가 해서요.

고　객: 뭐 특별한 것은 아니에요.

전문가: 말씀하시기 어려우면 안 하셔도 됩니다. 단지 제가 보기에는 소비습관에 대하여 이야기하는 것을 방해하는 어떤 경험이 있으셨던 것 같아요.

고　객: 네… 사실은 제가 전 남편과 이혼을 하게 된 이유가 저의 소비습관 때문이었거든요… 그래서 소비에 대한 이야기는 안 하는 편이에요.

전문가: 아, 그러셨군요. 이렇게 솔직하게 이야기해 주셔서 감사합니다.

고　객: 네 저에게는 조금 이야기하기 어려운 부분입니다.

전문가: 그럼에도 불구하고 이렇게 이야기해 주셔서 앞으로의 상담에 많은 도움이 될 것 같습니다. 솔직하게 말씀해 주셨고 그만큼 저에 대한 믿음을 보여주신 것이니 앞으로 저도 보다 솔직하게 고객님과의 상담을 이어갈 수 있을 것 같습니다. 계속해서 저를 믿어주시면 감사하겠어요.

• 전이를 잘못 활용한 예시

전문가: 고객님의 소비수준에 대해서 말씀을 드려야겠어요. 일단 지금 소비수준이 너무 높습니다. 물건을 사는 것에서 기쁨을 느끼시는지는 모르겠지만 제가 보기에는 과소비를 하시는 것 같고, 그런 과소비가 고객님 재무상태에 너무 큰 영향을 미칩니다.

고　객: 아… 그렇군요… 잘 파악하셨네요… 근데 말씀하시는 게 꼭 저의 전 남편 같네요. 이런 이유 때문에 이혼했거든요. 저는 누군가가 나를 지배한다는 느낌을 받는 것은 실색입니다.

전문가: 아 그렇다면… 이 이야기는 하지 말고 도대체 무엇이 사용되고 그 결과는 무엇인지 그런 숫자에 관한 이야기만 하겠습니다.
고 객: 사용되는 것은 제가 번 돈이고 그 결과 내가 산 물건들이 나에게 기쁨을 주겠죠…
전문가: …

수동적·능동적 듣기와 반응

듣기와 듣기에 의한 반응은 수동적이거나 능동적이다. 몇몇 커뮤니케이션 전문가들은 수동적인 듣기를 비지시적인 듣기(nondirective listening)로, 능동적인 듣기를 지시적인 듣기(directive listening)로 명명한다. 이 장에서 이미 설명한 듣기는 대부분 능동적인 듣기와 관련된 것들이다. 예를 들면, 바디랭귀지를 목적에 맞게 적절하게 사용하는 것은 주의 집중을 함과 동시에 능동적인 듣기에 대하여 비언어적으로 반응한 결과이다. 물론 능동적인 듣기에 대한 반응은 언어적인 것일 수도 있다. 아래 전문가와 고객의 대화를 살펴보자. 아래 대화에서 전문가는 능동적으로 반응하는가 아니면 수동적으로 반응하는가?

고 객: 내가 그 경매 물건을 사서 세를 놓아야 할지 정말 모르겠어요.
전문가: 네.
고 객: 그 경매 물건을 시세보다 싸게 살 수 있다고 생각하는데 세를 놓으려면 인테리어랑 보수를 해야 해서 돈이 많이 들 것 같아서요. 정말 어떻게 해야 할지 모르겠어요.
전문가: 지금 이럴지 저럴지 고민 중이시군요.
고 객: 당연하잖아요.

만일 이 대화에서 전문가의 반응이 '수동적'이라고 생각했다면 정답이다. 실제로 앞의 대화에서 전문가는 고객의 고민을 듣고 그 고민에 대하여 고객의 걱정을 확인하는 방식의 반응을 보였다. 그렇지만 전문가의 반응은 고객으로 하여금 심리적인 변화나 행동의 변화를 가져오도록 하는 반응이 아닐 뿐 아니라 고객의 심정에 대한 어떤 추가 정보를 얻고자 하는 반응도 아니다. 아래에 동일한 대화를 다시 제시하겠다. 이번에는 재무금융전문가가 능동적인 듣기를 하여 앞의 예시와는 다른 반응을 보여주는 상황이다.

고 객: 내가 그 경매 물건을 사서 세를 놓아야 할지 정말 모르겠어요.
전문가: 왜 그렇게 말씀하시죠?
고 객: 그 경매 물건을 시세보다 싸게 살 수 있다고 생각하는데 세를 놓으려면 인테리어랑 보수를 해야 해서 돈이 많이 들 것 같아서요. 정말 어떻게 해야 할지 모르겠어요.
전문가: 제가 드릴 수 있는 말씀은, 지금 고객님께서는 그 거래에서 얻을 수 있는 절세효과를 전혀 고려하고 있지 않다는 것입니다. 제가 그동안 고객님은 소득원을 다양하게 할 필요가 있다는 말씀을 드렸었잖아요. 제가 보기에는 지금 임대사업을 할 수 있는 물건을 산다는 것은 고객님 포트폴리오에 자산가치 하락을 방지할 수 있는 좋은 방안으로 보입니다. 어떻게 생각하세요?
고 객: 어머 그런 방식으로 생각해 보지는 않았어요. 지금 조금 위험을 감수해 보는 것도 좋을 것 같네요.

능동적인 듣기, 반응하기와 수동적인 듣기, 반응하기의 가장 기본적인 차이는 의도하는 결과에 있다. 만일 재무금융전문가가 고객과의 관계에서 신뢰를 쌓으려고 하거나 고객이 해당 전문가에게 더 많은 이야기를 자유롭게 해도 된다는 신호를 주기 원한다면 수동적인 반응이 적절하다. 반대로 전문가의 목적이 해당 고객으로 하여금 어떤 행동을 추진하도록 한다거나 추가적인 반응을 유도하는 것이라면 보다 능동적이고 직접적인 반응이 필요하다. 하지만 기억해야 할 것은 능동적이든 수동적이든 반응은 고객이 이야기한 것이 무엇인가를 잘 듣고 그것을 정확하게 이해한 다음에 이루어져야 한다는 것이다. 능동적 듣기 및 반응하기, 수동적 듣기 및 반응하기에 대한 예시는 이후 이 책의 전반에서 제시될 것이다.

침 묵

고객이나 동료에게 매우 중요하고 심각한 질문을 하였는데 그 사람이 아무런 말을 하지 않고 앉아 있었던 상황을 생각해 보자. 상대방이 침묵할 때 당신이 보인 최초의 반응은 무엇이었나? 일종의 좌절이었나? 혹시 자기 자신에게 '지금 이 사람은 왜 내 질문에 대답을 안 하지?'라고 자문하였었나? 혹시 그 상대방이 질문을 알아들은 것인지에 대하여 궁금해 하였나? 그러한 경우에 당신은 얼마 후에 질문을 다시 좀 더 명확하게 하거나 다른 질문을 하였나? 재무금융전문가뿐 아니라 대부분의 사람들은 질문하기와 응답하기, 그리고 듣기에 있어서 매우 참을성이 없다. 전형적으로 응답에 침묵하는 것은 질문을 던진 사람들에게 좌절감을 유발한다. 침묵의 어색함을 깨기 위하여 거의 모든 사람은 곧바로 다시 대화를 시작한다. 하지만 종종 이것은 잘못된 행동이다.

[시나리오 사례 4C]

시나리오 사례 4C는 재무금융전문가가 고객과의 상담에서 침묵을 어떻게 처리할 수 있는지를 보여준다. 이 시나리오에서는 고객이 '잘 모르겠는데요'라고 응답하는 경우에 재무금융전문가가 어떻게 대처할 수 있는지를 보여준다.

• 침묵을 잘 활용한 예시

전문가: 고객님 오늘은 지금까지 이야기했던 것의 배경이 되는 이야기를 좀 나누고 싶습니다. 대부분 사람들의 행동의 기저에는 그에 영

향을 미친 요인들이 있는데요… 오늘은 고객님의 어린 시절 이야기를 듣고 싶습니다. 고객님 가정에서 어렸을 때 재무와 관련한 문제가 있었는지 재무 상황은 어땠는지 말씀해 주실 수 있으실까요?

고 객: 잘 모르겠는데요.

전문가: 침묵 (최소 15초 이상)…. 네 사실 이 질문은 너무 어려운 질문이죠… 어쩌면 너무 복잡하고 다양한 내용을 포함하고 있어서 어디서부터 답변을 하셔야 할지 모르실 수도 있습니다.

고 객: 네… 맞아요… 저희 집은…

• 침묵을 잘못 활용한 예시

전문가: 고객님 오늘은 지금까지 이야기했던 것의 배경이 되는 이야기를 좀 나누고 싶습니다. 대부분 사람들의 행동의 기저에는 그에 영향을 미친 요인들이 있는데요… 오늘은 고객님의 어린 시절 이야기를 듣고 싶습니다. 고객님 가정에서 어렸을 때 재무와 관련한 문제가 있었는지 재무 상황은 어땠는지 말씀해 주실 수 있으실까요?

고 객: 글쎄요, 잘 모르겠는데요.

전문가: (지체없이 주제를 바꾸어) 아, 그러시면 다른 주제로 넘어가겠습니다. 고객님의 고정지출과 변동지출에 대하여 이야기 나누시죠…

드종과 베르그(De Jong and Berg, 2008)[15]에 의하면 전문가의 질문에 대한 응답으로 고객이 침묵하는 것은 단순히 고객이 자신의 생각을 명확하게 하기 위한 방법일 수 있다고 한다. 침묵은 고객이 피곤을 느껴서 주의를 집중할 시간이 필요하다는 것을 뜻할 수도 있다. 또한 침묵은 부정적인 반응을 뜻하는 것일 수도 있다. 때로는 침묵이 질문이나 코멘트에 대하여 고객이 화가 났다거나 혼란스럽다는 것을 뜻하는 반응일 수도 있다. 어떠한 경우이건 침묵은 고객이 무엇인가를 전달하고 있는 것이다.

여기에서 기억해야 할 가장 중요한 점은 침묵은 일반적으로 별 문제가 되지 않는다는 것이다. 고객과 재무금융전문가의 상담에서 일반적으로 생성되는 질문을 생각해 보자. 재무금융전문가가 하는 질문은 대부분 인지적으로 어렵고 복잡하여 고객으로 하여금 정보를 처리하도록 하고 의미 있는 방식의 대답을 요구하는 것이다. 아래 질문에 대한 대답을 하기 위해 고객에게 필요한 시간을 생각해 보자. "고객님의 인생에서 달성하고자 하는 가장 중요한 목표 5개와 그 우선순위를 말씀해 주십시오." 이 질문에 대하여 즉각적으로 응답할 수 있는 고객은 매우 드물 것이다. 전문가가 요구한 것을 생각해 보고, 다양한 목표를 비교해 보고, 선택된 목표들의 우선순위를 결정하여 전문가에게 이야기하는 데에는 시간이 필요하다. 흥미롭게도 대부분의 재무금융전문가들은 약 5초간만 침묵이 흘러도 스트레스를 느끼게 된다. 하지만 이러한 질문을 사전에 받아서 준비하지 않았다면 이 질문에 대한 대답을 5초 이내에 한다는 것은 매우 어려운 일이다. 이 예시에서 명심해야 할 것은 고객에게 대답할 시간－청각적인 공간(auditory space)－을 주어야 한다는 것이다.

그렇다면 재무금융전문가는 얼마나 침묵을 유지해야 할까? 이 질문에 대한 정답은 없지만 일반적으로 고객에게 10~15초간 응답할 시간을 주는 것이 좋다. 물론 재무금융전문가들은 자신의 직관을 이용하여 이 기준을 조정해야 한다. 예를 들어, 고객의 바디랭귀지와 다른 비언어적인 반응은 고객이 지금 질문을 혼동하고 있다는 것을 나타낼 수 있다. 질문이 불분명하고 이해하기 어려웠을 수 있다. 이러한 경우에 10초를 기다렸다가 질문을 분명하고 명확하게 다시 한다는 것은 고객을 불편하게 만들고 때로는 고객에게 좌절감을 느끼게 만들 뿐이다. 만일 질문이 명확했지만 어려운 질문이었다면 고객에게 생각할 시간을 주고 기다리는 것이 좋다. 고객도 전문가와 마찬가지로 침묵을 참기 힘들어 한다는 것을 명심하자. 고객도 침묵을 깨기 위해서 최선을 다하고 있는 경우가 많기 때문에 고객에게 생각할 시간을 주고 고객으로 하여금 말을 하도록 만들어야 한다.

'잘 모르겠는데요'에 대한 반응

만약에 어떤 사람이 어렵거나 대답하기 곤란한 질문을 받는다면 그 사람은 질문에 대하여 침묵하거나 아니면 '잘 모르겠다'고 대답하는 경우가 있다. '잘 모르겠다'는 응답이 때로는 정확한 대답인 경우도 있으나(예를 들면, 국민연금에서 지급될 연금액이 얼마일지 모르겠다 라고 응답한 경우) 대부분의 경우 모르겠다는 응답은 고객이 사실에 기반한 응답을 꺼려할 때 사용하는 것이다.

고객은 스트레스에 대하여 두 가지로 반응한다. 첫째, 스트레스 유발요인에 직접적으로 반응한다. 둘째, 커뮤니케이션 과정을 바꾸어서 스트레스를 회피하고자 한다. 재무금융전문가들은 종종 고객을 스트레스 상황에 처하도록 만든다. 만일 고객이 스트레스 상황에 정면으로 대응하여 응답한다면, 고객은 전문가에게 매우 유용한 정보를 제공하게 된다. 만일 고객이 그러한 질문을 비껴가기 위해서 '잘 모르겠다'라고 응답한다면 그 고객은 해당 전문가와 더 이상 일을 같이하고 싶지 않다는 분명한 메시지를 전달하는 것일 수 있다. 이러한 사실은 매우 공격적인 세일즈 전문가가 수많은 고객을 만남에도 불구하고 왜 계약을 성공시키는 비율이 낮은지를 설명해준다. 대부분의 사람들은 공격적인 세일즈 수법에 대항하는 행동을 하기에는 너무 예의가 바르다. 이러한 경우에 해당 세일즈 전문가와 더 이상 관계를 이어나가지 않고 그 상황을 모면하는 방법을 찾게 된다. 그때 사용하는 대답이 '잘 모르겠다'가 될 수 있다.

재무금융전문가는 '잘 모르겠나'라는 반응에 어떻게 대처해야 할까? 일반적인 전문가들은 고객들이 이렇게 응답하는 것에 대해 해결책, 제안, 명료화 혹은 관찰을 제공해야 하는 신호라고 여긴다. 즉, 고객이 잘 모르기 때문에 해결책을 제시하거나 제안을 해야 한다고 생각하는 것이다. 이러한 반응은 적절한 반응일 수 있다. 만일 재무금융전문기가 고객에게 확정기여형 퇴직연금에 가입하고 싶은지 또는 확정급여형 퇴직연금에 가입하고 싶은지를 묻는다면 고객의 일반적인 대답은 '잘 모르겠는데요'일 것이다. 이러한 경우 고객은 "왜 그런 질문을 하셨지요?" 혹은 "선생님은 어떻게 생각하시는데요?"라고 질문하게 될 것이다. 이 예시에서 질문을 명확하게 해야 하는 책임은 전문가에게 있다.

하지만 다른 경우에 고객은 '잘 모르겠는데요'라는 응답을 칸막이 전술로 사용하는 경우가 있다. 전문가가 고객에게 5개의 가장 중요한 인생목표를 나열하고 우선순위를 정하게 한 예시를 다시 생각해 보자. 이것은 인지적으로 응답하기에 어려운 질문이다. 이 질문은 고객의 입장에서는 매우 다양한 숨겨진 의미가 있는 질문이기도 하다. 예를 들어, 고객은 재무금융전문가가 듣기 원한다고 스스로 생각하는 방향으로 자신의 답변을 수정하여 말할 수 있다. 어떤 고객들은 5개의 인생목표를 생각할 수가 없어서 단순히 생각이 멈추게 되는 경우도 있다. 어떤 고객들은 자신의 목표를 5개로 정하는 것이 불가능하다고 생각할 수도 있다. 어떠한 경우이든 간에 고객은 단순히 '잘 모르겠는데요'라고 응답할 수 있다. 이는 고객이 자신의 인생목표를 파악할 능력이 없다는 것을 뜻하는 것이 아니라, 고객이 이 질문에 대한 응답을 꺼려 한다는 것을 뜻한다. '잘 모르겠는데요'라는 응답은 질문에 대한 대답을 비껴가면서 고객이 응답을 재무금융전문가에게 돌리는 방법이다.

이러한 경우에 재무금융전문가가 취할 수 있는 반응이 몇 가지 있다. 가장 쉬운 방법은 질문을 다른 방식으로 하거나 예시를 주는 방법을 취하는 것이다. 예를 들면, '제 고객들은 대부분 은퇴를 가장 중요한 목표로 삼고, 아이들 대학교육이 두 번째, 그리고 여행이나, 별장 준비, 기부 등을 다른 3개 목표로 말씀하시더라고요'라고 말할 수 있다. 하지만 일반적으로 재무금융전문가들은 고객이 구체적인 예시를 달라고 요청하기 이전에는 이러한 방식으로 5개의 목표를 나열하는 것을 피해야 한다. 왜냐하면 재무금융전문가의 예시가 고객에게 앵커(anchor, 닻)로 작용하여 자신들이 정말로 원하는 목표를 자유롭게 설정하도록 만들지 않고 재무금융전문가가 제시한 바에 맞는 목표를 나열하도록 만들기 때문이다. 다른 방법으로는 아무 말을 하지 않고 10, 15, 혹은 20초간 침묵하는 것이 있다. 일반적으로 침묵은 긴장과 스트레스를 유발한다. 긴장과 스트레스를 유발하기는 하지만 드종과 베르그(De Jong and Berg, 2008)[16]의 연구결과는 고객들에게 답변에 대해 생각할 수 있는 추가적인 침묵의 시간이 주어졌을 때 종종 답변을 생각해 낸다는 것을 보여주었다. 세 번째 방법은 '대부분 고객들은 이 질문을 매우 어려워하시니까 시간을 갖고 천천히 생각해 보세요'와 같은 응답을 하는 것이다. 만일 이 답변이 '잘 모르겠는데요'에 대한 응답으로 사용되었다면 재무금융전문가는 적어도 10초 동안 침묵을 유지하여 고객으로 하여금 생각할 시간을 주어야 한다는 점을 반드시 명심해야 한다. 만일, 가능성은 매우 희박하지만 고객이 계속 침묵한다면 전문가는 질문을 다른 방식으로 한다거나 다른 질문을 함으로써 원하는 답변을 얻을 수 있는 방법을 모색해야 한다.

요 약

이 장에서 지속적으로 강조한 바와 같이 대인 간 커뮤니케이션에서 가장 중요한 것은 듣기이다. 재무금융전문가로서 성공하기 위해서 필요한 다양한 자질 중에서 듣기만큼 중요한 것이 없는 것은 사실이다. 다음 장에서는 듣기 이외에 다른 중요한 기술인 질문하기에 대하여 다루고자 한다.

단원 정리 문항

1. 듣기의 과정에 해당되지 않는 것은 무엇인가?
   a. 고객에게 주의 집중하기
   b. 고객이 무엇을 들었는지에 주의 집중하기
   c. 고객이 무엇을 들었는지를 해석하기
   d. 무엇을 말하였는지에 대하여 관찰할 시간 주기
2. 아래 제시된 바디랭귀지 중에서 고객으로 하여금 부정적인 반응을 유발시키는 것은 무엇인가?
   a. 팔, 손, 다리를 고객을 향하여 열기
   b. 고객의 표정에 어울리는 표정짓기
   c. 고객으로부터 멀리 떨어져 앉기
   d. 고객을 향하여 앉기
3. 고객이 말하는 것이 무엇인가에 대하여 보다 깊은 의미를 알 수 있게 해 주는 단서에 포함되는 것은?
   a. 전문가에게 동일한 질문을 한다.
   b. 심각한 질문에 대하여 농담으로 대답한다.
   c. 직접적인 질문에 대한 대답을 회피한다.
   d. 위의 모든 것
4. 고객이 질문에 대하여 침묵하는 것이 의미하는 것은?
   a. 화가 남
   b. 피곤함
   c. 혼동됨
   d. a 또는 b 또는 c
5. 만일 고객이 전문가의 질문에 대하여 답변을 하지 않고 조용히 있다면 전문가는 얼마나 기다린 후에 질문을 다른 방식으로 시도해야 하는가?
   a. 10~15초
   b. 적어도 1분
   c. 고객이 무엇이라도 말할 때까지 기다려야 한다.
   d. 전문가는 기다려서는 안 되고 즉각적으로 질문을 다시 해야 한다.

6. 만일 전문가가 고객의 걱정거리에 대하여 들은 후 그에 대해 이해하였지만 고객의 기분이나 행동을 바꾸고 싶지 않아서 그 걱정거리에 대해 반응을 보여주지 않았다면 전문가는 어떠한 듣기의 형식을 취하였는가?
   a. 능동적인 듣기
   b. 지시적인 듣기
   c. 수동적인 듣기
   d. 중립적인 듣기
7. 고객이 전문가와 이야기할 때 사용하는 두 가지 수준의 언어는 무엇인가?
   a. 표면적 언어와 내면적 언어
   b. 제1의 귀와 제3의 귀
   c. 오른쪽 언어와 왼쪽 언어
   d. 집중된 언어와 분산된 언어
8. 고객이 하는 말에 또 다른 보다 깊은 뜻이 있다는 것을 전문가는 어떻게 알 수 있는가?
   a. 고객이 직접적인 의사결정하기를 피한다.
   b. 고객이 전문가의 질문을 다시 하려고 시도한다.
   c. a와 b
   d. 위에 제시된 내용 중에서는 정답이 없음
9. 크리스티는 고객인 놀란과 약 3년간 일을 해왔다. 지난 3년간 크리스티는 놀란에게 매우 다양한 구체적인 제안을 해왔다. 하지만 놀란은 단 몇 가지 제안만을 실행하였을 뿐이다. 크리스티는 놀란이 자신의 제안을 받아들이지 않는다는 사실이 매우 힘들다. 만일 크리스티가 자신의 감정을 적절하게 다스리지 못한다면 놀란과의 대화에서 어떠한 행동을 보일 가능성이 있는가?
   a. 전이
   b. 역전이
   c. 의존
   d. 수동적인 양가감정
10. 고객이 '잘 모르겠는데요'라고 응납한 경우에 전문가가 사용할 수 있는 대답으로 적절한 것은?

a. 아 잠시만요. 답변을 확실히 알고 계시면서 왜 이러세요.

b. 알겠어요. 그럼 다음 질문으로 넘어가겠습니다.

c. 이렇게 간단한 질문에 대해서 왜 대답을 안 하세요?

d. 이 질문이 좀 어렵죠. 시간을 가지고 생각해 보세요.

11. 동네의 카페를 방문하여 다른 좌석들이 잘 보이는 곳에 자리를 잡고 앉아서 대화를 듣지 않고 대화에 참여하는 사람들의 바디랭귀지를 관찰하여 보자. 바디랭귀지를 관찰하면서 아래 질문에 대하여 답변해 보자. (1) 얼마나 많은 대화가 긍정적인 바디랭귀지를 사용하고 있는가? (2) 부정적인 바디랭귀지를 사용하는 사람이 있는가? (3) 대화에서 사용하는 목소리의 톤과 말소리의 크기가 사용하고 있는 바디랭귀지와 부합되는가?

12. 친구나 동료와 몇 분간 이야기를 나누어보자. 상대방과 본인이 모두 관심을 가지고 있는 주제에 대하여 이야기해 보자고 한 후, 아래의 질문을 해 보자. "이렇게 시간 내 주어서 고마워. 어떤 이야기가 하고 싶어?" 아마도 상대방은 "글쎄, 잘 모르겠는데, 아무거나 해, 네가 원하는 것에 대하여 이야기해"라고 대답할 것이다. 이때 즉각적으로 응답하지 말고 적어도 10초 정도 침묵을 유지하여 보자. 상대방은 이러한 침묵을 어느 정도(몇 초)나 참는지 관찰해 보자.

13. 대부분의 사람들은 자신이 사용하는 바디랭귀지 유형이 있다. 예를 들면, 손을 사용하여 이야기한다거나, 아래쪽을 보면서 이야기한다거나, 팔짱을 낀다거나, 고개를 끄덕인다거나 하는 것들이 있다. 그런데 이러한 바디랭귀지가 종종 이야기하는 내용과 부합되지 않는 경우가 있다. 자기 자신의 바디랭귀지 유형을 생각해 보고 자신이 말할 때 어떠한 바디랭귀지를 사용하는지를 묘사해 보자. 자신의 바디랭귀지가 커뮤니케이션을 어떻게 돕는지 혹은 어떻게 방해하는지를 생각해 보자.

주

1. G. McGregor and R. S. White, *Reception and Response: Hearer Creativity and the Analysis of Spoken and Written Texts* (London: Routledge, 1990).
2. A. Ivey and N. Gluckerstern, *Basic Influencing Skills*, 2nd ed. (Amherst, MA: Microtraining Associates, 1984).
3. A. E. Ivey, *International Interviewing and Counseling*, 2nd ed. (Pacific Grove, CA: Brooks-Cole, 1988).
4. Id.
5. M. L. Knapp, *Nonverbal Communication in Human Interaction* (New York: Holt, Rinehart & Winston, 1972).
6. C. D. Aronovitch, "The Voice of Personality: Stereotyped Judgments and Their Relation to Voice Quality and Sex of Speaker," *Journal of Social Psychology* 99 (1976): 207-220.
7. J. Sommers-Flanagan and R. Sommers-Flanagan, *Foundations of Therapeutic Interviewing* (Needham Height, MA: Allyn & Bacon, 1993).
8. D. G. Myers, *Psychology*, 2nd ed. (New York: Worth, 1989).
9. M. R. Endsley, "Measurement of Situation Awareness in Dynamic Systems," *Human Factors* 37 (1995): 65-84.
10. J. Sommers-Flanagan and R. Sommers-Flanagan, *Foundations of Therapeutic Interviewing* (Needham Height, MA: Allyn & Bacon, 1993).
11. 본 책의 뒷부분에서 이야기하게 될 대부분의 커뮤니케이션 기술은 고객에게 주의를 집중하는 것과 관련된 것이다.
12. W. H. Cormier and L. S. Cormier, *Interviewing Strategies for Helpers: Fundamental Skills and Cognitive Behavioral Interventions*, 2nd ed, (Monterey, CA: Brooks-Cole, 1991).
13. T. Reik, *Listening with the Third Ear* (New York: Farrar, Strauss &

Company, 1948).

14. D. Hutchinson, *The Essential Counselor: Process, Skills, and Techniques* (Boston: Houghton-Mifflin, 2007).
15. P. De Jong and I. K. Berg, *Interviewing for Solutions*, 3rd ed. (Belmont, CA: Thomson Higher Education, 2008).
16. Id.

제 5 장 질문하기

질문하기의 중요성

제4장에서는 듣기의 중요성에 대하여 살펴보았다. 커뮤니케이션 과정에서 고객이 하는 말이 무엇인지를 듣는 것은 가장 중요한 요소이다. 만일 재무금융전문가가 커뮤니케이션에서 듣기의 기술을 완벽하게 습득하였다면 다음으로 습득해야 할 중요한 기술은 질문하기일 것이다. 질문하기는 사실 듣기 과정의 산물이다. 딜런(Dillon)[1]은 무엇을 물어보았는지와 별개로 질문하기 역시 중요한 어떤 것을 전달한다고 말하였다. 예를 들어, 아래의 질문이 커뮤니케이션의 방향을 어떻게 설정하는지 살펴보자

가장 최근에 은행을 턴 것이 언제였죠?

이 질문이 장난이나 농담이 아니라고 가정할 때, 이 질문을 하는 사람은 상대방이 사실은 은행털이라고 생각하고 있다. 이 질문에 대하여 자기 부죄를 하지 않고 답변을 할 수 있는 사람은 아무도 없다. 하지만 중요한 것은 이 질문과 그에 대한 답변이 전달하는 내용이다. 질문에 응답을 해야 하는 사람은 죄가 있을 것이라는 것에 대한 추궁과 유죄를 인정하라는 강요를 전제로 한 질문을 받은 것이다. 질문을 한 사람의 입장에서는 상대방이 어떠한 응답을 하든지 죄가 있을 것이라고 가정하고 있다.

여기에서의 문제는 가정하고 있는 사항이 사실이 아니라면 질문과 답변이 커뮤니케이션 과정을 애매하게 만든다는 것이다. 재무설계의 과정에서 의미 있는 결과를 얻기 위한 질문하기는 고객을 돕는 것을 목적으로 정보를 획득하기 위한 의도에서 이루어져야 한다. 즉, 질문하기는 솔직함을

기반으로 해야 하며 어떠한 속임수가 포함되어서는 안 된다. 고객은 질문을 하는 재무금융전문가뿐 아니라 질문에 대한 진실성을 평가하는데, 이때 질문의 내용뿐 아니라 그 질문하기가 어떠한 태도로 이루어졌는지도 살펴본다.

재무설계 과정에서 질문하기는 변호사나 의사가 하는 질문하기와는 다르다. 예를 들어, 변호사는 자신이 이미 답변을 가지고 있지 않은 사항에 대해서는 될 수 있으면 질문을 하지 말라고 훈련 받는다. 의사는 가능한 한 처방을 빨리 내리기 위한 질문에 초점을 둔다. 반면, 재무금융전문가들은 고객의 목적 달성을 돕기 위한 정보를 얻는 질문을 할 뿐 아니라, 재무설계 과정에서 전문가와 고객의 관계를 공고히 하기 위하여 질문을 활용한다. 따라서 관계를 돈독히 하기 위한 질문하기는 정서적으로 솔직함을 기반으로 이루어져야 한다. 딜런(Dillon)[2]은 질문하기의 8개의 핵심사항에 대해 설명하였는데, 이것은 재무설계의 과정에서 전문가가 고객과 커뮤니케이션을 할 때에도 적용되는 중요한 사항들이다. 아래에 제시되는 질문의 태도는 솔직함을 바탕으로 한 질문하기의 핵심요소들이다.

1. 질문을 함으로써 더 많은 것을 알게 된다는 것을 인정한다.
2. 답변을 모르는 경우에 발생하는 문제들에 대하여 궁금하게 생각한다.
3. 대화를 의미 있게 진행하고 제안을 도출하기 위해서 더 많은 정보가 필요하다는 것을 안다.
4. 고객의 진실이나 객관적인 현실에 대하여 알고자 한다.
5. 질문과 질문이 내포하고 있는 가정, 그리고 그 질문에 대한 답변이 진실하다는 것을 믿는다.
6. 현재는 알지 못하는 것들도 질문을 통해 알게 될 것이라고 확신한다.
7. 추가적인 정보를 얻기 위하여 질문을 할 수 있는 용기를 가진다.
8. 질문하기와 답변하기를 통해서 다른 사람을 더 잘 이해할 수 있다고 생각한다.

이후에 제시되는 내용은 재무금융전문가들에게 가장 폭넓게 이용되고 있는 질문하기의 기술이다. 위에 제시된 솔직함을 바탕으로 한 질문하기의 8가지 핵심요소들을 적용한다면, 질문하기 기술을 통하여 고객으로부터 보다 의미 있는 답변을 얻을 수 있을 것이다.

개방형 질문

고객과 이야기할 때 질문은 매우 직관적인 수준에서 발생하게 된다. 질문을 만들고 하는 데에는 매우 다양한 방법이 있다. 일반적으로 질문은 개방형(열린 질문)과 폐쇄형(닫힌 질문)으로 나뉜다. 이는 고객으로 하여금 질문에 대한 대답을 자유롭게 하도록 만들거나 통제된 방식으로 대답하도록 만든다는 차이가 있다.

개방형 질문에 대한 답변은 단순히 '예' 또는 '아니오'가 될 수 없다.[3] 개방형 질문은 종종 아래의 단어들을 포함한다.

- 언제
- 왜
- 누가
- 어떻게
- 이야기해 보세요
- 어디에서
- 무엇을

만일 질문의 목적이 가능한 한 많은 정보를 얻기 위한 것이라면 개방형 질문은 '어떻게' 또는 '무엇을'이라는 말을 포함해야 한다. 예를 들어, 재무금융전문가가 고객에게 "종합소득세 신고는 언제 하셨어요?"라고 질문한다면 그 답변은 "5월 12일이요"일 수 있다. 하지만 질문이 "종합소득세 신고는 어떻게 하셨어요?"이거나 "종합소득세는 무슨 과정을 거쳐서 신고하셨어요?"라면 그 답변에는 보다 많은 정보가 포함될 것이다. 예를 들면, 고객은 "종합소득세 자료를 가지고 동네에 있는 세무사를 찾아갔어요. 세무사가 서류를 작성해서 국세청 홈페이지를 통해 신고해 주었어요"라고 응답할 수 있다. '언제'가 포함된 질문이나 '어떻게' 혹은 '무엇을'이 포함된 질문은 모두 단순히 '예' 혹은 '아니오'로 대답하기 어려운 개방형 질문이다. '어떻게'와 '무엇을'이 포함된 질문에 대한 답변은 보다 심도 있고 많은 정보를 포함하며, 보다 의미 있는 정보를 이끌어낸다.

한편, 재무금융전문가가 질문을 할 때 '왜'라는 말을 사용하는 경우에는 주의가 필요하다. 고객들은 '왜'라는 표현이 포함된 질문을 종종 적대적이거나 심지어는 조종적이라고 여기게 되어서 답변을 매우 방어적으로 하기 때문이다. 어떤 사람이 당신에게 왜 어떤 일을 했는지 혹은 왜 어떤 일을 하지 않았는지에 대하여 질문한 경우를 생각해 보자. 당신은 어떻게 반응하였는가? 아마도 그 질문에 대한 첫 반응은 매우 자기 방어적이었을 것이다. 아래 대화를 살펴 보자

전문가: 고객님, 지난번 미팅에서 회사의 퇴직연금에 저축금액을 조금 늘리기로 하셨는데 어떻게 진행되었나요?
고 객: 어머, 제가 정말 까맣게 잊고 있었어요.
전문가: 왜 그걸 기억을 못하셨어요? 정말 중요한 것이었잖아요.
고 객: 네 알아요. 제 잘못이죠. 시간이 너무 없어서 회사 담당자에게 말하러 갈 수가 없었어요.

이 예시에서 전문가는 고객이 실행하지 않은 사항에 대하여 정당한 답변을 하라고 몰아세우고 있다. 고객은 몇 가지로 응답할 수 있겠지만 전문가에게 충실하기 위하여 일을 핑계로 하는 답변을 취했고 그 답변은 사과를 하는 방식이 되었다. 이러한 질문은 고객으로 하여금 자신감을 가질 수 없게 만든다. 아래의 예시는 전문가가 질문을 보다 긍정적으로 하는 예이다.

전문가: 고객님, 지난번 미팅에서 회사의 퇴직연금에 저축금액을 조금 늘리기로 하셨는데 어떻게 진행되었나요?
고 객: 어머, 제가 정말 까맣게 잊고 있었어요.
전문가: 괜찮아요. 담당자에게 말하러 가실 시간이 언제 생길까요?
고 객: 아마 이번 주 금요일에는 가능할 것 같아요.
전문가: 네, 잘되었네요. 혹시 추가적이 도움이 필요하시면 알려주시고요. 제가 금요일 전에 확인전화 드릴까요? 퇴직연금 저축액을 늘리고 나면 실급여액에도 변화가 있을 거예요.

폐쇄형 질문

앞서 설명한 바와 같이 개방형 질문이란 응답지가 제시되지 않은 질문을 말한다. 반면, 폐쇄형 질문이란 전문가에 의해 응답지가 설계되어 있는 질문이다. 폐쇄형 질문은 아래와 같은 단어를 포함한다.

- 다음 중
- 어떤 것
- 이것은
- 저것은
- 하셨나요?
- 이었나요?

개방형 질문은 고객으로 하여금 말을 하도록 만들기 위해서 사용되는 반면, 폐쇄형 질문은 주로 재무설계의 과정에서 특정 정보를 얻기 위한 목적으로 사용된다.[4] 재무설계 과정에서 전문가와 고객 간에 이루어지는 아래 대화를 살펴보자. 재무금융전문가는 투자에서 위험을 선택하는 데 있어 고객의 성향을 알고 싶다. 이러한 과정에서 개방형 질문이 대화를 어떻게 진행시키는가를 살펴보자.

> 전문가: 고객님, 투자 위험에 대하여 고객님이 어떻게 느끼시는지 알고 싶습니다. 아시겠지만 저희 회사에서는 자산배분안을 만들 때 고객의 선호와 태도를 반영하는 포트폴리오를 구성합니다. 투자 위험에 대한 생각을 말씀하시기가 매우 어렵다는 것을 저도 압니다. 그래도 잘 생각해 보시고 답변해 주시기 바랍니다. 투자를 할 때, 고객님이 원하시는 것은 무엇인가요?
>
> 고 객: 정말 어려운 질문이네요. 지난번에도 말씀 드렸지만 제가 10년 전 쯤에 재미로 주식을 좀 했었는데 돈을 거의 다 잃었어요. 우리 집사람이 그것 때문에 나한테 아주 많이 뭐라고 했죠. 그래서 그 이후로는 주식시장에 들어가는 것이 매우 꺼려져요. 최근에는 금화를 조금 사 모으고 있어요. 지난달에는 금광회사에 투자했는데 그것은 조금 잘 되고 있어요. 그래도 너무 큰 위험을 부담하는 것은 원하지 않아요. 저에게 무엇을 원하는지 물으시면 전 제 돈이 안전하면 좋겠어요.

아래의 예시는 동일한 질문을 폐쇄형으로 한 경우이다.

> 전문가: 고객님, 투자 위험에 대하여 고객님이 어떻게 느끼시는지 알고 싶습니다. 아시겠지만 저희 회사에서는 자산배분안을 만들 때 고객의 선호와 태도를 반영하는 포트폴리오를 구성합니다. 만일 고객님께서 1억원의 자금이 있다면, 그 자금을 어디에 넣어두시겠습니까? (1) 주식에 투자한다, (2) 채권에 투자한다, (3) 혼합형 펀드에 투자한다, 아니면 (4) 은행에 넣어둔다.
>
> 고 객: 정말 어려운 질문이네요. 그중에서는 은행에 넣어둔다로 할래요.

이 두 가지 예시에서는 고객이 두 가지 모두 정직하게 답변하였다. 하지만 고객은 투자 선호에 대한 각 질문에 대하여 상반된 응답을 할 수 있다. 개방형 질문을 활용한 경우, 전문가는 해당 고객이 생각하는 위험한 투자와 위험하지 않은 투자에 대한 정의가 재무설계에서 일반적으로 사용하는 것과 다르다는 것을 알 수 있게 된다. 금화를 사거나 금광에 투자하는 것이 은행에 돈을 넣어두는 것과 동일한 위험을 가지고 있다고 여기는 전문가는 거의 없을 것이다. 금화나 금광의 주식은 유동성이 떨어지며, 경우에 따라서는 시장거래가 제한적이기 때문이다. 또한 금광 주식은 변동성이 매우 클 수 있다. 반면, 은행예금은 유동성이 매우 높으며 확정된 이자를 지급한다. 폐쇄형 질문을 사용한 경우 해당 고객이 생각하는 위험에 대한 개념, 투자 경험 등에 대한 답변은 전혀 얻을 수가 없다. 폐쇄형 질문을 통해 전문가는 고객이 매우 위험 회피적인 성향을 가지고 있다고 생각할 수 있으나, 사실 해당고객은 절충적인 위험 태도를 보이고 있다.

[시나리오 사례 5A, 5B]

시나리오 사례 5A는 개방형 질문을 활용한 예시이다. 고객이 어떻게 대답하는지를 살펴보고 어떤 유형의 정보를 자발적으로 제공하였는지 적어보자.

시나리오 사례 5B는 폐쇄형 질문을 활용한 예시이다. 전문가가 고객의 답변을 어떻게 조절하고 있는지 주의하여 살펴보자.

• 5A: 개방형 질문 예시

전문가: 안녕하세요, 잘 지내셨어요? 오늘은 지난번 미팅에서 말씀 나누었던 개인형 퇴직연금에 대하여 이야기 나누시죠. 지난번 미팅에서 개인형 퇴직연금계좌를 만드는 것에 대하여 말씀드렸는데 어떻게 되었나요?

고 객: 말씀해 주신 대로 개인형 퇴직연금계좌를 만들었고 매월 30만원씩 이체하였어요. 그랬더니 제가 잘하고 있다는 기분이 들어요.

전문가: 네 정말 잘하셨네요! 그런데 지난번에 제가 개인형 퇴직연금계좌를 추가로 만드시는 것을 말씀드렸을 때는 좀 걱정을 하셨던 것 같은데 어떻게 하신 거예요?

고 객: (웃음)… 그때는 한달에 30만원씩 줄어들면 생활비가 모자랄까 봐 너무 걱정이었죠. 매월 쓸 돈이 빠듯했으니까요… 그런데 실제로 개인형 퇴직연금계좌에 30만원이 추가로 들어가도 생활비에 적자가 나는 것은 아니더라고요. 어떻게 된 일인지 또 그에 맞추어서 살게 되더라고요.

• 5B: 폐쇄형 질문 예시

전문가: 고객님 이렇게 찾아 주셔서 감사합니다. 오늘은 고객님으로부터 기본적인 몇 가지 정보를 얻고자 합니다. 괜찮으실까요?

고 객: 네.

전문가: 감사합니다. 우선 고객님을 개인적으로 도와주는 변호사가 있으신가요?

고 객: 아니오.

전문가: 그럼 회계사는요?

고 객: 없는데요.

전문가: 그럼 혹시 다른 재무금융전문가와는 일하신 경험이 있으신가요?

고 객: 네.

전문가: 그러시군요. 혹시 그 전문가가 도와드린 계좌 이외에 다른 계좌는 있으신가요?

고 객: 네.

전문가: 감사합니다. 다음은 고객님께서 원하시는 것이 어떤 것인지를 알기 위해서 여쭈어 봅니다. 저희 회사는 투자 포트폴리오 구성, 은퇴설계, 상속 및 증여 설계를 주요 서비스로 제공하고 있습니다. 고객님께서는 어떤 것에 주로 관심이 있으신가요?

고 객: 저는 투자에 조금 관심이 있어요.

전문가: 네, 감사합니다.

개방형, 폐쇄형 질문의 선택

일반적으로 개방형 질문은 답변의 완성도 측면에서는 최소한의 수준일 수 있으나 가장 정확한 정보를 얻게 해 준다. 반면, 폐쇄형 질문의 경우에는 얻게 되는 정보의 정확도는 최소한이지만 가장 완성도가 높은 정보를 제공해 준다. 이 설명은 직관적으로 이해하기 힘들 수 있다. 어느 한 유형의 질문방법이 다른 유형의 질문방법보다 우위에 있다고 말하기보다는 각 유형의 질문이 적절하게 사용될 때 유용한 정보를 제공해 준다고 결론 내리는 것이 더 적당할 것이다.

예를 들어, 재무금융전문가가 고객의 의사결정 틀을 확립하도록 도와주는 과정에서 수많은 대안들을 몇 개의 중요대안으로 추리는 과정을 생각해 보자. 이러한 경우에는 폐쇄형 질문을 사용하는 것이 더 좋은 결과를 가져올 수 있다. 즉, 고객에게 다양한 대안을 제시해 주고 그중에서 자신의 목적이나 상황에 가장 적절하다고 생각하는 것을 고르도록 하는 것이다. 당연히 이러한 질문에서 제시하는 대안은 적절하고 타당해야 한다.

하지만 고객으로 하여금 다양한 대안 중에서 특정 대안을 선택하도록 하는 것이 목적이 아닌 때가 있다. 이러한 경우에 재무금융전문가는 고객에게 큰 부담을 주지 않고 자유롭게 생각할 수 있는 시간을 주어야 한다. 고객이 자기 자신을 어떻게 생각하는지, 자신을 어떻게 표현하는지 등을 알고자 하는 것이다. 이 상황은 개인이 선호하는 커뮤니케이션 스타일(예를 들면, 시각적·청각적 또는 운동감각적 커뮤니케이션 방식)을 파악하는 것과 관련이 있다. 고객들로 하여금 자유롭게 생각하고 자유롭게 이야기하도록 하는 것은 커뮤니케이션 스타일을 알 수 있도록 도와준다. 아래의 고객과 재무금융전문가의 대화를 살펴보자.

고 객: 저는 선생님이 무슨 말씀을 하시는지 확실히 보이네요. 제가 세상을 볼 때는 말이죠, 내가 적절한 사람과 적절한 관계를 가지고 있으면서 제대로 된 관점을 습득한다면 시장에서 큰돈을 벌 수 있다고 생각해요.

전문가: 네, 그럼 시장에서 큰돈을 버시면 그 돈으로는 무엇을 하시려고 그러시죠?

고 객: 그건 쉽죠. 제가 섬에서 살고 있는 모습을 봅니다. 아마도 타히티나 아니면 카리브해의 어떤 섬이겠죠. 바다 전망을 한번 생각해 보세요. 정말이지 매일매일 너무 편하게 즐길 수 있을 것 같아요. 제가 무슨 말을 하는지 보이세요? 돈만 있으면 말이죠…

비록 이 대화에서 재무금융전문가가 많은 말을 하지는 않았지만 고객이 어떠한 사람인지에 대해서는 확실히 알 수 있게 되었을 것이다. 고객으로 하여금 자유롭게 이야기하도록 하는 것은 많은 것을 알게 해 준다. 이 경우 고객은 시각적 커뮤니케이션 스타일을 가지고 있다. 고객은 '제가 볼 때는, 내 관점에서는, 보인다' 등의 말을 많이 사용하고 있는데, 이러한 언어 사용이 고객의 커뮤니케이션 스타일을 가늠할 수 있는 단서가 된다.

재무금융전문가는 대화를 통해 습득한 단서들을 이용하여 고객과 동일한 커뮤니케이션 스타일을 사용함으로써 고객 응대를 더 잘할 수 있게 된다. 간단하게 "네, 무슨 말씀을 하시는지 확실히 보이네요"라고 말하는 것만으로도 대화를 다음 단계로 진행시키는 훌륭한 방법이 될 수 있다. 한편 고객이 "무슨 말씀을 하시는지 잘 알아 듣겠어요" "네 무슨 말씀인지 잘 들었어요" "좋은 아이디어로 들리네요" 등과 같은 말을 많이 사용한다면 이 고객은 청각적 커뮤니케이션 스타일을 가지고 있다고 할 수 있다. 고객이 "정말 무슨 말인지 하나도 와 닿지 않네요" "그것은 좋은 투자라는 느낌이 들지 않아요"라는 말을 한다면, 이 고객은 운동감각적 커뮤니케이션 스타일을 가지고 있는 경우가 많다.

질문의 변형

개방형, 폐쇄형 질문을 만들 때에는 특별한 주의를 기울일 필요가 있다. 잘못하면 질문 만들기의 함정에 빠질 수 있기 때문이다. 예를 들어, 고객과 재무금융전문가가 투자위험수용성향에 대한 이야기를 나누는 상황을 생각해 보자. 재무금융전문가는 "고객님께서 처음으로 주식에서 손해를 보셨을 때 어떤 기분이 드셨나요?"라고 질문할 수 있다. 이 질문은 개방형 질문으로 고객으로 하여금 정보를 드러내도록 하는 것이다. 하지만 만일에 재무금융전문가가 "고객님께서 처음으로 주식에서 손해를 보셨을 때 어떤 기분이 드셨나요? 밤에 잠을 못 주무셨나요?"라고 질문했다고 생각해 보자. 전자의 질문은 고객에 대한 정보를 얻을 수 있는 개방형 질문이었지만 후자의 질문은 밤에 잠을 잘 수 있었는지 없었는지에 대한 대답으로 한정하는 폐쇄형 질문으로 바뀌었다. 이러한 상황을 '질문의 변형'이라고 한다. 이와 같이 개방형 질문을 폐쇄형 질문으로 변환하는 것은 피해야 한다. 왜냐하면 선택지를 제공함으로써 고객이 자유롭게 생각하는 것을 제한하기 때문이다. 더불어 고객은 재무금융전문가가 특정 방향으로 대답하도록 유도한다고 느낄 수 있다.

흔들기 질문 (Swing Questions)

재무 치료사(financial therapists)들은 고객으로부터 정보를 얻기 위하여 흔들기 질문을 종종 사용한다. 흔들기 질문이란 폐쇄형 질문이지만 고객이 단순히 '네' 또는 '아니오'만으로 응답하지 않는 질문을 말한다. 질문에 '~하겠는지' '할 수 있는지' '하려는 의향이 있는지' 등을 포함하여, 대답을 간결하고 명확하게 하도록 함과 동시에 대답에 대한 부연 설명을 할 기회도 제공한다.[5] 아래는 고객과 재무금융전문가의 대화에서 활용할 수 있는 흔들기 질문의 예시이다.

- 고객님 계좌에 돈이 얼마 정도 들어 있는지에 대하여 저에게 말씀해 주시겠어요?
- 내일 공인중개사에게 연락해서 계약 체결을 위해 추가적으로 필요한 것이 무엇인지 알아봐 주시겠어요?
- 고객님, 회사에서 제공하는 보장성 보험에 대하여 조금 더 말씀해주실 수 있을까요?
- 다음 주 수요일에 저희 회사와 제휴하고 있는 상속변호사를 방문하실 의향이 있으신가요?

흔들기 질문을 사용할 때는 다음의 내용을 명심하고 활용할 것을 권한다.[6] 첫째, 고객과의 첫 번째 상담이나 고객정보 확인을 위한 상담에서는 흔들기 질문의 사용을 자제해야 한다. 흔들기 질문은 고객과 전문가 사이에 친밀한 관계가 형성된 이후에만 사용해야 한다. 고객과 전문가 사이에 서로 열린 대화가 이루어지기 전이라면 고객은 흔들기 질문에 대하여 단순히 '예' 혹은 '아니오'로만 대답할 수 있기 때문이다. 예를 들어, 전문가가 고객에게 변호사를 만날 의향이 있는지를 묻는다고 하자. 고객은 질문에 대하여 깊은 생각을 하지 않고 단순히 '아니오'라고 응답할 가능성이 있다. 이런 경우라면 전문가는 다른 형식으로 다시 질문해야만 고객으로 하여금 어떤 행동을 이끌어 낼 수 있게 된다. 둘째, 고객이 전문가의 제안에 대하여 반대 의향을 보이거나 실행을 꺼리는 경우에는 흔들기 질문을 사용하지 않는 것이 좋다. 이러한 경우에 흔들기 질문을 사용한다면 더 이상의 대화를 불가능하게 만들 수 있다.

> [시나리오 사례 5C]
> 시나리오 사례 5C는 고객과 전문가가 매우 친밀한 관계(라포)를 형성하였을 때, 흔들기 질문을 사용하는 것이 얼마나 효과적인가를 보여준다.

• 흔들기 질문 예시 1

전문가: 오늘 찾아 주셔서 감사합니다. 먼저 지난 시간에 이야기 나누었던 것을 확인해 보겠습니다. 제가 지난번에 개인형 퇴직연금계좌를 만드시라고 말씀드렸는데 어떻게 하셨나요?

고 객: 네, 만들었어요. 매월 30만원씩 자동이체되도록 했습니다. (웃음)

전문가: 정말 잘 하셨네요! 감사합니다. 지난번 뵈었을 때 아내와의 커뮤니케이션 이슈에 대하여 말씀을 하셨는데 혹시 그 이후로 아내와 이야기 나누실 기회가 있으셨나요?

고 객: 네 (웃음)…

전문가: 그럼 이야기를 나누신 건가요?

고 객: 네 (웃음)…

전문가: 잘하셨네요. 이야기를 나누셨다니 좋습니다. 이야기가 잘 되었기를 바라는데 혹시 잘 되었나요?

고 객: 네… 그나마 잘 된 것 같아요.

• 흔들기 질문 예시 2

전문가: 고객님 반갑습니다. 오늘은 보험에 대하여 이야기 나누려고 합니다. 먼저 의료보험에 대해 알려주실 수 있으신가요?

고 객: 네, 4년 전에 가입했어요. 자기부담금이 높은 것으로 가입해서 보험료 절약한 돈으로 자기부담금 모으는 계좌를 만들려고 했는데 그건 아직 못했고요.

전문가: 그러시군요. 그럼 생명보험은 가입하신 것이 있나요?

고 객: 아… 생명보험은 회사에서 가입시켜 주는데 보험금이 많지 않아요. 3,000만원인가 그런 보험인데…

전문가: 혹시 가입하신 보험의 보험금을 늘릴 수 있는지 아시나요?

고 객: 아, 잘 모르겠는데요. 아마도 부탁하면 회사에서 서류를 보내줄 거예요.

전문가: 네, 그럼 서류 부탁드리겠습니다. 혹시 장해소득보상보험은 가입하셨나요?

고 객: 아마 그것도 회사에서 직원들에게 가입시켜주는 것만큼 가입되어 있을 것 같은데요…

간접 질문과 투영 질문

재무금융전문가가 고객과의 대화에서 사용할 수 있는 질문에는 두 가지가 더 있다. 첫 번째는 간접 질문이다. 흔들기 질문과 마찬가지로 간접 질문도 전문가와 고객의 관계가 친밀하게 형성된 이후에 활용하는 것이 좋다. 간접 질문은 우회적인 방식으로 정보를 이끌어 내는 것이기 때문이다. 이때에는 '궁금하다…' '아마도 분명 이럴 것 같은데'라는 표현을 사용하게 된다. 예를 들어, 전문가가 "고객님이 은퇴하시면 어떤 생활을 할지 궁금합니다"라고 말한다면, 이는 "은퇴 이후에 무엇을 하실 것인가요?"라는 질문을 간접적으로 물어본 것이다.

두 번째 유형은 투영 질문이다. 투영 질문방법은 심리치료에서 환자의 무의식적인 생각, 가치관, 감정 등을 알아내기 위해 활용하는 질문기법에서 유래되었다. 투영 질문에서는 '만일', '만약에', '혹시라도 ~ 라면' 등의 표현을 사용한다. 가장 대표적인 투영 질문의 예는 "만일 당신이 소원 3가지를 이룰 수 있다면 어떤 것을 빌겠나요?"와 같은 것이다. 재무설계 과정에서는 "만일 당신이 시간을 앞서 나가 미래에서 본다면, 당신은 가족, 친지, 지인으로부터 어떤 사람으로 기억되기를 바라십니까?"와 같은 질문을 사용할 수 있을 것이다. 이러한 종류의 질문을 하면, 고객은 자신이 가지고 있는 삶의 꿈이나 궁극적인 목표 등에 대하여 생각해 보거나 그것을 구체적으로 말할 수 있게 된다.

[시나리오 사례 5D, 5E]

시나리오 사례 5D는 간접 질문의 기술을 보여준다. 전문가가 고객의 아이디어와 답변에 대하여 얼마나 진솔하게 관심을 보이는지를 살펴보자.

시나리오 사례 5E는 고객과 전문가의 대화에 투영 질문을 어떻게 활용하는지를 보여준다. 이 예시에서 전문가는 고객의 감정이나 가치관을 알기 위한 기술을 사용한다. 또한 흔들기 질문이 어떻게 보다 많은 정보를 이끌어 내는지를 살펴볼 수 있다.

• 5D 간접 질문

전문가: 오늘은 대학원 진학에 대하여 질문이 있으시다고요? 왜 그런 생각을 하시게 되었나요?

고 객: 제 주위의 많은 사람들이 일을 그만두고 다른 일을 하거나 학교로 돌아가는데 그런 사람들을 보고 저도 생각하게 되었어요.

전문가: 그럼 대학원에서는 무엇을 배우고 싶으신 것인가요?

고 객: 저는 가족치료를 배우고 싶어요. 지금 하고 있는 세일즈보다는 다른 사람을 돕는 일을 하고 싶거든요. 저한테는 그게 더 적성에도 맞고 잘할 수 있을 것 같아요.

전문가: 네, 알겠습니다. 그런데 대학원 진학을 주저하게 만드는 요인이 있나요?

고 객: 아무래도 학비가 부담이 되어서요. 제가 대학원 학비를 조달할 만큼 충분히 돈을 모았는지 모르겠어요.

전문가: 그러시군요. 고객님이 만약에 지금 학비를 낼 만한 충분한 자금이 있다면 어떻게 하실까 궁금하네요.

고 객: (웃음) 아마도 내일 당장 일을 그만두겠죠. 학비가 충분한지는 모르겠지만 대출을 받지 않고 학업을 마칠 수 있다면 당장 그렇게 하고 싶어요. 정말 이제는 다음 단계로 가야 할 때가 된 것 같아요.

전문가: 저도 동의합니다. 내가 이제는 정말 새로운 것을 할 때가 되었다는 생각이 들고, 그것을 감당할 만한 능력이 된다면 원하는 것을 하시는 것이 맞는 것 같아요.

고 객: 네, 그렇네요.

• 5E 투영 질문

고 객: 요즘 저는 너무 스트레스가 많아요. 직장 일도 그렇고, 집에서 제가 해야 하는 일도 그렇고, 돈 문제도 있고, 정말 스트레스가 너무 쌓이는 것 같아요.

전문가: 말씀해 주셔서 감사합니다. 이 상황은 고객님만 그런 것이 아니고, 요즘 저희를 찾는 고객들 중에서도 스트레스를 받는 분이 많습니다.

고 객: 그래요? 많이들 스트레스를 받나 보네요.

전문가: 그럼요. 제가 질문을 하나 드리겠습니다. 1년의 기간을 두고 생각해 볼 때, 고객님께서 지금 걱정하시는 일들과 스트레스가 없어진다면 고객님 생활이 어떻게 달라질까요?

고 객: 아마도 첫번째는 일이 달라질 것 같아요. 저는 지금 일하는 게 너무 싫거든요. 직장에 저와 너무나 맞지 않는 동료들이 있거든요.

전문가: 그러시군요. 더 얘기해 주실 수 있으신가요?

고 객: 제 아들이요. 아마도 제 아들이 현재 상황에 대하여 조금 더 감사할 줄 알고 부모에 대한 고마움이나 존경하는 마음을 갖게 되겠죠.

전문가: 네, 더 없으실까요?

고 객: 재무상황이요. 아마도 돈문제에 대한 스트레스도 없겠죠.

전문가: 말씀해 주셔서 감사합니다. 만약 제가 지금 말씀하신 모든 일이 1년 내에 이루어질 것이라고 말씀드리면 뭐라고 하시겠습니까?

고 객: (웃음) 아마도 거짓말한다고 느끼겠죠. 하지만 진짜 그렇게 되었으면 좋겠어요.

전문가: 다른 분들도 제가 거짓말한다고 말하셨죠. (웃음) 저희는 이 분야에서 그동안 좋은 성과를 많이 냈습니다.

척도형 질문

재무금융전문가들 사이에서는 많이 활용되지 않을 수 있지만, 척도를 활용한 질문은 개인으로 하여금 자신의 아이디어, 인식, 희망, 꿈, 그리고 두려움 등과 같은 것을 개념화할 수 있도록 도와 주는 유용한 질문 방법이다. 또한 척도형 질문은 고객으로 하여금 미래의 재무목표 달성에 얼마나 가까이 가고 있는지를 스스로 측정할 수 있도록 도와 주는 질문이다. 척도형 질문의 사용은 드새이져(de Shazer, 1988)[7], 베르그와 드새이져(Berg & de Shazer, 1993)[8]의 연구에서 비롯되었다. 이들은 정신건강 분야에 문제해결 중심의 상담기법을 도입한 연구자들이다. 척도형 질문은 응답자로 하여금 자신의 감정, 기분, 예측, 관찰한 것 혹은 반응을 척도점수(대부분의 경우 0에서 10 혹은 1에서 10점)로 응답하도록 한다. 아래 예시를 살펴보자.

> **전문가:** 셰리씨, 다시 만나서 반갑습니다. 지난 주 저와의 상담 말미에서 본인의 미래 재무상황에 대하여 자신감이 있다고 말씀하셨는데요. 그때 1점이 '전혀 자신 없다'이고 10점이 '매우 자신 있다'인 척도에서 7점이라고 하셨어요. 이번 주에는 세금과 관련된 서류를 가져 오셨는데요. 이번 주에도 제가 똑같은 척도 질문을 하겠습니다. 지난 주와 동일하게 10점 척도입니다. 세금기록, 관련 서류들, 영수증 등을 다 살펴본 지금 본인의 재무상황에 대하여 어떻게 느끼십니까? 1점이 '걱정이 매우 많이 된다,' 10점이 '마음이 매우 편하다(걱정이 전혀 되지 않는다)'입니다.
>
> **고 객:** 이건 좀 쉬운 질문이네요. 지금 제 느낌은 5점 정도입니다.

드종과 베르그(De Jong and Berg, 2008)[9]에 의하면 척도형 질문은 매우 다양하게 활용될 수 있다. 왜냐하면 척도형 질문은 고객이 자신의 걱정이나, 행동 변화의 측면, 새로운 활동에 대한 참여 정도에 대하여 크게 겁내지 않고 응답할 수 있기 때문이다. 하지만 척도형 질문을 사용하는 데에는 주의가 필요하다. 앞에서 예를 든 전문가와 셰리의 대화를 다시 한번 살펴보자. 고객인 셰리는 자신의 세금 관련 서류를 전문가에게 전달하면서 본인의 재무상황에 대하여 중간 정도의 편안함을 느낀다고 응답하였다. 이에 대해 전문가가 아래와 같이 반응하였다고 가정해보자.

> 전문가: 네, 그렇게 대답하시니 흥미롭지만 한편으로는 당연할 것도 같습니다. 그렇지만 왜 점수가 그렇게 낮을까요? 왜 6점이나 7점, 8점이 아닐까요?

척도형 질문의 응답에 대하여 충분히 나올 수 있는 반응이지만, 재무금융전문가는 이러한 방식으로 응답하는 것을 피해야 한다. 대신에 아래와 같이 질문할 수 있을 것이다.

> 전문가: 네, 그렇게 대답하시니 흥미롭지만 한편으로는 당연할 것도 같습니다. 그런데 어떻게 그렇게 점수가 높으신지 말씀해 주시겠어요?

이와 같은 방식은 고객에게 용기를 줌과 동시에 고객으로 하여금 조금 더 생각할 수 있는 기회를 주는 반응이라고 할 수 있다. 고객을 인정하는 질문하기의 방식으로 고객의 대답을 재구성하는 것은 고객이 긍정적인 결과에 집중하도록 돕는다. 이 대화에서 이어지는 고객의 응답을 살펴보자.

> 고　객: 제가 5라고 말했을 때 선생님이 실망하실 줄 알았어요. 일단 지난 주에 저는 주변의 일들에 대해서 기분이 좋다고 느꼈어요. 그런데 이번 주에는 지난 주만큼 자신이 있지 않아요. 어쨌든 선생님의 말씀은 제가 그렇게 크게 걱정할 필요는 없다는 뜻이지요? 5점이 그렇게 나쁘지는 않다는 거죠?
>
> 전문가: 네, 맞습니다. 5점이 나쁜 것은 아닙니다. 사실 세금과 관련된 복잡한 문제들을 고려해 보면 5점은 꽤 높은 것이라고 할 수 있

죠. 그래서 궁금한데 혹시 왜 4점이라고 대답하지 않으신 것인지요?

고 객: 4점은 아니에요. 왜냐하면 선생님이 저를 도와 주시잖아요. 재무설계나 세금설계에서 이제 저는 혼자가 아니라고 느껴지는데요.

[시나리오 사례 5F]

시나리오 사례 5F는 척도형 질문의 사용을 보여준다. 전문가가 고객에게 어떠한 용기를 주는지를 살펴보자. 전문가는 고객으로부터 재무설계 과정에 필요한 정보를 알아내려고 노력함과 동시에, 의도적으로 고객의 대답이 믿을 만한 것이라는 신뢰를 표현하고 있다.

• 척도형 질문

전문가: 오늘은 포트폴리오 구성의 다음 단계로 고객님의 위험수용성향에 대하여 이야기를 나누려고 합니다. 위험수용성향은 투자에서 손실이나 재무위험을 어느 정도 감당할 수 있는가에 대한 성향입니다. 위험과 관련된 성향에 대해 이야기하는 것은 괜찮으신가요?

고 객: 네, 괜찮습니다.

전문가: 감사합니다. 고객님의 위험수용성향을 파악하기 위하여 제가 몇 가지 척도형 질문을 드리겠습니다. 척도형 질문은 고객님이 가지고 있는 태도나 성향을 측정하기에 적합하다고 알려진 질문방법입니다. 이 질문들에서 0에서 10점까지의 척도를 이용하려고 합니다. 0점은 '의사가 전혀 없다', 10점은 '의사가 매우 크다'입니다. 먼저 고객님은 수식시장에 참여하실 의사가 있나요? 0~10점으로 대답해 주세요.

고 객: 저는 한 5점 정도 되는 것 같아요.

전문가: 좋습니다. 감사합니다. 이번에는 구체적인 상품의 구매에 관하여 질문 드리겠습니다. 먼저 은행상품에 대한 질문인데요, 고객님은 은행의 적금이나 MMF와 같은 상품에 투자할 의사가 있으신가요? 0~10점으로 대답해 주세요.

고　객: 저는 아마도 8점 정도 되는 것 같아요.

전문가: 그러시군요. 감사합니다. 고객님의 답변이 매우 도움이 됩니다. 첫번째 질문에서 주식시장 참여의사를 여쭈었을 때는 5점 정도 된다고 말씀하셨고, 은행상품에 대한 구매의사는 8점 정도 된다고 말씀하셨어요.

고　객: 네, 맞습니다.

전문가: 고객님께서는 주식에 대한 투자 혹은 주식시장의 참여 의사에 대하여 5점이라고 높게 응답해 주셨는데요, 4점이 아니고 5점으로 대답하신 이유가 있으신가요?

고　객: (웃음) 저는 5점이 낮다고 생각했는데, 낮은 게 아니라고 말씀해 주시니 다행이네요. 제가 4점이 아닌 5점이라고 답한 이유는 주식에 투자하면 원금 손실을 볼 수 있기 때문에 위험하다고 생각해서입니다. 하지만 주식 투자를 하게 되면 투자 이득을 볼 수 있기 때문이기도 합니다. 저는 다른 사람들이 주식시장에서 돈을 벌고 부자가 되는 것을 보고만 있고 싶지는 않거든요.

전문가: 네, 무슨 뜻인지 알겠습니다. 말씀해 주셔서 감사합니다. 그러면 제가 한 가지만 더 여쭙겠습니다. 역시 0점은 전혀 의사가 없다는 것이고 10점이 그렇게 할 의사가 매우 크다는 것입니다. 혹시 고객님께서는 자산을 주식과 은행상품에 50:50으로 나누어 투자하실 의향이 있으십니까? 0~10점으로 답변해 주세요.

고　객: 흠, 이전에는 그렇게 생각해 본 적이 없는데요… 지금 물어보시니 한 8점 정도 됩니다.

전문가: 알겠습니다. 그럼 다시 정리해 보면 고객님은 자산의 50%를 주식시장에 투자하고 50%를 은행상품 즉 현금상품에 투자하는 것에 대한 의향이 매우 높으신 것이죠? 맞나요?

고　객: 네, 맞아요. 그렇게 해도 좋을 것 같습니다.

이 예시에서 보여주듯이 척도형 질문은 전문가와 고객의 관계가 어떠한 수준이든 상관없이 거의 모든 상황에서 사용될 수 있다. 재무금융전문가가 각 질문을 제시하는 방식에 따라서 고객과의 대화는 더 깊은 수준으로 이어질 수 있다. 이러한 질문은 고객의 목표를 설정하고, 전문가의 제안을 실행하고, 고객과 전문가의 관계를 더 깊게 하는 과정에서 활용될 수 있다. 또한 척도형 질문을 활용하여 전문가는 고객이 척도의 상위단계로 한 단계씩 올라갈 수 있도록 도울 수 있다. 앞에서 제시한 예시처럼 셰리는 본인의 재무상황에 대하여 느끼는 감정을 5점에서 6점으로, 6점에서 7점으로, 그리고 점점 더 높은 수준으로 향상시킬 수 있을 것이다. 고객으로 하여금 자신이 느끼는 현재의 감정을 이야기하도록 하고 왜 그 점수인지를 설명하도록 함으로써, 전문가는 재무설계 과정의 긍정적인 면을 강화시키고, 고객과의 지속적인 관계를 효과적으로 이어나갈 수 있다.

요 약

재무설계 상황에서 질문하기는 고객으로 하여금 대답을 하도록 하는 동시에 고객의 반응도 이끌어 낸다. 반응은 긍정적일 수도 있고 부정적일 수도 있다. 재무금융전문가는 질문하기의 방법을 심사숙고하여 준비해야 한다. 준비한 질문을 실수 없이 수행해야 하며, 각 질문에 대한 고객의 반응을 지속적으로 살펴보아야 한다. 이러한 관찰은 고객과 재무금융전문가의 관계를 한층 발전시킬 수 있는 것이다. 질문하기의 유형이 무엇이든지 간에 전문가는 아래에 제시한 소머스-플래내건과 소머스-플래내건(Sommers-Flanagan and Sommers-Flanagan)[10]의 질문하기 가이드라인을 따라야 한다.

1. 가장 우선적으로 고객에게 상담이 어떻게 진행될 것인지를 알려야 한다. 즉, 고객에게 몇 가지 질문을 할 것이고 고객은 이에 대하여 응답을 해야 한다는 사실을 알려야 한다.
2. 질문의 순서가 이미 전부 준비되었다고 하더라도 고객의 답변이 대화의 흐름을 이끌도록 해야 한다. 즉, 전문가는 질문을 하는 동안에 자

신의 듣기 기술을 우선적으로 사용해야 한다는 것이다.

3. 질문은 고객이 가지고 있는 니즈나 상황과 연결해야 한다. 고객에게 집중하고 고객을 우선적으로 생각해야 한다는 것이다
4. 질문하기는 정보획득에 이용함과 동시에 고객으로 하여금 재무설계 과정에 집중할 수 있도록 활용해야 한다.
5. 고객의 민감한 부분에 대한 정보를 얻는 경우에는 특히 주의를 기울여야 한다. 전문가에게는 그다지 민감하거나 중요하지 않게 보이는 사항도 고객에게는 매우 중요하고 민감한 것일 수 있다. 사회경제적 지위, 성별에 대한 선호, 개인 혹은 가족의 어려운 점 등은 매우 주의 깊게 공감하며 접근해야 한다.

단원 정리 문항

1. 질문하기를 통하여 고객과 전문가의 관계를 통제하고자 하는 재무금융전문가가 사용해야 하는 방법은?
   a. 개방형 질문
   b. 폐쇄형 질문
   c. 척도형 질문
   d. 간접 질문
2. '예' 또는 '아니오'로 응답할 수 있지만 보다 깊은 수준의 대화로 이끌 수 있는 질문하기 방법은?
   a. 개방형 질문
   b. 척도형 질문
   c. 흔들기 질문
   d. 투영 질문
3. "만일 당신이 새로운 세법안을 제시한다면 어떠한 내용을 포함하시겠습니까?"와 같은 질문은 어떤 유형의 예인가?
   a. 투영 질문
   b. 흔들기 질문
   c. 간접 질문
   d. 척도형 질문
4. 재무설계 상담을 하는 동안에 전문가는 고객이 재무상태에 대하여 스트레스를 받고 있다는 것을 감지하였다. 전문가는 고객의 스트레스가 어느 정도인지를 측정하고자 하는 목적을 가지고 있다. 이러한 상황에서 가장 적합한 질문하기 방법은?
   a. 투영 질문하기
   b. 폐쇄형 질문하기
   c. 간접 질문하기
   d. 척도형 질문하기
5. "제가 고객님이 가지고 계신 계좌 2개를 하나로 합하여 보고서 작성을 해도 괜찮겠습니까?"와 같은 질문은 어떤 유형에 속하는가?

a. 개방형 질문
b. 흔들기 질문
c. 투영 질문
d. 간접 질문

6. 때때로 전문가는 “언제 별장을 구입하실 계획이십니까?”라는 질문 대신에 “앞으로 휴가에 대한 계획은 어떠신지 궁금합니다”라고 질문하는 경우가 있다. 이러한 질문 방식은 무엇인가?
   a. 폐쇄형 질문
   b. 흔들기 질문
   c. 투영 질문
   d. 간접 질문
7. 재무금융전문가가 고객에게 “오늘 상담이 끝날 때까지 고객님께서 달성하고 싶은 목표가 2개 있다면 어떤 것일까요?”라고 질문했다면, 어떤 유형의 질문인가?
   a. 개방형 질문
   b. 흔들기 질문
   c. 투영 질문
   d. 간접 질문
8. 척도형 질문을 한 후에 활용할 수 있는 것으로 가장 적절한 것은?
   a. 왜 그렇게 낮은 점수를 답하셨는지 말씀해 주시겠어요?
   b. 왜 7점이 아니고 5점인지 말씀해 주시겠어요?
   c. 왜 점수가 그렇게 높은지 말씀해 주시겠어요?
   d. 그럼 그 질문에 대한 답을 10점으로 만들기 위해서 무엇이 필요할지 말씀해 주시겠어요?
9. 개방형 질문은 고객으로 하여금 더 많은 정보를 제공하도록 만드는 질문이다. 다음의 개방형 질문 중 고객으로 하여금 전문가가 자신을 조종하려고 한다는 느낌을 받도록 하는 질문은 무엇인가?
   a. 고객님께서는 왜 퇴직연금 기여금을 증액하지 않으셨지요?
   b. 포트폴리오의 성과에 대하여 어떻게 생각하시는지요?
   c. 언제 다시 상담하시기를 원하시나요?

d. 은퇴 이후에 어디에서 거주하는 것을 선호하시는지요?

10. 가장 바람직한 질문의 방법은?

Ⅰ. 고객으로 하여금 자신의 재무 설계안의 각 영역에 집중하도록 도와주는 것이다.

Ⅱ. 전문가가 정보를 획득하도록 도와주는 것이다.

Ⅲ. 전문가로 하여금 대화의 진행을 원활하게 하도록 도와주는 것이다.

a. Ⅱ

b. Ⅰ과 Ⅱ

c. Ⅱ와 Ⅲ

d. Ⅰ, Ⅱ와 Ⅲ

11. 아래의 각 단어(1~8)와 각 단어가 가장 잘 활용되는 질문의 유형(a~e)을 연결해보자.[12]

1. 무엇
2. 궁금합니다.
3. 왜
4. ~ 입니까?
5. ~ 하였습니까?
6. ~ 하실 수 있으십니까?
7. 어떻게
8. 만약에

a. 개방형 질문
b. 폐쇄형 질문
c. 흔들기 질문
d. 간접 질문
e. 투영 질문

12. 아래 각 질문 유형에 대하여 두 가지씩 예시를 만들어 보자.

a. 개방형 질문
b. 폐쇄형 질문
c. 간접 질문
d. 투영 질문
e. 흔들기 질문

13. 상대방이 원하는 주제의 이야기를 시도해보자. 대화의 주제가 반드시 재무설계일 필요는 없고 상대방이 원하는 주제라면 스포츠에 대한 이야기여도 상관이 없다. 먼저 당신이 몇 가지 폐쇄형 질문을 함으로써 대화를 시작하자. 우선 폐쇄형 질문을 2~3개 정도 한 이후에는 질문의 방식을

개방형과 흔들기 질문으로 바꾸어 보자. 이 연습을 한 후에 아래 질문에 대하여 답하여 보자. (1) 대화의 상대방이 폐쇄형 질문에 조금 더 긍정적 혹은 부정적으로 답변하였는가? (2) 어떤 질문방식이 가장 많은 정보를 얻을 수 있는 질문방식이었는가? (3) 어떤 질문방식이 상대방으로 하여금 가장 편하게 답변할 수 있도록 하였는가?

14. 상대방과 시사와 관련된 주제나 뉴스 토픽에 관하여 대화해 보자. 대화의 주제가 될 시사문제나 뉴스와 관련하여 척도형 질문을 만들어 보자. 예를 들면, "현재 진행되고 있는 보유세 인상에 대한 당신의 의견은 0점 매우 반대한다, 10점 매우 찬성한다 중 어느 정도입니까?" 이 질문에 대한 상대방의 대답을 듣고 다음의 질문을 해 보자. "그런데 왜 그렇게 높은 점수를 부여하였습니까?" 상대방의 답변에 비추어, 척도형 질문이 개인의 의견을 잘 알아낼 수 있는 질문방법인지를 평가해 보자.
15. 4장에서 학습하였던 침묵과 본 장에서 학습한 질문하기의 관계를 생각해 보자. 당신이 질문을 받았다면 대체로 얼마나 빨리 대답을 해야 한다고 생각하는가? 대부분의 사람들은 일상적인 대화에서 질문에 대하여 즉각적으로 대답을 해야 한다고 말한다. 고객 또한 그러한 생각을 가지고 있을 것이며, 특히 재무금융전문가가 침묵에 대하여 불편함을 느끼고 있다는 인상을 받는 경우에는 더욱 더 빨리 답해야 한다고 느낄 것이다. 침묵과 질문하기는 매우 중요한 커뮤니케이션 기술이며 특히 침묵과 질문하기의 상호작용은 매우 중요하다. 그렇다면 이 두 가지를 어떻게 조합하여 사용하는 것이 유용한 정보를 얻고 고객과 친밀한 관계를 형성하는 가장 좋은 방법일지를 생각해 보자.
16. 다른 사람들과의 모임이 있는 경우 그 모임의 사람들이 어떻게 상호작용하는지를 살펴보도록 하자. 사람들과의 상호작용에 적절히 참여해서 자연스러운 대화를 이어가도록 함과 동시에 사람들이 어떻게 질문하고 어떻게 답변하는지를 조심스럽게 관찰해 보자. 어떠한 질문 방식이 가장 긍정적인 반응을 불러오는지 어떤 방식이 가장 부정적이고 불편한 반응을 불러오는지를 관찰해 보자. 커뮤니케이션 기술을 기르고 재무금융전문가로서 보다 효과적으로 업무를 수행하기 위해 쌓아야 할 역량 중에는 관찰의 역량이 있다는 것을 명심하자.

주

1. J. T. Dillon, *The Practice of Questioning: International Series on Communication Skills* (London: Routledge, 1990).
2. J. T. Dillon, "Student Questions and Individual Learning," *Educational Theory* 36 (1986): 333-341.
3. J. Sommers-Flanagan and R. Sommers-Flanagan, *Foundations of Therapeutic Interviewing* (Needham Heights, MA: Allyn & Bacon, 1993).
4. 소머스-플래내건과 소머스-플래내건(Sommers-Flanagan and Sommers-Flanagan)에 의하면 폐쇄형 질문을 개방형 질문으로 바꾸거나 개방형 질문을 폐쇄형 질문으로 바꾸는 것은 상대적으로 쉽다고 한다. 예를 들면, "소득세 공제가 어떻게 적용되는지 아시나요?"라고 질문할 것을 "소득세 공제를 다른 사람에게 설명한다면 어떻게 설명하시겠나요?"라고 질문하는 것은 더 유용할 수 있다. 첫 번째 질문은 '네' 혹은 '아니오'로 간단하게 답변할 수 있는 질문이지만 두 번째 질문은 설명을 요구하는 질문이다.
5. S. C. Shea, *Psychiatric Interviewing: The Art of Understanding* (Philadelphia: W. B. Saunders, 1988)
6. J. Sommers-Flanagan and R. Sommers-Flanagan, *Foundations of Therapeutic Interviewing* (Needham Heights, MA: Allyn & Bacon, 1993)
7. S. de Shazer, *Clues: Investigating Solutions in Brief Therapy* (New York: Norton, 1988).
8. I. K. Berg and S. de Shazer, "Making Numbers Talk: Language in Therapy," in *The New Language of Change: Constructive Collaboration in Psychotherapy*, ed. S. Friedman (New York: Gilford Press, 1993).
9. P. De Jong and I. K. Berg, *Interviewing for Solutions*, 3rd ed. (Belmont, CA: Thomson Higher Education, 2008).
10. J. Sommers-Flanagan and R. Sommers-Flanagan, *Foundations of Therapeutic Interviewing* (Needham Heights, MA: Allyn & Bacon, 1993)

제 6 장

비지시적 커뮤니케이션

커뮤니케이션 연속체

〈그림 6.1〉에 제시되어 있는 커뮤니케이션 연속체에 대해 생각해 보자. 〈그림 6.1〉은 고객과 재무금융전문가가 만나서 상담을 할 때, 전문적인 상담과정이 그들 간에 어떻게 다르게 적용되는지를 보여준다.[1] 커뮤니케이션 연속체의 상단에는 고객의 입장에 초점을 둔 커뮤니케이션이 위치한다. 여기에서 사용되는 커뮤니케이션 기술은 태도와 행동 정보를 이끌어 내고, 고객과 재무금융전문가 사이에 개방적 대화와 토론을 촉진하는 것을 목적으로 한다. 연속체의 하단에는 재무금융전문가의 입장에 초점을 둔 커뮤니케이션이 위치한다. 커뮤니케이션의 초점이 상단에서 하단으로 이동함에 따라 무엇에 역점을 두느냐가 달라지게 된다. 즉, 고객 중심의 커뮤니케이션으로부터 재무금융전문가에 의해 고객의 행동에 영향을 미치는 커뮤니케이션으로 변화하게 되는 것이다.

〈그림 6.1〉에 제시된 개념을 쉽게 설명하면 다음과 같다. 비지시적 커뮤니케이션(nondirective communication)은 고객들이 재무적 꿈이나 열망, 인생에서 이루고자 하는 목표 등에 대해 마음을 터놓고 얘기하도록 독려하는 것을 목적으로 한다. 그에 반해, 지시적 커뮤니케이션(directive com-

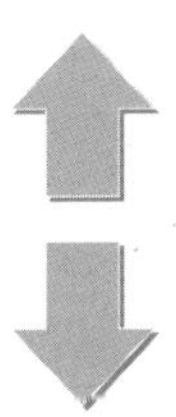

그림 6.1 ❙ 커뮤니케이션 연속체

munication)은 고객들이 해결책을 찾을 수 있도록 유도하는 것에 좀 더 초점을 둔다.

이 책에서는 비지시적 커뮤니케이션 전략과 접근방법을 어떻게 활용해야 할 것인가에 대해 이미 많은 논의를 했다. 침묵의 방법을 활용하거나 척도형 질문을 사용하는 것은 비지시적 커뮤니케이션 방법의 한 예이다. 이러한 기술은 거의 대부분 고객과 재무금융전문가 간의 대화를 촉진하기 위해 사용된다. 상담사나 치료사들은 이러한 커뮤니케이션 기술을 관심 기울이기 행동(attending behavior)이라고 한다. 본 장에서는 비지시적 커뮤니케이션의 다양한 예를 다루고, 지시적 커뮤니케이션에 관한 논의는 제7장에서 다루고자 한다. 다음에서 설명하는 것처럼, 이러한 순서를 따르는 데에는 목적이 있다.

거의 모든 재무금융전문가들은 지시적 커뮤니케이션 전략을 사용하도록 교육을 받아왔다. 즉, 재무금융전문가들은 고객이 도움을 요청하면, 고객들이 인생에서 무언가를 바꾸고 싶어한다는 신호로 받아들이고, 또 바꿀 필요가 있다고 보는 경향이 있다. 그래서 재무설계 및 상담 업무를 하는 금융회사나 기관에서는 직원들이 고객에게 재무적 해결책을 제시할 수 있는 전문가가 되기를 기대한다. 사실 이것은 재무설계 과정의 요소들에도 적용이 된다. 재무설계 과정에서 분석을 하고, 조언이나 추천을 하고, 전략을 수행하는 것은 모두 본질적으로 지시적인 행위이다. 재무설계 과정의 각 단계를 진행하는 동안 재무금융전문가들은 고객의 재무목표를 달성할 수 있는 최적의 해결책을 제시하기 위해 전문지식이나 전문적 판단을 동원한다. 사실 이것이 재무설계의 핵심이라고 주장하는 사람도 있으나, 이에 대해서는 반론의 여지가 있다.

재무금융전문가들은 매우 목표 지향적이고, 행동 지향적인 경향이 있다. 그들의 선호와 지식을 근거로 하여, 해결방안을 도출하는 데에 초점을 둔다. 재무금융전문가가 출연하여 청취자들의 질문에 답변을 해 주는 주말 라디오 토크쇼를 생각해 보자. 라디오 토크쇼의 특성상, 청취자의 정보를 얻을 수 있는 시간은 단 몇 분에 불과하다. 그러나 청취자의 정보를 빨리 정리해서 공감해 주어야 하고, 청취자들이 그 라디오 토크쇼를 계속해서 듣게 할 수 있을 만큼 시의적절하면서도 흥미 있는 해결책을 제공해 주어야 한다. 이렇게 상당한 압박이 있는 환경에서 라디오 토크쇼를 진행하는 재무금융전문가는 문제에 대한 해결책을 개발하고 제안하는 것을 매우 잘 하는 경향이 있다.

해결방안의 도출에 도움이 되는 고객의 정보를 신속하게 파악하고, 이를 효율적으로 활용하는 능력은 일종의 자산이다. 그러나 이러한 기술은 주어진 고객의 정보가 질 높은 것일 때에만 가치가 있다. 만약 재무금융전문가가 해결방안을 이끌어내기 위해 활용하는 정보가 결함이 있거나 불완전한 것이라면, 그 결과로 얻게 되는 재무계획이나 재무설계 제안, 실행전략은 최적의 선택이 아닐 수 있다. 재무설계가 실패할 가능성이 높다는 의미이다. 따라서 재무금융전문가들은 커뮤니케이션 연속체 중 어느 위치를 선호하든지에 관계없이 비지시적 커뮤니케이션 기술을 잘 이해하는 것이 필요하다. 재무설계 과정의 측면에서 볼 때, 비지시적 커뮤니케이션은 '고객과의 관계 정립', '정보의 수집', '고객 상황에 대한 지속적인 모니터링'과 가장 밀접하게 관련이 있다. 고객의 신뢰와 적극적 참여를 이끌어내는 재무설계 과정을 진행하기 위해서는 위의 세 단계에서 재무금융전문가들이 고객과의 열린 대화를 얼마나 잘 이끌어가는가가 매우 중요하다.

비지시적 커뮤니케이션의 필요성

이 책에서는 비지시적 커뮤니케이션의 역할을 강조한다. 앞서 다루었던 관심 기울이기 행동에 대한 논의로 돌아가 보자. 눈을 마주치고, 적절하게 고개를 끄덕이고, 고객의 몸짓이나 행동을 미러링(mirroring)하는 것과 같은 비언어적 커뮤니케이션 기술을 사용하는 것이 고객의 능동적 참여와 신뢰를 증진시키는 방법으로 제시되었다. 또 다른 측면의 비지시적 커뮤니케이션은 침묵의 효과적인 사용과 기본적인 질문 방법을 포함한다. 간단히 말하면, 비지시적 커뮤니케이션의 목적은 고객과 전문가가 재무관련 주제를 보다 쉽게 논의할 수 있도록 하는 것이다.

때때로, 수년간의 경험을 가진 재무금융전문가뿐 아니라, 재무금융 분야에서 전문가가 되고 싶어하는 사람들도 비지시적 커뮤니케이션이 너무 많은 시간과 번거로움을 초래한다고 생각한다. 일부 재무금융전문가들은 고객의 문제를 파악하고는 바로 해결책을 찾는 것으로 건너뛰려고 한다. 이러한 경향은 특히 초보 전문가들에게서 나타난다. 만약 고객의 현안[2]을 쉽게 파악하고 분석할 수 있다면, 이러한 방법이 적절할 수 있다. 그러나 불행히도 그러한 경우는 매우 드물다. 다음의 상황을 고려해 보자.

> 신혼부부가 시장 상승기에 재무금융전문가에게 도움을 청하였다. 재무금융전문가와의 첫 만남을 시작하자마자 남편은 본인과 아내가 주식시장에 투자하고 싶다고 말하였다. 전문가는 부부의 이야기를 주의 깊게 듣고 비언어적 커뮤니케이션 기술을 효과적으로 사용하여 고객의 목표가 무엇을 의미하는지 메모하였다. 이러한 상담내용을 바탕으로 남편과 아내의 위험수용성향을 평가하고, 그 외의 정보를 수집하여 고객파일을 작성하였다. 인사말과 소개에 걸린 시간을 제외하고, 비지시적 커뮤니케이션에 소요된 시간은 약 30분 정도였다. 상담내용을 토대로, 재무금융전문가는 고객이 정한 재무목표를 달성하는 데에 도움이 되는 포트폴리오를 도출하였다.

이 이야기는 재무설계 실무에서 자주 있는 일이고, 이 책의 저자 중 한 명이 재무금융전문가로서의 업무 초기에 경험한 사례이다. 남편과 아내가 함께 주식시장에 투자를 하고싶어 한다는 남편의 말도 사실이었고, 그들이 목표달성을 위해 어느 정도의 리스크를 감수할 의향이 있다고 작성한 것도 사실이었다. 그러나 알고 보면 이 부부는 마음속에 완전히 다른 목표를 가지고 있었고, 그러한 내용을 전문가와의 상담에서 전혀 드러내지 않았다. 다음은 아내가 말하고 싶었으나 하지 않은 말이다.

> "남편은 매일 직장 동료들이 주식투자를 통해 얼마나 많은 돈을 벌었는지 듣고 와요. 그래서 집에 오면 늘 우울해 합니다. 우리는 모든 돈을 다 은행에 저축하고 있기 때문이죠. 예금 금리가 계속 낮아져서 우리의 이자 수입도 점점 줄고 있어요. 다른 사람들은 모두 돈을 벌고 있는데 우리만 돈을 잃고 있어요! 우린 어떻게 해야 하죠?"

아내의 속마음은 비지시적 커뮤니케이션 기술이 효과적으로 사용될 때 얻을 수 있는 정보이다. 또한 재무금융전문가가 고객과의 상담에서 최적의 결과를 이끌어내기 위해 알아야 하는 중요한 정보이기도 하다. 전문가는 부부가 원했던 포트폴리오를 제안함으로써, 이 부부의 걱정을 해결해 줄 수 있을 것으로 기대했지만, 실제로는 다음과 같은 상황이 발생했다. 약세시장이 이어지자 이 부부는 바닥권에서 주식을 처분하였고, 이후 몇 년 동안 주식투자를 하지 않았다. 만약, 재무설계 과정 중 자료수집 단계에서 비지시적 커뮤니케이션 전략을 효과적으로 사용했다면, 이 부부가 느낀 재무 스트레스를 최소화할 수 있었을 것이다.

이 사례에서, 초보 재무금융전문가는 고객에게 결과를 제공하는 것에 치중했다는 것을 알 수 있다. 목표에 대한 동기와 관련된 감정을 분석하는 데에 초점을 두기보다는, 남편이 말한 내용을 있는 그대로 받아들여, 단지 고수익을 기대하는 것으로 해석하였다. 그러나 결과적으로 그 부부가 원했던 것은 좋은 투자성과만은 아니었다. 직장 동료나 친구들과 비교하여 본인들이 현명하게 돈을 관리하고 있다는 것을 확인하고 이를 통해 안도감을 얻고, 자산을 안전하게 관리하는 것에 더 관심이 있었던 것이다. 이 사례의 초보 재무금융전문가에게 "비지시적 커뮤니케이션 기술을 더 효과적으로 사용해 보라"고 말하고 싶다. 왜냐하면, 비지시적 커뮤니케이션이 관심 기울이기 행동과 결합되면 무엇이 고객의 질문과 니즈를 이끌어내는가를 알 수 있기 때문이다.

비지시적 커뮤니케이션의 성과

재무설계 과정 중 '고객과의 관계 정립'과 '자료 수집' 단계에서 재무금융전문가가 알아야 할 것은 무엇일까? 광범위한 관점에서 볼 때, 가장 중요한 정보는 고객이 재무금융전문가와의 관계가 향후에도 지속적으로 발전할 것이라고 믿는지의 여부이다. 전문가 입장에서는, 고객이 자신이 제공하는 재무설계 및 상담에 적합하다고 확신하는 것이다. 비지시적 커뮤니케이션 기술은 재무금융전문가가 이러한 부분을 판단할 수 있는 가장 좋은 방법이다. 실무적인 수준에서는 재무금융전문가가 고객의 현재 재무행동, 예상되는 행동, 태도 및 감정과 관련하여 높은 수준의 정보를 얻어야 한다. 그러나 이러한 정보를 얻는 것이 쉽지는 않다. 고객이 돈과 개인의 재무적 사안에 대해 어떻게 생각하고 행동하는지에 대해 더 잘 이해하기 위해서는 비지시적 커뮤니케이션 전략을 활용하는 것이 필요하다.

표면적으로는 대부분의 재무설계 주제가 매우 정량적인 것처럼 보인다. 예를 들어, 은퇴자의 자산 포트폴리오 구성, 인출률 결정, 은퇴소득 배분전략 등은 온전히 재무제표 관점에서 작성할 수 있다. 그러나 이러한 포트폴리오 제안서나 전략이 반드시 실행으로 이어지는 것은 아니고, 고객들이 제안서에 있는 가정에 맞춰 본인의 미래 행동을 조정하지 않을 수도 있다. 재무금융전문가의 제안서가 개념적으로 최적화된 것일지라도, 고객이 제안 내용을 실행하지 않고 유지하지 않는다면 의미가 없다. 재무의사결정을 다루고 있는 많은 학술문헌에서는, 재무설계 과정에서 기술적 또는 양적 특성에 중점을 둔 재무금융전문가가 실제로 재무설계 실행과 관련된 중요한 요소들을 놓치는 경우가 있다고 지적하였다. 고객과 재무금융전문가의 관계를 오랫동안 유지하고자 한다면, 고객이 돈, 재무적 전망, 금융시장 등에 대해 어떤 생각을 가지고 있는지를 이해하는 것이 기술적, 양적인 정보를 분석하여 제시하는 것만큼 중요하다.

고객의 감정을 파악하는 것은 비지시적 커뮤니케이션의 1차적 성과이다. 1970년대 중반, 이자드(Izard)[3]는 고객과의 상담을 통해 파악한 10가지의 감정에 대해 설명하였다. 아래에 제시된 감정들은 거의 모든 고객들이 재무설계 과정에서 보여주는 감정이다. 또한 재무금융전문가가 고객의 행동에 대해 느끼는 감정이기도 하다.

1. 기쁨
2. 흥분
3. 놀람
4. 괴로움, 스트레스
5. 분노
6. 혐오
7. 경멸
8. 두려움
9. 수치심
10. 죄책감

일부 재무금융전문가들에게는 감정적인 고객들이 금전문제에 어떻게 반응할지를 생각하는 것이 긴장되는 일일 수 있지만, 그럼에도 불구하고 감정이 거의 모든 재무의사결정을 이끌어낸다는 것을 인정해야 한다.[4]

앞서 주식투자를 시작하고 싶어 했던 신혼부부의 이야기를 다시 생각해 보자. 초보 전문가는 고객이 부분적으로는 감정적인 필요에 의해 도움을 청했다는 것을 직관적으로 인지하였다. 문제는 남편이 더 큰 수익을 원했던 것을 부부가 현재 가지고 있는 포트폴리오보다 더 매력적인 대안을 찾는 감정적인 신호라고 혼동했고, 그 대안으로 주식을 사고 싶어한다고 생각했다는 것이다. 당시 이 고객은 흥분된 상태였을 수도 있지만, 동시에 고통, 공포, 죄책감을 느꼈을 수도 있다. 재무금융전문가가 돈과 투자에 관한 고객의 태도와 감정을 더 깊이 파고 들었다면, 손실에 대한 아내의 두려움과 자신의 동료보다 무능하다고 느낀 남편의 수치심을 확인해 낼 수 있었을 것이다. 이 정보는 분명히 재무금융전문가가 도출한 포트폴리오와 고객과의 관계 모두에 지속적으로 영향을 미쳤을 것이다.

지금부터는 재무금융전문가가 사용할 수 있는 네 가지 비지시적 커뮤니케이션 기술에 대해 알아보기로 하겠다. 재무금융전문가가 명료화(clarification), 요약화(summarization), 반영(reflection), 바꾸어 말하기(paraphrasing)와 같은 커뮤니케이션 기술을 자유자재로 사용할 수 있다면, 그는 각 고객의 행동성향, 태도 및 감정 등에 대해 가치 있는 통찰력을 얻게 된다.

명료화 (Clarification)

명료화는 비지시적 커뮤니케이션의 가장 기본적인 유형이다. 명료화는 고객이 말하거나 행동하는 것을 다시 확인하는 데 사용된다. 다음과 같이 말함으로써 명료화할 수 있다.

> "제가 올바르게 들었는지 확인하고 싶습니다. 방금 말씀하신 내용을 다시 한번 말씀해 주시겠어요?"

명료화는 유용한 도구임에 틀림없지만, 남용하지 않도록 각별히 주의해야 한다. 재무금융전문가가 상담 중에, 지속적으로 고객에게 되풀이하여 말하도록 요청한다면 역효과가 발생할 수 있기 때문이다. 재무금융전문가는 추가정보를 얻을 수 있겠지만, 고객은 재무금융전문가가 본인의 말을 제대로 듣지 않고 있다고 생각할 수 있다. 이는 고객의 신뢰와 적극적 참여를 저하시키게 된다.

소머스-플래내건과 소머스-플래내건(Sommers-Flanagan and Sommers-Flanagan)[5]은 좀 더 복잡한 형태의 명료화에 대해 설명하였다. 그들은 이중질문(double-question) 기술을 사용할 것을 제안하였다. 그들은 이를 "이중질문에 내재된 재진술"(p. 66)이라고 표현했다. 아래는 이중질문의 예시이다.

> "재무설계저널에 기사가 나오기 전에 주식을 파셨나요? 아니면 그 이후에 파셨나요?"

초보 전문가가 신혼부부와 상담할 때의 상황으로 돌아가 보자. 이중 질문 명료화는 주식투자를 시작하고 싶다는 고객의 욕구를 더 잘 이해할 수 있도록 도와주었을 것이다. 재무금융전문가는 고객에게 아래와 같이 물어볼 수 있었다.

> "주식 투자를 하고자 하는 이유가 단지 높은 수익률 때문인가요? 아니면 뭔가 다른 이유가 있나요?"

만약 이와 같은 질문을 했다면, 아내는 상대적으로 위험이 낮은 자산을 고위험증권으로 바꾸는 것이 단지 높은 수익률 때문만은 아니고, 여러 가지 요소들을 고려한 결과라고 답했을 것이다.

요약화 (Summarization)

강연자는 주로 연설이나 발표의 마지막에, "자, 이제 요약을 하겠습니다" 또는 "요약하자면…"과 같은 말을 한다. 그러나 연설이나 강연과 달리, 재무상담과 재무설계 과정에서는 일반적으로 고객의 얘기가 끝날 때마다 요약화를 한다. 요약진술(summary statement)은 고객의 목표와 희망사항을 명료화하기 위해 사용되는 도구이다. 요약화는 종종 바꾸어 말하기(paraphrasing)와 혼동되기도 한다. 바꾸어 말하기에 대해서는 본 장(제6장)의 뒷부분에서 다루기로 하겠다.

요약진술은 대화 과정에서 공유된 내용을 간단하게 정리한 것이다.[6] 반면, 바꾸어 말하기는 다른 사람이 말한 내용을 자신의 언어루 다시 진술하는 것이다. 아래의 내용은 앞서 살펴본 신혼부부 사례를 근거로 한 효과적인 요약진술의 예시이다.

전문가: "저는 고객님의 고민이 무엇인지 완전히 이해하고 싶습니다. 고객님께서는 금리 하락과 그것이 고객님의 포트폴리오에 미치는 영향에 대해 걱정하고 계십니다. 그리고 현금을 주식으로 옮기고 싶어하시지요. 우리가 얘기한 내용이 이것이 맞지요?"

이와 같은 요약진술을 하면, 고객은 두 가지 기본적인 응답 중 하나를 답할 것이다. 첫 번째는 "네, 정확하게 맞습니다"이고, 두 번째는 고객의 혼란 또는 명료화로 표현될 것이다. 신혼부부의 사례에서 이러한 유형의 요약진술을 했다면, 아마 아래와 유사한 응답을 얻을 수 있었을 것이다.

남 편: 네, 맞습니다.
아 내: 잠깐만요. 저는 완전히 맞지는 않다고 생각해요.
전문가: 무슨 뜻이신지요?
아 내: 우리가 돈을 은행에서 주식투자로 옮겨야 한다는 것은 알고 있어요. 하지만 솔직히 말하면, 많이 불안해요.
전문가: 네, 알겠습니다. 아내분의 말씀이 많이 도움이 되었네요. 높은 수익률을 얻고 싶기는 하지만, 주식투자의 위험에 대해 걱정이 되시는 거죠? 맞나요?
아 내: 네, 맞아요.
남 편: 저는 제가 지금까지 그렇게 말해 왔다고 생각했는데요.

위의 예시에서 알 수 있듯이, 요약진술은 고객과 재무금융전문가의 대화 과정의 여러 단계에서 사용될 수 있다. 쉽게 말하면, 요약진술은 대화과정에서 나온 핵심 내용을 고객에게 다시 들려주는 것이라고 생각하면 된다. 그러나 "요약하겠습니다. 첫째, 고객님은 더 높은 수익을 원합니다. 둘째, 고객님은 주식에 관심이 있습니다. 셋째, 고객님은 투자위험에 대해 걱정하고 있습니다"와 같이 말하는 것보다는, 형식적으로 느껴지지 않게 하는 것이 바람직하다.

요약화가 핵심사항을 열거하는 것은 맞지만, 형식적이고 구체적인 목록을 만들면, 실제 상황과 관련이 없을 수도 있는 주제에 집중하게 되는 결과를 초래하기도 한다. 형식에 구애받지 않는 목록도 고객을 적극적으로 참여하게 만들고, 고객이 말하지 않은 내용에 대해 생각하도록 해주기에 충분하다. 오히려 장래의 대화가 더욱 협력적으로 이루어질 수 있도록 도와준다. 요약진술에 대한 최고의 조언은 아마도 "고객을 지지하라"일 것이다.[7]

[시나리오 사례 6A]

시나리오 사례 6A는 재무금융전문가가 어떻게 고객의 응답을 요약 정리하여 재질문하는지를 보여준다.

고 객: 혹시 아시는지 모르겠지만 저희 기념일이 곧 다가오거든요. 그런데 제가 충분히 감당할 수 있을지 모르겠어요. 누군가 유럽에 가는 관광상품 이야기를 했는데 그건 약 한 달쯤 여행을 가는 패키지이고요, 아내가 전부터 눈여겨본 목걸이가 있거든요, 명품 목걸이인데 계속 갖고 싶다는 눈치를 주었거든요. 어쩌면 카리브해 크루즈가 더 쌀지도 모르겠고… 어떻게 해야 할지 모르겠어요.

전문가: 곧 기념일이시군요. 축하드립니다! 제가 제대로 들었는지 말씀드려볼게요. 기념일이 다가오는데 부인을 위해서 무엇인가 기억에 남을 좋은 것을 해 주시고 싶은 것이지요? 크루즈나 여행, 아니면 목걸이 등을 사고 싶은데 예산이 충분한지 알고 싶으신거죠?

고 객: 네, 맞습니다.

반 영 (Reflection)

앞서 논의한 바와 같이, 고객과 재무금융전문가가 상담 중에 논의하는 내용의 상당 부분이 감정적으로 이어지기도 한다. 재무문제, 관심사, 이슈 등에 대한 감정적인 반응은 기본적으로 예민하고 민감하다. 왜냐하면, 돈 문제는 흥분, 스트레스, 분노, 두려움, 때로는 부끄러움과 죄책감을 이끌어 내는 경향이 있기 때문이다. 고객과 친밀한 관계를 형성하고자 할 때, 고객과 감정적으로 연결되는 것이 매우 중요하다. 고객이 재무목표와 꿈에 대해 감정적으로 말하고 있는데, 재무금융전문가가 완전히 무심하게 거리를 두고 앉아있는 것은 매우 이상한 광경이다. 어쩌면 고객은 연말 보너스를 받지 못해서 화가 나 있을 수 있다. 보너스 자체가 고객의 장기적인 재무설계에 영향을 미치지는 않는다. 그러나 그의 업무성과가 회사 사람들에 의해 평균 이하로 평가되었다는 생각 때문에 분노와 의심, 불신의 감정이 생기고, 직업 안전성에 대한 걱정으로까지 이어질 수 있다. 아래의 사례는 감정적으로 격앙된 상황에서 반영의 기술을 어떻게 사용하는지에 대해 보여준다.

고 객: 정말 화가 납니다. 당신은 내가 이 순간 얼마나 격노하고 있는지 조금도 이해하지 못하실 겁니다. 연말 보너스를 기대했지만, 나오지 않았어요. 저는 올해 실적도 좋았고, 사람들과도 잘 지냈다고 생각합니다. 지금 여기서 분명히 말하는데, 나는 곧 회사를 때려치울 거예요. 내 노력을 무시하는 회사에 다닐 이유가 없습니다.

전문가: 고객님께서 이렇게까지 화가 나신 것을 본 적이 없습니다. 정말 격노하신 것 같습니다.

고 객: 맞습니다.

재무금융전문가의 응답이 상황에 대한 명료화나 요약은 아니라는 것을 기억해야 한다. 반영 진술은 단순하게, 직접적으로 고객의 감정적 언어를 반영하는 것이다. 사례에서, 고객은 화, 격노와 같은 단어를 사용했고, 재무금융전문가는 동일한 단어를 사용하여 반응했다. 이 상황은 고객이 감정적으로 격앙된 상태이기 때문에, 재무금융전문가가 이런 저런 방법으로 고객의 분노를 더 깊이 알아내거나 해석하려고 하면, 오히려 난처해질 수 있다. 반영 기술을 사용한 것은 고객의 이야기를 듣고 있고 그의 분노를 이해하고 있다는 것을 알려주기 위한 목적이었다. 이는 고객과 재무금융전문가 간에 친밀감을 형성하는 데 있어 효과적인 방법이 될 수 있다. 본인의 고통을 공감해 주는 누군가에게 화를 내는 것은 어려운 일이기 때문이다.

모든 커뮤니케이션 도구 및 기술과 마찬가지로, 반영의 기술도 과도하게 사용하거나 비효과적으로 사용할 가능성이 있다. 예를 들어, 재무금융전문가는 반영의 기술을 사용할 때, 반드시 고객이 말한 내용을 다시 말하고, 동일한 강도의 음성을 사용하도록 주의를 기울여야 한다. 반영이 지나치게 부드러우면 오히려 고객을 화나게 할 수 있다. 왜냐하면, 고객의 입장에서는 재무금융전문가가 고객의 감정을 최소화하려고 시도하는 것처럼 느껴지기 때문이다. 이처럼 반영의 기술은 신중하게 사용해야 하고, 재무금융전문가가 고객의 감정과 관심사에 대해 진심으로 공감을 할 때에만 사용해야 한다.

[시나리오 사례 6B]

시나리오 사례 6B는 초보 재무금융전문가가 반영의 기술을 사용하는 모습을 보여준다. 이 사례에서는 고객이 재무금융전문가의 반영 진술을 제대로 수신하지 못했다. 이는 접근방식 때문이다. 진심을 가지고 고객의 감정을 반영하려는 노력이 부족한 상태에서, 재무금융전문가가 시도한 반영은 부자연스러웠다. 또한 비언어적 커뮤니케이션 기술이 부적절하게 사용된 것에 대해서도 주목할 필요가 있다.

고 객: 오늘 저와 만나주셔서 너무 감사드려요.

전문가: 아닙니다. 당연하죠. 뭐가 문제이신가요?

고 객: 어젯밤에 저희 남편이 퇴근하고 집에 왔는데 분위기가 뭔가 잘 못된 것 같았어요.

전문가: 무슨 일이신데요.

고 객: 남편이 어제 직장에서 잘렸다고 하네요. 정말 어떻게 해야 할지 모르겠어요. 두려운 마음이에요. 우리집의 주택담보 대출은 제대로 갚을 수 있을지, 애들 학자금 저축도 해야 되는데, 자동차 할부도 안끝났고요… 공과금에 각종 요금에 정말 어떻게 해야 할지 모르겠어요.

전문가: 네… 이해합니다. 퇴사를 당하게 되었는데 걱정을 하지 않을 사람은 없겠지요. 하지만 지금 크게 걱정하실 필요는 없는 것으로 보입니다. 남편분은 능력이 있으신 분이죠. 그동안 쌓아온 경력도 있으시고요. 아마도 조금 시간을 가진 후에 다시 직장을 잡는데 어려움이 없으실 것입니다. 그리고 무엇보다도 고객님 가정은 충분한 비상 자금을 마련해 두었습니다. 무엇이 문제인지 모르겠네요…

바꾸어 말하기 (Paraphrasing)

고객이 말한 내용[8]을 반영하거나 이를 바꾸어 말하는 것은 매우 효과적인 비지시적 커뮤니케이션 도구이다. 들은 바를 다시 확인하는 다양한 기술들 중에서 가장 자주 사용되는 확인장치가 바꾸어 말하기이다. 이는 고객으로부터 들은 내용을 다시 말하거나(restate), 고객과 나누었던 대화 내용을 바꾸어 말하는 것(rewording)이다. 재무금융전문가의 바꾸어 말하기를 통해서, 고객은 재무금융전문가가 메시지를 잘 듣고 잘 해석하였는지 확인하게 된다.

바꾸어 말하기는 커뮤니케이션 과정에서 또 다른 중요한 역할을 한다. 다시 말하기, 바꾸어 말하기의 기술은 고객이 한 말뿐 아니라, 그 안에서 고객이 의미하고자 했던 바를 명확히 하는 데 도움이 된다. 이러한 명료화는 고객과 재무금융전문가의 대화가 비지시적인 방향으로 진행될 수 있도록 도와준다.

[시나리오 사례 6C]
시나리오 사례 6C는 고객에게 공감을 전달하기 위해 사용된, 간단한 바꾸어 말하기 기술을 보여준다.

고　객: 정말이지 주식시장 때문에 미칠 것 같아요.
전문가: 주식시장의 동향을 걱정하시는군요.
고　객: 네, 맞아요.
전문가: 걱정하시는 것에 대한 예를 들어 주실 수 있으세요?
고　객: 너무 많죠. 어젯밤에는 자다가 진땀을 흘리고 깼다니까요. 우리가 투자한 채권에서 손해를 엄청 볼 것 같아요. 이자율이 정말 요동치고 있잖아요.
전문가: 네, 채권 투자에서 손실을 볼 것 때문에 걱정이신 것인가요?
고　객: 아니요. 단지 그냥 손실을 볼 것 때문에 걱정이라기보다는 내가 애초에 투자를 하지 말았어야 했나에 대해 생각하게 된다니까요…
전문가: 네, 정말 심각하게 걱정하시는군요. 좀 더 자세하게 이야기해 보는 것이 필요할 것 같습니다.

바꾸어 말하기의 개념은 간명하다. 그러나 바꾸어 말하기 기술과 관련해서는 아래와 같이 몇 가지 규칙이 있다.

1. 재무금융전문가가 고객의 메시지 내용을 그대로 반복하려면 다시 말하기를 사용해야 한다.
2. 바꾸어 말하기는 고객의 감정을 반영하기 위해 사용되어서는 안 된다.

3. 바꾸어 말하기는 고객의 커뮤니케이션 과정을 반영하기 위해 사용되어서는 안 된다.
4. 재무금융전문가는 간단하게 요점만 짚어서, 다시 말하기를 해야 한다.
5. 바꾸어 말하기가 고객의 요점을 바꾸어서는 안 된다.
6. 바꾸어 말하기를 할 때, 고객이 말하지 않은 내용을 추가하는 것은 절대로 안 된다.
7. 바꾸어 말하기를 할 때, 재무금융전문가는 고객이 말한 것을 그대로 단순히 반복하지 않도록 주의해야 한다.

위의 목록에서 중요한 것은 7번이다. 재무금융전문가들은 내용이 너무 명백해서 바꾸어 말하기를 할 필요가 없다고 생각하는 경우가 종종 있다. 그래서 "물론 내가 고객의 말을 잘 들었어. 분명한 것을 다시 말할 필요는 없겠지"와 같이 생각한다. 그러나 효과적인 커뮤니케이션을 하는 전문가가 되기 위해서는 고객과의 대화에 비지시적인 커뮤니케이션 전략을 포함시켜야 한다는 점을 기억해야 한다. 경력이 오래된 재무금융전문가들도 때때로 고객이 말한 내용을 거의 단어도 바꾸지 않고 그대로 다시 말하는 실수를 한다. 다음 사례를 살펴보자.

전문가: 고객님께서 구매 결정을 내리는 데 있어, 두 가지 확실한 선택 대안이 있는 것 같습니다.
고 객: 아마도 그렇겠죠. 하지만 아직은 확신이 서지 않습니다. 30년 고정금리 모기지를 선택하거나 5년 변동금리 모기지를 선택해야 하는데요, 어떤 것이 더 좋을지 정말 모르겠어요
전문가: 고객님께서는 어떤 것이 더 좋을지 모르시는군요.

위와 같은 다시 말하기가 가지고 있는 문제점은 메시지 내용과 관련이 있다. 고객은 분명히 어떤 모기지를 선택하는 것이 좋을지 모르겠다고 말했지만, 사실 메시지의 내용은 더 미묘하다. 단순히 고객의 말을 그대로 반복하는 것으로는, 고객이 말하고자 하는 내용의 본질을 명확하게 파악

하기 어렵다. 아래와 같은 대안을 고려해 보자.

> 전문가: 고객님께서 구매 결정을 내리는 데 있어, 두 가지 확실한 선택 대안이 있는 것 같습니다.
> 고　객: 아마도 그렇겠죠. 하지만 아직은 확신이 서지 않습니다. 30년 고정금리 모기지를 선택하거나 5년 변동금리 모기지를 선택해야 하는데요, 어떤 것이 더 좋을지 정말 모르겠어요.
> 전문가: 그래서 고객님께서는 30년 고정금리 모기지와 5년 변동금리 모기지 중 잘못된 선택을 할까봐 걱정하고 계시는군요.

위에서 살펴본 두 가지 바꾸어 말하기 접근방법은, 내용의 길이는 거의 같지만 고객에게 전달되는 메시지가 크게 다르다. 두 번째 바꾸어 말하기의 경우, 엄격한 의미에서의 재진술은 아니지만, 의사결정과정에 대한 고객의 걱정과 두려움을 보다 정확하게 살피려고 노력하였다. 첫 번째 사례보다는 두 번째 사례에서 커뮤니케이션 기술이 더 잘 활용되었다. 왜냐하면, 고객에 대한 공감과 지지를 전달했기 때문이다.

바꾸어 말하기 유형

바꾸어 말하기 유형에는 (1) 단순한(simple) 바꾸어 말하기, (2) 감각적(sensory) 바꾸어 말하기, (3) 은유적(metaphorical) 바꾸어 말하기의 세 가지 방식이 있다.[9]

첫째, 단순한 바꾸어 말하기 기술은 이름에서도 알 수 있듯이, 내용을 재진술하는 것이다. 다음의 예시를 살펴보자.

> 전문가: 오늘 만나 뵙게 되어 반갑습니다.

고 객: 네, 저도 반갑습니다.
전문가: 지난번 전화 주셨을 때, 보험보장 내역과 관련하여 질문이 있으셨던 것 같은데요.
고 객: 그건 일부만 말씀드린 것이었어요. 제가 직장에서 새로운 건강보험 플랜을 선택해야 한다는 것을 어제 알았습니다. 잘못된 선택을 하게 될까봐 겁이 납니다. 제가 잘못 선택하면, 올해 제 딸의 의료비를 못 내게 될 수도 있거든요.
전문가: 고객님께서는 올해 건강보험 플랜을 잘못 선택하게 될까봐 걱정을 하고 계시군요, 맞나요?
고 객: 네, 맞습니다. 정말로 걱정이 됩니다.

둘째, 감각적 바꾸어 말하기는 고객이 선호하는 학습방식과 커뮤니케이션 방식에 기반하여 바꾸어 말하기를 하는 것이다. 앞선 장에서 살펴본 바와 같이, 고객들은 일반적으로 선호하는 커뮤니케이션 방식을 가지고 있다.[10] 거의 모든 사람들은 시각적, 청각적 또는 운동감각적 커뮤니케이션 방식을 선호하는 경향이 있다. 각자 선호하는 커뮤니케이션 방식을 가지고 있을지라도, 고객들은 대화를 하는 중에 감각적인 단어와 문구들을 사용하곤 한다. 그러므로 재무금융전문가는 고객과의 대화에서 나온 중요한 용어를 잘 들은 후, 바꾸어 말하기를 할 때 그와 유사한 용어를 사용해야 한다. 이러한 접근법을 적용하면, 고객들은 전문가에 대해 공감, 신뢰, 헌신 등의 감정을 더 많이 느끼게 된다. 아래의 내용은 감각적 관점에서 바꾸어 말하기를 어떻게 적용하는지에 대한 사례이다.

시각적 바꾸어 말하기(Visual Paraphrasing)

전문가: 오늘 무슨 문제가 있으세요?
고 객: 매일매일의 실제 수입과 지출에 <u>초점을 맞추어 보는 게</u> 정말로 힘이 듭니다. 지난 번 우리가 만났을 때, 저한테 매일 얼마나 지출을 하는지에 <u>초점을 맞추어 보라고</u> 하셨잖아요. 말씀드린 것

처럼, 지출 추적의 핵심이 무엇인지를 보는 것은 정말 어려운 일입니다.

전문가: 고객님께서는 재무목표에 초점을 맞추어 보기 위해, 지출 추적이 어떻게 도움을 줄 수 있는지를 보는 것을 어려워하시는군요.

청각적 바꾸어 말하기(Auditory Paraphrasing)

고　객: 저는 유언장 내용을 바꾸는 것과 관련해서 변호사와 약속을 잡아 얘기해야 한다고 스스로에게 계속 말하고 있지만, 마지막 순간에는 항상 그 약속을 어기는 것 같습니다.

전문가: 변호사와 약속을 잡아야 한다고 고객님 스스로에게 계속 말하는 것이 힘드시군요.

운동감각적 바꾸어 말하기(Kinesthetic Paraphrasing)

전문가: 그러면, 새로운 세법에서 혜택을 받기 위해 고객님의 포트폴리오를 재구성하는 것에 대해 어떻게 생각하십니까?

고　객: 뭔가 냄새가 납니다. 제가 충분히 흥분할 만큼 정부가 세법을 바로잡기 위해 무언가를 할 것이라고 느껴지지는 않아요.

전문가: 고객님께서는 새로운 세법에 대해 회의적으로 느끼시는군요. 아무래도 이상하다는 낌새를 채고 계시는군요.

셋째, 은유적 바꾸어 말하기 기술은 은유적 절차로 설명된다. 은유적 바꾸어 말하기는 익숙해지기가 가장 어려운 방식이다. 왜냐하면, 이 방식에서는 재무금융전문가가 고객의 메시지를 듣고, 의미를 해석하고, 바꾸어 말하기를 만들어 내야 하는데, 고객의 언어를 그대로 모방하면 안 되기 때문이다. 은유적 기술을 사용하는 재무금융전문가들은 고객이 의미하는 바를 신속하게 포착해야 하고, 그것을 비유(analogy) 또는 은유(metaphor)의 방법으로 다시 말해야 한다. “이것은 오르막 싸움이다”, “그것은 순조로운 항해가 될 것이다”, “여기는 더 이상 군대가 아닙니다”와 같은 문구는 은

유적 표현의 예이다. 다음의 예시를 살펴보도록 하자.

고 객: 저 스스로한테 얼마나 짜증이 나는지 몰라요. 지난주에 아내와 저는 하루 종일 가구점에서 시간을 보냈습니다. 결국 거실 소파, 안락의자, 작은 탁자를 구입했죠. 가구점 신용카드를 만들면 첫 해에는 무이자 할부가 된다고 해서, 신용카드를 새로 만들었어요. 저는 이상하게도 신용카드가 배송료와 설치비까지 면제해 준다고 생각을 했죠.

전문가: 결국은 어떻게 되었나요?

고 객: 아… 가구 구입비 청구서 외에, 배송료와 설치비가 20만원이나 나왔습니다. 그렇게 많은 돈을 내야 하는 걸 알았다면, 가구를 사지 않았을 거예요. 그렇지만, 가구를 환불할 수도 없었어요. 왜냐하면, 모든 가구가 집에 배달되기 전까지는 제가 그 청구서를 못 봤거든요. 그리고 싸울 가치도 없어 보였습니다.

전문가: 그래서 "세상에 공짜 점심은 없다"는 말이 있나봐요.

[시나리오 사례 6D]

시나리오 사례 6D는 재무금융전문가가 고객과 얘기를 나누면서, 다양한 바꾸어 말하기 유형을 어떻게 적용하는지에 대해 보여준다.

전문가: 요즘에 주식시장 상황을 어떻게 느끼고 계신가요?

고 객: 네, 지난 몇 주간 주식시장은 예측한 대로 요동을 쳤는데 지난번 선생님이 말씀해주신 것을 따르지 않았어요.

전문가: 그럼 포트폴리오를 수정하지 않으셨군요.

고 객: 네.

전문가: 지난번에 시장 상황에 대하여 매우 걱정하셨잖아요.

고 객: 네 그랬죠. 그날 밤에 집에 가서 다시 생각해 본다고 했었는데 집에서 TV 프로그램을 좀 봤거든요.

전문가: 아, 제가 주의해야 된다는 판매를 위한 선동 프로그램을 보셨군요.

고 객: 네, 그렇게 말씀하실 수도 있겠죠. 하지만 이미 그 프로그램을 보고 선생님 의견을 따르지 않았는데 그것은 다 지난일이고… 앞으로 어떻게 할지 모르겠어요. 주식시장에 남아 있어야 하는지 아닌지…

전문가: 제 의견을 물어보시는 건가요?

고 객: 네, 말씀해 주실 수 있으세요?

요 약

고객과의 상담에서, 고객에게 공감과 이해를 전하는 것이 재무금융전문가의 목표인 경우, 바꾸어 말하기와 같은 비지시적인 커뮤니케이션 도구가 사용되어야 한다. 명료화, 요약화, 반영, 바꾸어 말하기 기술을 사용하는 것은, 고객의 진술내용 및 의도를 확인하는 데 있어 특히 효과적일 수 있다. 그리고 이는 최적의 커뮤니케이션 과정에서 필수적인 요소이다.

단원 정리 문항

1. 바꾸어 말하기와 관련된 다음의 진술 중 옳지 않은 것을 고르면?
   a. 바꾸어 말하기는 고객의 진술 외에 새로운 정보를 추가해서는 절대 안 된다.
   b. 재무금융전문가가 고객이 사용한 용어를 그대로 반복해서 고객에게 다시 말할 때, 바꾸어 말하기를 사용해야 한다.
   c. 재무금융전문가는 바꾸어 말하기를 할 때, 짧게 말해야 한다.
   d. 바꾸어 말하기는 고객의 감정을 반영하기 위해 사용되어서는 안 된다.
2. 다음 중 고객이 말한 것을 확인하기 위한 과정을 설명하는 용어는?
   a. 명료화
   b. 요약화
   c. 반영
   d. 바꾸어 말하기
3. 고객이 "저의 재무상태에 대해 감을 잡고 싶어서 여기에 왔습니다"라고 말했다면, 이 고객의 감각적 선호는 무엇으로 보는 것이 적절한가?
   a. 청각
   b. 시각
   c. 운동감각
   d. 단순함
4. "고객님, 천리 길도 한 걸음부터입니다"와 같은 바꾸어 말하기 진술을 사용하는 것은 다음 중 어떤 방식에 해당하는가?
   a. 단순한 방식
   b. 감각적 방식
   c. 은유적 방식
   d. 지시적 방식
5. 다음 중 재무의사결정과 관련된 감정을 고르면?
   a. 두려움
   b. 기쁨
   c. 스트레스

d. 위의 것 모두

6. 전문가가 고객에게 “지금 말씀하신 내용에 대해 다시 한번 말씀해 주시겠어요?”라고 요청했다면, 다음 중 어디에 해당하는가?
   a. 명료화 질문
   b. 요약화 질문
   c. 반영 질문
   d. 폐쇄형 질문
7. 전문가가 고객에게 “고객님께서 얘기하신 것을 제가 완전히 이해하고 있는지에 대해 확인을 하고 싶습니다. 고객님께서는 포트폴리오의 20%를 ETF로 변경하고 싶어하시죠”라고 말했다면, 다음 중 어디에 해당하는가?
   a. 명료화 진술
   b. 요약화 진술
   c. 반영 진술
   d. 검토 진술
8. 고객이 “저의 포트폴리오가 계속해서 좋은 성과를 내서 매우 기쁩니다. 선생님은 슈퍼스타예요. 저의 모든 친구들에게 선생님과 함께 일하라고 얘기해줄 거예요”라고 말했다. 이에 전문가가 웃으며 “고객님께서 행복해 하시니, 저도 매우 기쁩니다”라고 말했다면 전문가의 진술은 다음 중 어디에 해당하는가?
   a. 명료화 진술
   b. 요약화 진술
   c. 반영 진술
   d. 검토 진술
9. 고객이 “퇴직연금의 수익률이 매달 떨어지고 있는데도, 계속해서 돈을 넣어야 하는 목적이 무엇인지 볼 수가 없습니다”라고 말했다면, 다음 중 무엇으로 보는 것이 적절한가?
   a. 시각적 말하기
   b. 청각적 말하기
   c. 운동감각적 말하기
   d. 은유적 말하기

10. 고객이 전문가에게 “저는 정말 선생님의 조언에 따라 자산을 다양하게 분산했어야 했어요”라고 말했다. 이에 대해 전문가가 “그러게 말이에요. 고객님께서는 절대 모든 달걀을 한 바구니에 담지 말았어야 했어요”라고 말했다면, 전문가의 진술은 다음 중 어디에 해당하는가?
    a. 시각적 바꾸어 말하기
    b. 청각적 바꾸어 말하기
    c. 운동감각적 바꾸어 말하기
    d. 은유적 바꾸어 말하기
11. 주어진 용어들(a~p)을 적절한 감각적 바꾸어 말하기(1~3) 기술과 연결해 보자.

a. 분석하다	1. 청각적 바꾸어 말하기
b. 깨끗한	2. 운동감각적 바꾸어 말하기
c. 흥분한	3. 시각적 바꾸어 말하기
d. 느끼다	
e. 초점을 맞추다	
f. 힘을 주다	
g. 손으로 만지다	
h. 단단한	
i. 알다	
j. 그림을 그리다	
k. 보다	
l. 느끼다	
m. 냄새 맡다	
n. 말하다, 대화하다	
o. 들려주다	
p. 살펴보다	

12. 고객의 감각적 커뮤니케이션 선호를 파악하는 데 단서가 되는 명사, 동사, 형용사, 부사의 목록을 만들어 보자. 목록을 만든 후에, 그 단어들을 청각, 운동감각, 시각의 범주로 구분해 보자.
13. TV 토론 프로그램을 시청해 보자. 대화가 이루어지는 동안 사회자와 각

토론자들이 선호하는 감각적 커뮤니케이션 방식이 무엇인지 판단해 보자. 사회자가 각 토론자의 커뮤니케이션 선호에 맞춰서 질문을 하고 있는지에 대해서도 판단해 보자.

주

1. F. Robinson, *Principles and Procedures in Student Counseling* (New York: Harper and Brothers, 1950)
2. 제시된 문제는 고객이 재무금융전문가의 도움을 청하는 명시적이고 명백한 이유이다.
3. C. E. Izard, *Human Emotions* (New York: Plenum, 1977).
4. A. Bechara and A. R. Damasio, "The Somatic Marker Hypothesis: A Neural Theory of Economic Decision," *Games and Economic Behavior* 51 (2005): 336-372.
5. J. Sommers-Flanagan and R. Sommers-Flanagan, *Clinical Interviewing*, 3rd ed. (Hoboken, NJ: John Wiley & Sons, 2003).
6. J. Sommers-Flanagan and R. Sommers-Flanagan, *Foundations of Therapeutic Interviewing* (Needham Heights, MA: Allyn & Bacon, 1993).
7. Id.
8. J. Sommers-Flanagan and R. Sommers Flanagan, *Clinical Interviewing*, 3rd ed. (Hoboken, NJ: John Wiley & Sons, 2003).
9. Id.
10. 감각적 커뮤니케이션 선호의 개념은 1970년대 중반, 신경언어학 프로그램을 통한 치료와 상담 기술에서 처음으로 소개되었다. R. Bandler and J. Grinder, *The Structure of Magic, Volume 1: A Book about Language and Therapy* (Palo Alto, CA: Science and Behavior Books, 1975) 참조).

제 7 장 지시적 커뮤니케이션

지시적 커뮤니케이션의 이해

고객과 재무금융전문가의 상담 상황을 상상해 보자. 사실 이번 상담은 이들의 네 번째 만남이다. 재무금융전문가는 지난 세 번의 만남을 통해 이 책에서 다룬 모든 비지시적(nondirective) 커뮤니케이션 기술을 적용했을 것이다. 또한 재무금융전문가는 비언어적 커뮤니케이션 단서에 주목했을 것이며, 고객과 상담할 때 개방형 질문과 폐쇄형 질문 방법을 섞어서 사용했을 것이다. 그 결과, 고객은 본인의 얘기가 확인되고 수용되었다고 느꼈을 것이다. 또한 고객과 재무금융전문가 사이에 강한 유대감이 형성되어, 고객이 재무금융전문가를 믿을 수 있는 전문가이자 친구라고 생각하게 되었을 것이다.

연구와 실무의 한 영역으로서의 재무설계가 만약 상담의 과정처럼 진행된다면 그 결과는 크게 성공한 것으로 볼 수 있다. 또한 재무금융전문가가 재무설계를 할 때 고객을 논의의 중심에 놓는 것은 고객이 자신의 개인적 정보들을 자유롭게 이야기하도록 만드는 데 큰 도움이 된다. 이때 비지시적 커뮤니케이션 도구와 기술이 유용하게 작용한다. 많은 상담사와 심리치료사들이 치료적 개입을 통해 기대하는 결과도 비로 이것이다. 그러나 실제로 재무금융전문가들은 고객의 지식과 인지를 증진시켜주는 것 이상으로 고객이 행동하도록 도와주는 것에 관심을 가져야 한다. 바꾸어 말해서, 재무금융전문가는 고객에게 신뢰를 주고, 책무를 다하며, 고객의 생활에 긍정적인 재무 변화를 가져올 수 있도록 업무를 수행해야 한다. 만약 재무금융전문가와 고객의 네 번째 재무설계 상담에서, 아직도 재무설계 실행에 필요한 최소한의 전략을 제시하지 못하고 재무설계제안서를 발전

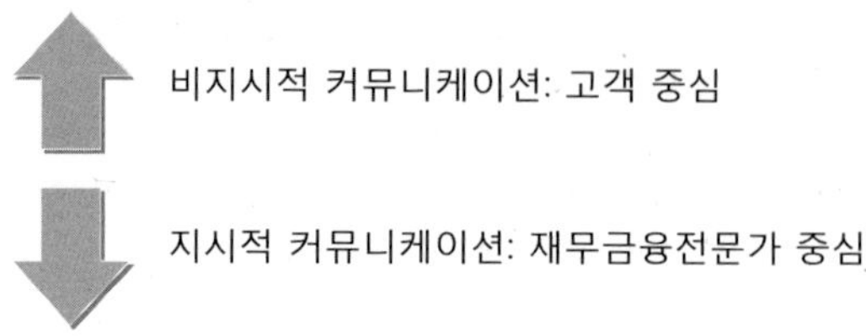

그림 7.1 ▎ 커뮤니케이션 연속체

시키지 못했다면, 재무설계과정을 공부해 본 사람들은 누구나 이를 이상하게 여길 것이다.

제6장에서 다룬 〈그림 7.1〉의 개념을 다시 생각해 보자. 제6장에서 제시한 것들의 대부분은 비지시적 커뮤니케이션 기술에 초점을 맞추고 있는데, 이는 고객과 재무금융전문가 간의 견고한 관계 형성에 필요한 요소를 제시한 것이다. 비지시적 커뮤니케이션을 간단히 정의하면, 고객 중심의 커뮤니케이션을 말한다. 재무설계를 하는 과정에서, 재무금융전문가는 한 걸음 뒤로 물러나고 그 대신 고객을 재무설계의 중심에 세우는 방법을 비지시적 커뮤니케이션 방법이라고 한다.

반면, 지시적 커뮤니케이션이란 재무금융전문가 중심의 커뮤니케이션이다. 예컨대, 재무금융전문가가 재무설계에 관한 문제나 사항 등을 고객에게 해석(interpret), 리프레임(reframe), 설명(explain)해 주고, 조언(advice), 제안(suggest), 촉구(urging), 직언(confront), 최후통첩(ultimatum) 등을 하는 것을 말한다. 그렇다면, 재무금융전문가들이 이와 같이 다양한 지시적 커뮤니케이션 방법들을 효과적으로 사용하려면 어떻게 해야 할까?

재무설계과정에서 재무금융전문가가 고객에게 묻는 질문들은 신뢰를 형성하고, 여러 가지 정보를 얻고, 앞으로의 대화를 촉진하는 데에 그 목적이 있다. 고객과 재무금융전문가 간의 관계가 형성되면 재무설계에 필요한 자료들을 수집할 수 있다. 그러나 실제적으로 재무설계과정은 재무금융전문가가 고객에 관한 자료를 수집, 검토하고, 그에 적합한 재무설계 대안을 도출하고, 실행전략제안서를 작성할 때까지는 완성되지 않는다. 재무설계과정의 각 단계는, 고객에게 해결방안을 제시하는 역할을 담당할 전문가를 필요로 한다. 〈그림 7.1〉에서 보는 바와 같이, 커뮤니케이션 접근 과정에서 아래쪽 화살표는 커뮤니케이션의 연속체를 재무금융전문가 중심의 커뮤니케이션 방향으로 움직이는 것을 의미한다. 이 장에서는 고객이 재무설계제안서를 실행할 수 있도록 도와주는 지시적 커뮤니케이션 전략과 기술에 대해 알아보기로 하자.

재무설계의 방향 제시

지금까지 이 책에서 살펴본 내용이 비록 심리치료에서 사용하는 방법에 근거한 것들이 많지만, 그렇다고 해서 재무설계가 전적으로 심리치료에 근거한 분야는 아니라는 것을 기억해야 한다. 재무금융전문가는 고객이 문제를 해결하도록 커뮤니케이션의 여러 측면들을 통합해야 한다. 그러나 재무설계를 할 때 기대하거나 예상하는 성과는 개개인의 심리적 복지 증진보다 광범위한 것이다. 재무금융전문가의 최종적인 임무는 고객의 재무상태를 개선하는 것을 포함해야 한다. 또한 고객이 돈에 대해 가지고 있는 감정이나 태도를 변화시키는 것도 중요하다.

재무설계의 기본이자 핵심은 고객의 재무적 복지 증진을 위해 재무안정성을 향상시키고, 최적화된 의사결정의 대안을 제공함으로써 재무적 성과를 개선하는 것이다. 재무설계의 이러한 기능은 고객이 자신의 재무목표를 달성시키고, 그 결과 삶의 행복과 복지를 극대화하는 데에 기여한다.

잠재적 고객들은 자신이 해결할 수 없거나 또는 스스로 해결하고 싶지 않은 문제들을 갖고 있기 때문에 재무금융전문가의 도움을 바라게 된다. 그러나 고객들이 가장 먼저 도움을 구하는 사람은 재무금융전문가가 아니다. 그렇다면 대부분의 고객들은 재무문제에 봉착하거나 또는 관심이 생겼을 때, 누구에게 가장 많이 도움을 청할까? 이 문제에 대한 확답을 내리기는 쉽지 않으나, 일반적으로 가족과 친구에게 가장 많이 도움을 청할 것이다.[1] 그 이유는 비용이 거의 들지 않기 때문이다. 하지만 가족과 친구들은 재무의사결정과 관련하여 조언이나 지침을 제대로 줄 수 없다는 문제점이 있다.

미국의 자료를 보면, 오직 20%만의 사람들이 재무금융전문가들에게 도움을 청하고 있다.[2] 이처럼 적은 수의 사람들만이 전문가의 도움을 청하는 중요한 이유 중 하나는, 재무금융전문가를 방문하는 것을 마치 치과에 가는 것처럼 싫어하기 때문이다. 그러므로 재무금융전문가는 우선 고객들이 기쁜 마음으로 도움을 청하도록 만들어야 하는데, 이를 위해서는 여러 가지 커뮤니케이션 기술의 전문가가 되어야 한다. 이 책에서 다루는 커뮤니케이션 도구와 전략들은 잠재적 고객의 마음을 편안하게 만들고, 재무설계를 기피하지 않고 친근하게 만들기 위한 것들이다.

재무적 이슈와 관련된 의문이나 문제, 관심 등에 관한 해답을 얻기 위해서는 결국 전문가의 도움이 필요하다. 그러므로 재무금융전문가는 커뮤니케이션의 연속체의 아래쪽 화살표 방향으로 움직이면서 고객에게 전문적인 조언과 지침을 제공해야 한다. 고객이 심사숙고하는 단계에서 행동하는 단계로 나아가도록 도와주는 데 사용될 수 있는 커뮤니케이션 전략에는 여러 가지가 있는데, 여기서는 지시적 커뮤니케이션 방법과 기술에 대해 살펴보기로 하자.

해 석 (Interpretation)

고객과의 커뮤니케이션 기술에 해석을 처음으로 원용한 것은 정신분석학자들이었다. 해석에 관한 전통적 정의는 개인의 무의식적 또는 잠재의식적(subconscious) 사고와의 관련성을 포함했다. 심리치료사들은 해석이라는 용어의 개념을 깊이 잠재되어 있는 개인의 신념을 표면으로 노출시킨다는 의미로 사용하고 있다. 그러나 재무설계에서의 해석은 이보다 더 넓은 의미로, 고객이 자신의 생각이나 감정을 명확하게 표현하도록 도와주는 것을 말한다. 고객들이 자신의 재무상황에 관하여 의문이나 관심 또는 두려움까지 갖고 있는 것은 아주 흔한 일이다. 그러나 이러한 자신의 감정을 표현할 수 있는 올바른 용어나 상태 등에 관한 지식이 부족하여 자신의 감정을 제대로 표현하지 못하는 고객들이 많다. 어떤 문제에 관하여 고객이 재무금융전문가와 이야기할 때, 아래와 같이 더듬거리는 장면을 상상해 보자.

고 객: 무엇 때문인지는 모르겠지만, 요즘 저는 걱정이 많습니다.
전문가: 어떤 문제가 있습니까?
고 객: 돈을 쓰는 문제에 관하여 저와 제 아내는 거의 미칠 것 같아요. 제가 생각하기에는 우리가 가구, 의복, 그리고 매일매일의 교통비에 이르기까지 예산보다 훨씬 많이 쓰고 있는 것 같습니다.
전문가: 고객님은 각종 비용청구서를 제대로 지불할 수 없을까봐 걱정이신가요? 아니면 다른 부분이 걱정이신가요?
고 객: 청구서를 제때 지불하지 못할까봐 걱정하는 것은 아닙니다. 그만큼의 돈은 가지고 있으니까요. 제가 무엇 때문에 걱정이 되는지 정확하게 설명을 못하겠어요.

해석은 고객의 재무상태와 생활환경 등에 관한 심도 있는 지식 없이는 불가능하다. 위의 예시에 제시된 정보만으로는 고객의 걱정을 정확히 해석하는 것은 불가능하기 때문에 고객의 걱정에 대한 재무금융전문가의 해석은 하나의 추측 내지 억측에 지나지 않을 수 있다.

이번에는 고객과 재무금융전문가가 일정기간 동안 재무설계를 함께 한다고 가정해 보자. 또한 재무금융전문가가 고객을 위하여 지출계획과 투자제안서를 도출한다고 가정해 보자. 만약 3주라는 고객의 휴가기간 동안 지속적으로 상담을 했다면, 재무금융전문가는 고객의 감정을 아래와 같이 해석하는 것이 가능해질 것이다.

전문가: 고객님의 걱정은 정상적인 것입니다.
고 객: 정말이요?
전문가: 그럼요. 그런 걱정이 생긴 것은 대부분 고객님이 출근해서 일을 하시고 있는 동안 아내 분께서 물건들을 샀기 때문인 것 같습니다. 그런데 지난 2-3주 동안 고객님이 아내 분과 함께 상점에 가서 물건들을 샀을 때는, 돈을 많이 쓰셨지만 그것이 고객님의 가족을 위한 정상적인 행동이라고 느끼셨던 것 같습니다.
고 객: 제가 정말 그랬다고 생각하세요?
전문가: 저도 작년에 그런 경험을 했습니다. 제가 남편과 여유시간이 있을 때마다 쇼핑을 해서 많은 돈을 썼음에도 불구하고, 이를 아주 정상적인 일이라고 생각했고, 결코 예산을 초과해서 과용하는 것은 아니라고 생각했었습니다.
고 객: 그럼, 제가 그런 걱정을 안 해도 된다는 말씀이세요?
전문가: 그렇습니다. 지출문제에 관하여 지나치게 걱정하지 말고, 가족을 위한 약간의 과용은 괜찮다고 생각하세요. 그것 때문에 잠을 설칠 필요는 없습니다.

위의 예시에서, 재무금융전문가가 고객의 걱정을 어떻게 해석했는지에 대하여 주목해 보자. 재무금융전문가는 고객의 걱정을 해석하기 위하여 먼저 고객과의 장시간 상담 후에 고객의 심리상태를 분석해 보았다. 그리고 다음 단계로서 고객이 왜 걱정을 하는지 그 이유를 해석해 보았다. 고객과 그 배우자가 보통보다는 약간 더 많은 돈을 썼을 가능성은 있지만, 그것에 대해 생각하고 집착하는 데에 보통 사람들보다 훨씬 많은 시간을 보내고 있었다. 그래서 그런 생각과 집착이 걱정으로 변했던 것이다. 위의 예시가 말해 주듯이, 해석은 고객에게 쓸데없는 걱정보다는 생산적인 행동을 하도록 도와주는 데에 유용한 도구가 될 수 있다.

리프레이밍 (Reframing)

"물이 반쯤 담긴 컵을 보면서, 어떤 사람은 물이 반이나 남았다고 말하는 반면, 어떤 사람은 물이 반밖에 안 남았다고 말한다."는 이야기를 모르는 사람은 거의 없을 것이다. 리프레이밍은 재무설계과정에서 지시적 커뮤니케이션 방법 중 하나이다. 리프레이밍이란 고객으로 하여금 관점을 바꾸도록 도와주는 것을 말한다. 예컨대, 위의 물컵의 비유에서처럼, 고객으로 하여금 부정적 시각(물이 반밖에 안 남았다)을 긍정적 시각(물이 반이나 남았다)으로 바꾸도록 도와주는 것을 말하는데, 이러한 리프레이밍은 재무설계에서 종종 필요한 전략이다.

스트레스, 근심 걱정, 두려움, 좌절감 등을 느끼는 고객은 장기적인 재무설계 의사결정을 회피하려는 경향이 있다.[3] 이러한 경향을 나타내는 고객의 경우, 시급한 문제에만 초점을 맞추고, 그에 대한 해결방법은 적극적으로 찾는다. 그러나 이는 비생산적인 재무설계 전략이 될 가능성이 높다. 의도적으로 하나의 주제에만 초점을 맞추면, 재무설계에서 실질적으로 중요한 부분을 놓칠 수 있기 때문이다. 따라서 재무금융전문가는 고객의 부정적인 태도, 또는 전문가의 제안 실행을 주저하는 행동을 긍정적으로 바꿔 줄 수 있는 리프레이밍 기술을 배우고 사용해야 한다.

어떤 고객이 아주 강한 정치적 신념을 갖고 있는 상황을 가정해 보자. 이러한 신념은 생애 재무설계와 관련된 의사결정을 하는 데 있어 부정적 영향을 미칠 수 있다. 2009년과 2013년 사이에 미국에서 나타났던 현상이기도 하다. 2009년 이후 어떤 투자자들은 미국의 건강보험제도, 조세정책에 불만을 가지고 있었다. 이러한 투자자들은 유가증권시장이 폭락할 것을 예측하고, 유가증권시장으로부터 자금을 빼내서 실물상품이나 수집품 같은 자산으로 옮겼다. 사회적 혼돈과 시장의 불안정성을 예상했기 때문이다. 그러나 실제로는 주가가 역사적인 상승을 기록했다. 이들은 유가증권시장에서의 자산증식 기회를 놓쳤고, 이러한 기회 상실의 원인 중 하나는 현실에 대한 지각을 흐리게 만드는 정치적 신념에 연유된 것이었다. 진보적인 정치 아젠다가 워싱턴 DC에서 총력을 기울이고 있는 것은 사실이었지만, 한편으로는 연방준비제도이사회가 전례 없는 속도로 통화량을 늘리고 있었다. 시장형성의 기본원리를 이해하고 있는 사람들이라면, 정책의 역할보다는 통화량을 늘리고 있다는 사실에 주목하여 미래의 주가를 예측했을 것이다. 사회정책에 대한 고객의 실망을 기회로 리프레임하는 재무금융전문가라면, 고객이 더 많은 투자수익을 얻을 수 있도록 도와줄 수 있다. 이에 관한 사례를 보면 아래와 같다.

고 객: 저는 이번 선거 결과를 믿을 수 없네요. 미국 사람들은 도대체 무슨 생각을 하고 있는 걸까요?

전문가: 이번 선거는 정말로 흥미로웠어요.

고 객: 저는 이번 선거에서 그 어떤 긍정적 결과도 볼 수 없었어요. 건강보험법은 국가재정적자를 풍선처럼 키울 것이고, 그러면 정치인들은 국민들의 세금을 더 걷겠지요. 이번 선거에서 좋은 결과는 도대체 뭘까요?

전문가: 한쪽만 보면 정말 맞는 말씀이십니다.

고 객: 그러면 선생님은 이번 선거 결과에도 좋은 점이 있다고 생각하세요?

전문가: 다른 각도에서 볼 필요가 있을 것 같아요. 고객님께서는 연방준비제도이사회 사람들이 경제에 대해 전혀 걱정하지 않는다고 생각하시는 건 아니죠?

고 객: 저는 잘 모르겠어요. 실업자는 나날이 늘어나고, 경제성장은 점차 둔화되고, 세금은 계속 오르고 있습니다. 좋은 결과는 하나도 나오지 않고 있어요.

전문가: 네… 그러나 그것은 오히려 좋은 기회가 될 수도 있다는 의미입니다. 연방준비제도이사회는 계속해서 양적 완화를 촉진할 거예요.

고 객: 그게 무엇이죠?

전문가: 연방준비제도이사회에서 채권의 매입을 통하여 통화량을 늘리면, 이자율은 하락할 것입니다.

고 객: 그러면 그게 좋은 건가요?

전문가: 생각해 보세요. 이자율이 하락하면, 주식은 더 매력적인 투자대안이 될 것입니다. 또한 이자율이 하락하면 은행 등 금융회사에서 자금을 빌린 기업들은 그만큼 비용을 줄일 수 있습니다. 이때가 우리가 주식을 매수하기에 가장 좋은 시기이죠.

고 객: 그렇다면 정치인들이 우리에게 돈을 벌 수 있게 해줄 수 있다는 뜻인가요?

전문가: 반드시 그렇지는 않을 수도 있지만, 저는 정치인들이 불평하도록 내버려두는 것은 괜찮다고 생각합니다. 우리는 기본에 충실하면 되니까요. 이자율이 하락하는 한 우리는 최상은 아니더라도 꽤 괜찮은 성과를 유지할 수 있을 거예요.

재무금융전문가가 고객의 시각을 리프레임하는 방법은 대립적이거나 적대적이지 않았다. 재무금융전문가는 정치적 성향을 드러내지 않았다. 혹여 리프레이밍 기술이 고객의 행동을 바꾸는 데 실패한다고 할지라도, 리프레이밍은 고객과의 대화를 계속 유지시키는 데 도움이 된다. 또한 고객에게 행동 변화의 씨앗을 심어 주는 데에 유용한 도구가 될 수 있다.

[시나리오 사례 7A]

시나리오 사례 7A는 리프레이밍 기술을 통하여 고객의 선택안이 어떻게 확장되는지를 보여준다. 또한 리프레이밍에 관한 논의에서 재무금융전문가가 설명 도구를 어떻게 포함시키는지도 주목해 보자.

• 리프레이밍

전문가: 안녕하세요!

고 객: 안녕하세요!

전문가: 만나뵙게 되어 반갑습니다.

고 객: 이렇게 시간을 내 주셔서 감사합니다. 오늘 제가 찾아 뵌 것은 걱정되는 일이 있어서인데요.

전문가: 네, 말씀해 보시죠.

고 객: 저는 레지던트 2년차인데요.

전문가: 아 아직 학업 중이시군요. 어떤 분야이시죠?

고 객: 저는 의대에 다니고 있고 레지던트 2년차입니다.

전문가: 네, 그러시군요. 말씀하시죠.

고 객: 제가 이렇게 시간을 낼 수 있었던 것도 다행입니다. 저는 지금 좀 걱정이 있는데요, 제가 빚을 너무 많이 지게 된 것 같아서 걱정입니다. 아시다시피 의대는 학비도 비싸고 기간도 길어서 제가 학자금 대출을 많이 받았거든요. 그래서 너무 부채가 많은가에 대하여 걱정입니다.

전문가: 혹시 현재 부채수준이 어느 정도인지 여쭈어 봐도 될까요?

고 객: 약 8,000만원 정도 됩니다.

전문가: 알겠습니다. 학업은 앞으로 어느 정도나 더 남으신거죠?

고 객: 앞으로 몇 년은 더 해야 합니다.

전문가: 지금 2년차라고 하셨으니까 조금 더 남으셨네요. 혹시 졸업을 하시면 소득이 어느 정도 될 것으로 예상하시나요?

고 객: 제가 가고자 하는 곳은 약 1억에서 2억 사이가 될 것 같아요. 병원에 따라 차이가 있습니다.

전문가: 네, 감사합니다. 의사라는 직업을 잘 선택하신 것 같습니다. 지금 부채와 앞으로도 계속 늘어나게 될 부채에 대하여 걱정을 하고 계신데, 이렇게 한번 생각해 보시기 바랍니다. 학비를 위한 대출을 지출이 아니라 투자라고요. 현재 잘하고 있는 일을 일생동안 계속 할 수 있도록 만들어 주는 투자라고 생각하실 수 있을 것 같습니다. 그리고 그 일을 하시면서 높은 소득을 얻을 수 있습니다. 저는 고객님이 걱정하시는 것을 아무것도 아니라고 치부하려는 생각은 없습니다. 다만 현재 부채는 장래의 소득을 위한 투자이고 앞으로 20년 30년 동안 지금 투자하시는 것과는 비교가 안 될 만큼의 소득을 얻으실 수 있으니 그러한 점도 생각해 보시면 어떨까 합니다.

고 객: 네, 그렇게 생각할 수도 있겠네요. 다른 관점을 가질 수 있게 해주셔서 감사합니다. 학비를 위한 대출을 투자라고 생각하는 것은 새로운 관점이네요.

전문가: 이해해 주셔서 감사합니다. 지금 당장 보여드릴 수는 없지만 다음 미팅에서는 고객님의 대출 잔액 및 향후 대출과 고객님의 장래 수입이 어떻게 예상되는지를 눈으로 보실 수 있도록 그래프를 만들어 드리겠습니다. 지금 하시는 일은 더 나은 미래를 위한 투자라는 것을 아실 수 있도록 도와드리겠습니다.

고 객: 감사합니다.

설 명 (Explanation)

복잡한 의사결정에 직면한 사람들에게 가장 중요한 무기는 정보이다. 앞서 살펴본 해석과 리프레이밍도 지시적 커뮤니케이션에서 중요한 도구이지만, 설명은 재무금융전문가가 고객의 행동변화를 유발하는 데에 있어 설명이 가장 적절하고, 가장 널리 사용되는 기술이다. 소머스-플래내건과 소머스-플래내건(J. Sommers-Flanagan and R. Sommers Flanagan)[4]은 설명을

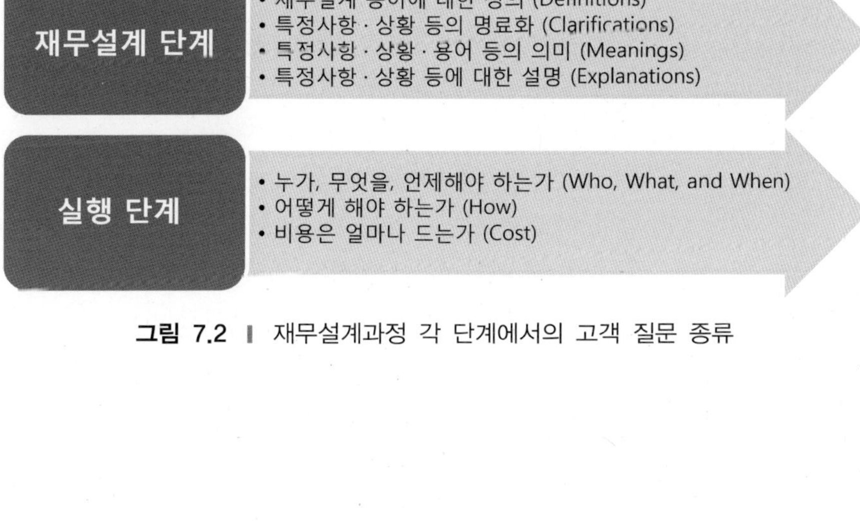

그림 7.2 ❙ 재무설계과정 각 단계에서의 고객 질문 종류

"어떤 사물을 분명하게 이해할 수 있도록 만드는 데 사용하는 기술적 서술(descriptive statement)"이라고 정의하고 있다(p. 91).

〈그림 7.2〉에서 보듯이 고객이 재무금융전문가에게 하는 질문의 종류는 재무설계과정의 각 단계에 따라 다를 수 있다. 재무설계과정의 초기 단계에서는 주로 재무설계비용, 재무설계 단계별 스케줄, 고객의 의무사항, 재무설계의 기대효과 등을 포함한 재무설계과정 전반에 관한 질문을 많이 하지만, 각종 용어에 대한 명확한 설명을 요구하는 질문도 적지 않다. 대개는 기본적인 질문들을 하지만, 어떤 고객들은 예컨대 무츄얼펀드와 상장지수펀드(ETF: exchange traded fund)의 차이점을 질문한다든지, 종신보험과 유니버설보험의 차이점을 질문하기도 한다.

재무금융전문가는 재무설계 전반과 관련된 여러 가지 사항과 문제에 대해 고객들이 나름대로 추측하거나 또는 인터넷을 통해 검색해 보도록 두지 말고, 자세하게 설명을 해주어야 한다. 그래야만 재무설계의 실행단계로 넘어갈 수 있다. 실행단계에서는 고객들이 더욱 구체적이고 실제적인 질문을 할 것이다. 그러므로 재무금융전문가는 재무설계 실행과 관련하여, "누가(who) 무엇(what)을 언제(when), 어떻게(how) 할지, 얼마의 비용(how much)이 들지"에 대해 자세한 설명을 해 주어야 한다.

[시나리오 사례 7B]

이 사례에서 재무금융전문가가 어떻게 고객의 지식을 증진시켜줄 뿐 아니라, 신뢰와 상호교감을 형성하는지 주목해서 보자.

전문가: 안녕하세요. 오늘은 지난번 전화로 말씀하신 사항에 대하여 이야기 나누겠습니다. 전화로 투자에 대하여 걱정을 하셨는데 무엇이 가장 큰 고민이신가요?

고 객: 제가 투자를 알고 있는 건지 전혀 모르겠어요. 투자에 대하여 자신이 없습니다. 사람들이 말하는 것을 듣거나 기사를 보면 대부분 돈을 투자하여 자산을 불려야 한다고 말하는데, 저는 제가 잘하는 건지 모르겠어요. 얼마 전에 유산을 상속받았는데 정말 이

돈은 잘 관리하고 싶거든요. 그래서 투자에 대해 더 자신이 없어졌어요. 내가 잘 하고 있는 건지 정말 자신이 없어요. 정말 모르겠습니다.

전문가: 이렇게 솔직히 말씀해 주셔서 감사합니다. 투자의 세계는 매우 복잡하다고 말씀드릴 수 있습니다. 그래서 대부분의 사람들은 투자에 대한 배경 지식을 다 가지고 있지 않습니다. 바로 그 점이 고객님께서 오늘 저희에게 오신 이유이기도 하죠. 투자에 대한 배경 지식을 좀 더 배우고 그런 지식을 통하여 조금 더 자신감을 갖기 위한 것이죠. 그리고 저희들도 고객님을 도와드립니다. 저도 고객님이 어떤 길로 가야 할지 안내하고 고객님께서 자신있게 의사결정을 하실 수 있도록 도와드리게 될 것입니다. 이런 점을 이해하시면 관점을 조금 바꾸실 수 있으실 것 같습니다.

고 객: 맞아요. 그렇다면 제가 조금 걱정하고 투덜거려도 괜찮겠네요. 사실 제가 여기에 온 이유는 저를 안내하고 조언을 줄 수 있는 믿을 만한 사람을 찾고 있기 때문이었어요. 제가 혼자서 모든 것을 해나가지 않아도 된다는 사실에 안심이 됩니다.

전문가: 네, 그럼요.

고객이 재무금융전문가의 도움을 구하는 이유는 재무설계에 관한 전문적인 설명을 듣고 싶기 때문이다. 고객들이 재무금융전문가에게 원하는 것은 재무설계과정, 금융상품, 기대성과 등에 관해 명확한 설명을 듣는 것이다. 재무금융전문가는 고객에게 금융상품과 금융서비스, 시장조사결과 등에 관한 설명을 해줌과 동시에, 고객과 유대감을 형성해야 한다. 설명을 잘하는 능력은 유대감 형성에 필요한 사회적 자본(social capital)이 된다. 재무금융전문가가 기본적인 정보 수집단계에서 고객에게 어떻게 설명해야 하는지에 대한 예시를 살펴보자.

전문가: 고객님은 우리 회사 서비스, 재무설계 등에 관하여 궁금한 점이 많으실 것 같은데, 그중에서 가장 궁금한 것은 무엇인가요?

고 객: 무엇부터 물어봐야 할지 잘 모르겠네요.

전문가: 맞아요. 갑자기 질문을 하라고 하면 무엇부터 물어봐야 할지 생각이 나지 않는 경우가 많지요. 그러면, 일단 오늘 해야 할 일에 대해 먼저 이야기하고, 앞으로 몇 주 동안 만나서 이야기를 계속 해보면 어떨까요?

고 객: 네, 그렇게 하기로 해요.

전문가: 우리가 오늘부터 해 나가야 할 과정은 매우 명료합니다. 오늘 제가 고객님께 정보수집 설문지를 드릴 거예요. 댁에 가셔서 설문지를 작성하신 후 다음 주에 가져오시기 바랍니다. 그러면 고객님의 응답 자료를 우리 회사 전산시스템에 입력한 후에, 재무설계 목적과 목표부터 설정해 보기로 하시죠. 그리고 세 번째 만남에서는 1차 보고서를 드릴테니, 그것을 검토하면서 서로 상의해 보면 어떨까요? 괜찮으시겠지요?

고 객: 좋습니다. 그런데 그 보고서라는 것이 무엇을 말하는 거죠?

전문가: 좋은 질문입니다. 말씀드린 1차 보고서에서는 고객님의 지난 1년 동안의 수입과 지출을 일목요연하게 정리해서 보여드릴 것입니다. 우리는 이것을 현금흐름표라고 부릅니다. 또한 고객님의 순자산도 계산해 드릴 것입니다. 순자산은 고객님이 보유하고 계신 자산총액에서 부채총액을 뺀 금액을 말합니다. 그 외에도 여러 가지 자료들을 정리해서 보여드릴 예정입니다.

고 객: 좋습니다. 이제 이해가 됩니다. 우리 집 순자산이 얼마나 되는지 늘 궁금했었거든요. 재무설계를 하는 것이 재미있을 것 같네요.

고객들은 가끔 어떤 사항을 확인하기 위해 설명을 요구하기도 한다. 예를 들어, 어떤 잠재고객이 최근에 3억원의 유산을 상속받았다고 가정해 보자. 이 상황에서는 3억원이라는 상속액이 고객에게 상당히 큰 금액이라는 것을 이해하는 것이 매우 중요하다. 그는 그렇게 큰돈을 어디에 투자해야 할 것인가에 대해 매우 고민하고 있다. 더구나 지금 상담을 진행하고 있는 재무금융전문가가 과연 내 돈을 잘 관리해 줄 수 있는 기술과 능력을 갖고 있는지에 대해 확신이 없다. 이러한 경우, 재무금융전문가의 효과적인 설명은 그 잠재고객이 능동적으로 재무설계과정에 참여할 수 있도록 이끄는 중요한 기술이 될 수 있다. 재무금융전문가와 잠재고객 간의 대화 중 일부를 살펴보기로 하자.

고 객: 이건 저에게는 매우 큰돈입니다. 아마 제 인생에서 이만큼의 큰 돈을 다시 만져 보지 못할 것 같아요.

전문가: 네, 그렇죠. 고객님께서 상속받은 돈을 현명하게 투자하셔야 할 텐데요.

고 객: 네, 그게 바로 제 생각이에요.

전문가: 고객님의 관심사는 다른 고객님들의 관심사와 똑같습니다. 1천만원을 상속받든, 10억원을 상속받든지 간에 마찬가지예요. 고객님들이 알고 싶어하는 것은 그 돈을 어떻게 적절하게 투자할 것인가입니다.

고 객: 여기 고객들 중에 이 정도의 자금을 가지고 있는 사람이 또 있나요?

전문가: 물론 있습니다. 저희 회사에서 관리하는 고객 자산의 평균은 약 5억원 정도 됩니다. 10억원 이상을 상속받은 고객들도 적지 않습니다.

고 객: 그렇다면 제가 받은 상속금액은 새 발의 피네요.

전문가: 아니에요. 전혀 그렇지 않습니다. 우리 회사에서는 금액에 관계없이 고객님 개개인의 투자기간, 위험수용성향, 투자목표를 바탕으로 포트폴리오를 작성합니다. 오늘 이야기한 금액에 대한 내용은 제가 고객님의 투자제안서를 작성하는 데에 영향을 미치지 않습니다.

고 객: 그렇게 얘기해 주니 기분이 좋아지네요.

위의 대화는 재무설계과정에서 고객의 상황과 관련된 정보에 초점을 맞추고, 다른 사람들과 어떻게 같은지 혹은 다른지를 설명하는 것이 고객에게 안도감을 주고, 고객의 행동을 촉진시킬 수 있음을 보여준다. 즉, 고객이 받은 상속액을 관리할 수 있는 재무금융전문가의 능력을 강조하기보다는, 전문가가 훨씬 더 큰 규모의 자금을 성공적으로 관리해왔다는 것을 설명함으로써 고객에게 신뢰감을 주었다.

조 언 (Advice)

조언은 지시적 커뮤니케이션 중에서 가장 전문가 중심적인 기술이다. 조언의 가장 단순한 형식은 특정 상황에서 고객에게 무엇을 하라고 정해주는 것이다. 고객은 재무금융전문가를 만났을 때 자신의 재무상태를 개선할 수 있는 방법에 대해 조언을 구한다. 재무금융전문가의 관점에서 볼 때, 이것은 부정적 면과 긍정적 면을 모두 가지고 있다. 앞의 장에서도 얘기했듯이, 재무금융전문가는 재무설계의 실행과 문제의 해결에 초점을 맞추려는 경향을 가지고 있다. 그래서 고객과의 재무설계과정을 시작하자마자 문제 분석과 해결방안 제시의 단계로 신속하게 진행하려는 유혹에 빠지기 쉽다. 이처럼 재무금융전문가가 급히 서두르는 것은 거의 대부분 고객들이 그것을 원한다고 느끼기 때문이다. 물론 고객은 재무금융전문가에게 구체적인 조언을 요구하게 된다. 그러나 비지시적 커뮤니케이션 단계에서 조언을 하는 단계로 급하게 진행하는 재무금융전문가는 재무설계과정을 제대로 이행할 수 없다.

[시나리오 사례 7C]
이 사례는 재무금융전문가가 고객에게 조언하는 두 가지 상황을 보여준다. 두 번째 시나리오에서는 재무금융전문가가 고객을 충분히 이해하고 여러 가지 상황적 요인들을 충분히 검토하기 이전에 조언을 하고 있다.

즉, 비지시적 커뮤니케이션이 충분하지 않은 상황이다. 첫 번째 시나리오와 두 번째 시나리오 중 어떤 경우에 고객이 재무금융전문가의 조언을 더 과소평가할지 생각해 보자.

• 7C-1

고 객: 오늘 저와 만나 주셔서 감사합니다.

전문가: 네, 감사합니다. 무슨 일로 오셨습니까?

고 객: 제가 최근에 추가적으로 자금이 생겼는데 이것으로 무엇을 할지가 고민이어서 왔습니다.

전문가: 제가 도와드릴 수 있는 일입니다. 추가적으로 발생한 자금으로 무엇을 할 것인가를 결정하는 것은 이미 정해져 있는 것들 중에서 고르는 단순한 문제는 아닙니다. 구체적으로 무엇을 할 것인지를 결정하기 전에 고객님께서 가지고 계시는 궁극적인 목표와 전반적인 사항을 파악하는 것이 필요합니다. 이 과정에서 저는 먼저 고객님께서 가지고 계시는 목표를 여쭈어 볼 것이고, 현재의 부채 수준이나 대출이 있으시면 그 대출의 이자율 등에 대한 정보를 여쭈어 볼 것입니다. 전반적인 상황을 파악하여 보다 종합적인 관점에서 고객님이 가지고 계신 추가 자금을 어떻게 활용하는 것이 좋을지에 대하여 의사결정을 도와드리겠습니다.

• 7C-2

고 객: 오늘 저와 만나 주셔서 감사합니다.

전문가: 네, 감사합니다. 무슨 일로 오셨습니까?

고 객: 제가 최근에 추가적으로 자금이 생겼는데 이것으로 무엇을 할지가 고민이어서 왔습니다.

전문가: 저희가 도와드릴 수 있습니다. 금액이 어느 정도인지 여쭈어 봐도 될까요?

고 객: 1,000만원 정도 됩니다.

전문가: 지금 그 자금은 어디에 있나요? 은행계좌에 넣어 두셨나요?

고 객: 네, 은행계좌에요.

전문가: 마침 잘 되었습니다. 저희 회사에 약 1,000만원 정도를 투자할 만한 새로운 상품이 있는데 딱 적당할 것 같습니다. 평균 수익률은 약 7~8%가 될 것으로 생각하고 있고요. 제 생각에는 투자자금 1,000만원에 매우 적당한 상품이라고 생각되는데 관심있으신가요?

고 객: 그게 가장 좋은 대안이라고 생각하신다면 …

전문가: 그럼요, 지금 가장 적당한 것 같습니다. 은행계좌에서 낮은 이자를 받는 것보다는 확실히 더 좋은 대안입니다. 관심 있으신가요?

고 객: 선생님께서 좋은 대안이라고 하시면 관심은 있어요.

전문가: 네, 좋습니다. 오늘 계좌를 열어 드릴 수 있는데 하시겠습니까?

고 객: 글쎄요.

고객이 어떤 이슈를 제시하자마자 재무금융전문가가 조언을 해 줄 경우, 고객은 그 조언을 잘 받아들이지 않는다. 왜 그럴까? 여러 연구결과에 의하면, 재무금융전문가의 조언에 대한 고객의 과소평가가 발생하는 이유는 기본적으로 고객이 조언을 듣기 전에, 문제에 대한 충분한 검토를 원하기 때문이다. 그러므로 재무금융전문가의 너무 빠른 조언은 고객에게 과소평가될 수 있다. 어떤 잠재고객이 생명보험회사 지점을 방문했다고 가정해 보자. 그 고객은 손자, 손녀를 위한 교육자금 마련에 관한 상담부터 시작했다. 그런데 잠깐 동안 대화를 나누던 보험설계사가 의자 등받이에 기대면서 "고객님과 같은 상황에 있는 모든 고객들에게 저는 변액보험에 가입하라고 조언합니다"라고 말했다. 사실 이러한 조언은 타당한 것일 수 있다. 그러나 고객은 섣부르고, 판에 박힌 단순한 조언으로 해석할 것이다.

여기에서의 핵심은, 어떤 조언을 하기 이전에 고객이 과거에 고려해 보았거나 시도해 본 다른 해결 방안들이 있었는지에 대해 검토하는 것이 매우 중요하다는 점이다. 위의 예에서 보험설계사는 너무 빨리 고객에게 조언을 했다. 만약 그가 다른 커뮤니케이션 도구와 기술을 사용했다면, 그 고객이 과거에 변액보험에 들었다가 예상보다 수익이 적어서 실망한 적이 있었다는 사실을 알게 되었을 것이다. 고객은 이러한 과거의 경험으로 인해 보험설계사가 추천한 변액보험에 가입하는 것을 꺼릴 뿐 아니라, 보험설계사의 의견에도 반대하게 되었을 것이다. 보험설계사는 충분한 대화 없이 조언의 단계로 건너뜀으로써, 고객에 대해 더 많이 알고 배울 수 있는 기회를 상실했다. 또한 상품을 판매할 수 있는 기회도 상실했다.

물론 조언은 긍정적 측면도 가지고 있다. 만약 재무금융전문가가 고객의 문제와 관심사를 해결하기 위해 어떤 다른 전략과 아이디어가 사용되어 왔는지를 알아보는 데에 충분한 시간을 할애했다면, 그리고 여러 가지 전략들의 장단점들을 충분히 비교·검토한 후에 조언을 했다면, 그 조언은 재무금융전문가의 독창적인 기술이나 재능으로 빛을 발했을 것이다. 이러한 측면에서 볼 때, 조언은 재무금융전문가를 단순한 조언자에서 전문가로 만들어 준다. 다음의 예시는 재무금융전문가가 조언을 하는 방법으로, 지시적 커뮤니케이션 도구를 어떻게 사용하는지에 대해 보여준다.

고 객: 저는 요즈음 심각한 재무문제가 있어 매우 힘들어요.

전문가: 그럼 그 문제에 대해 이야기해 보기로 하죠.

고 객: 제 아들이 이번에 대학에 합격했습니다. 이건 좋은 뉴스지요. 그러나 나쁜 뉴스는 등록금과 기타 비용이 매년 2천만원을 넘는다는 거예요.

전문가: 저런…

고 객: 우리는 교육보험으로 학비를 마련해 왔습니다. 그러나 장학금과 그 밖의 보조금을 받는다고 하더라도, 학비를 감당할 수 없어요. 저는 도대체 어떻게 해야 할까요?

전문가: 해결방법을 찾아보기 이전에, 우선 몇 가지에 대해 이야기를 좀 해보면 좋을 것 같아요.

고 객: 좋습니다.

전문가: 우선 이 문제에 대해서 누구 다른 사람과 얘기해 본 적이 있나요?

고 객: 네.

전문가: 누구랑 얘기를 나누셨는지, 그들은 어떤 방법을 추천했는지에 관하여 이야기 좀 해 주세요.

고 객: 아내와 제가 대학에 가서 학자금 지원부서의 담당자를 만났습니다. 그들의 조언은 개인적으로 대출을 받으라는 것이었어요. 제 소득수준이 저금리 학자금대출의 대상이 아니라네요.

전문가: 그러한 조언에 대하여 고객님은 어떻게 생각하셨습니까?

고 객: 썩 좋은 방법은 아니라고 생각했습니다. 대출을 받으면, 저는 은퇴할 때까지 빚을 안고 살아야 하니까요. 물론 내 아들을 사랑하지만, 이건 정말 큰 돈이에요.

전문가: 이 문제에 관하여 얘기를 나눈 또 다른 사람은 없습니까?

고 객: 말하긴 싫지만, 처남과 이야기한 적이 있습니다. 그 집 아들이 이번에 대학을 졸업했어요. 저와 비슷하게 학비문제를 갖고 있었죠.

전문가: 처남은 어떤 조언을 해주었나요?

고 객: 나의 401(k) 플랜(대표적인 퇴직연금제도, 확정기여형)에서 인출을 하라고 했어요.

전문가: 그렇게 하라고 한 이유는 무엇이었나요?

고 객: 제가 기억하기로는, 퇴직연금 인출금을 대학등록금으로 사용하면, 세금 과징금을 내지 않는다고 들었어요.

전문가: 그러한 조언에 대해서는 어떻게 생각하십니까?

고 객: 처남의 조언 쪽으로 제 마음이 기울어지고 있기는 합니다. 그 돈을 사용하는 것은 말이 되는 것 같거든요. 세금 과징금을 내지도 않고, 남은 인생을 빚진 채로 살 필요도 없으니까요.

전문가: 그 외에 또 다른 조언을 받은 것은 없는지요?

고 객: 모두 기본적으로 비슷한 얘기들이었어요.

전문가: 그것들은 모두 양자택일이 필요한 대안들입니다. 학비를 위해 무언가를 포기해야 하는 것이죠. 그러나 저는 고객님이 관심을 가질 만한 다른 아이디어를 갖고 있습니다.

고 객: 그래요? 여기에 오길 잘했네요.

전문가: 좋습니다. 저는 고객님이 세금 측면에서 비효율적인 대출을 받는 것은 좋지 않다는 말씀부터 드리고 싶습니다.

고 객: 그런데 세금 측면에서 비효율적이라는 것은 무슨 뜻이에요?

전문가: 고객님이 대출을 받는다면, 고객님의 가계소득 수준에서는, 지불한 이자에 대해 세금 혜택을 받을 수 없습니다. 그래서 저는 대출은 권하지 않습니다.

고 객: 그렇다면 저는 401(k)에서 인출을 해야 한다는 말인가요?

전문가: 반드시 그렇지는 않습니다. 혹시 고객님의 401(k)에서 대출이 된다는 것을 알고 계신지요?

고 객: 그와 비슷한 것이 있다는 것은 기억합니다만, 401(k)에서 대출을 받는 것이 위험하다는 말을 들은 적이 있어요.

전문가: 위험할 수 있습니다. 그러나 고객님의 경우, 아드님이 4년 동안 대학을 다닐 수 있도록 돕는 가장 좋은 방법일 것 같습니다. 대출을 받는 것보다는 간단히 고객님 본인의 계좌에서 돈을 빌리는 것이 더 나을 것입니다. 물론 그에 대한 이자는 지불해야 하지만, 이자의 대부분은 고객님의 계좌로 다시 들어갈 것입니다. 이러한 방법을 통해, 고객님은 아드님을 도와주면서도 은퇴자금을 상실하지 않을 수 있습니다. 반면, 만약 고객님 처남의 조언대로 401(k)에서 인출한다면, 인출한 금액에 대해 세금을 내야만 합니다.

고 객: 아… 내 처남은 세금을 내야 한다는 말은 하지 않았어요. 그래서 저는 과징금이 없다는 말을 아예 세금을 안 내도 된다는 것으로 생각했어요.

전문가: 아마 고객님의 처남도 세금과 관련하여 모든 것을 알지는 못했을 것입니다.

비록 위의 사례는 매우 단순화한 것이지만, 재무금융전문가가 전략적 제안을 하기 전에 고객으로부터 어떤 정보를 어떻게 얻을 수 있는지를 보여주고 있다. 분명히 제안서와 실행계획에 대한 구체적인 내용이 덧붙여져야 하겠지만, 고객과의 초기 대화에서 재무금융전문가의 조언 과정은 다른 대안들과의 차별화를 통해 재무금융전문가의 신뢰성을 높여주었다.

제 안 (Suggestion)

제안과 조언이라는 용어는 종종 상호 대체적으로 사용되고 있다. 소머스-플래내건과 소머스-플래내건(J. Sommers-Flanagan and R. Sommers-Flanagan)[5]은 상담전문가를 위한 『임상면접』(*Clinical Interviewing*)이라는 저서에서, '이들 두 개의 용어는 가끔 혼동되지만, 지시적 커뮤니케이션에서는 완전히 서로 다른 개념'이라고 설명하였다. 즉, 조언은 고객에게 어떤 방침이나 방법을 지시(direction)하는 것인 반면, 제안은 고객이 스스로의 주도하에 어떤 하나의 행동방침을 선택하도록 도와주는 것을 말한다. 재무금융전문가들은 조언하는 것을 편하게 느끼는 경향이 있다. 조언은 제안보다 쉽고 간단하며 더 직접적이기 때문이다. 반면, 제안은 더 부드럽고 덜 지시적인 경향이 있다.

대부분의 재무금융전문가들은 조언이나 제안의 방식 중 하나를 선택하여 서비스를 제공하는데, 이 둘 중에서 어떤 것을 더 선호하는가는 재무금융전문가의 교육훈련이나 실무경험의 배경에 따라 많이 달라진다. 예를 들어, 정량적인 재무설계, 경제, 재무 등에 관한 행정이나 연구분야에서 일한 배경을 가진 재무금융전문가들은 고객과 함께 재무설계를 할 때 직접적인 조언(direct advice)을 선호하는 경향이 있다. 그들의 이론적 토대는 조언 기반(advice-based)이다. 그러나 재무설계 실무분야에서 직접적 경험을 통해 배우고, 사회과학 분야에서 교육받은 재무금융전문가들은 제안을 선호한다. 그들의 이론적 토대는 정보 기반(information-based)이다. 심리학자, 상담사, 심리치료사들도 직접적 조언은 덜 사용하는 경향이 있다. 그 대신 여러 가지 해결방법과 장단점들을 제안하고, 그중에서 한두 가지를 고객 스스로 선택하도록 권한다. 앞서 살펴본 대학학비문제 예시를 통해, 조언보다는 제안을 선호하는 재무금융전문가들이 고객과 어떻게 커뮤니케이션하는지에 대해 살펴보도록 하자.

고 객: 저는 요즈음 심각한 재무문제가 있어 매우 힘들어요.

전문가: 그럼 그 문제에 대해 이야기해 보기로 하죠.

고 객: 제 아들이 이번에 대학에 합격했습니다. 이건 좋은 뉴스지요. 그러나 나쁜 뉴스는 등록금과 기타 비용이 매년 2천만원을 넘는다는 거예요.

전문가: 저런…

고 객: 우리는 교육보험으로 학비를 마련해 왔습니다. 그러나 장학금과 그 밖의 보조금을 받는다고 하더라도, 학비를 감당할 수 없어요. 저는 도대체 어떻게 해야 할까요?

전문가: 여러 가지 가능한 해결방법이 있습니다. 그중에서 몇 가지에 관하여 함께 이야기해 보시죠.

고 객: 좋습니다.

전문가: 우선 이 문제에 대해서 누구 다른 사람과 얘기해 본 적이 있나요?

고 객: 네.

전문가: 누구랑 얘기를 나누셨는지, 그들은 어떤 방법을 추천했는지에 관하여 이야기 좀 해 주세요.

고 객: 아내와 제가 대학에 가서 학자금 지원부서의 담당자를 만났습니다. 그들의 조언은 개인적으로 대출을 받으라는 것이었어요. 제 소득수준이 저금리 학자금대출의 대상이 아니라네요.

전문가: 이 문제에 관하여 얘기를 나눈 또 다른 사람은 없습니까?

고 객: 말하긴 싫지만, 처남과 이야기한 적이 있습니다. 그 집 아들이 이번에 대학을 졸업했어요. 저와 비슷하게 학비문제를 갖고 있었죠.

전무가: 처남은 어떤 조언을 해주었나요?

고 객: 나의 401(k)(대표적인 퇴직연금제도, 확정기여형)에서 인출을 하라고 했어요.

전문가: 고객님의 머리에 떠 오른 다른 아이디어는 없었습니까?

고 객: 특별한 아이디어가 생각나지 않았습니다. 그래서 여기에 온 것이지요. 제가 어떻게 하는 것이 좋을까요?

전문가: 고객님께서 이미 들으신 대출받기 혹은 은퇴계좌로부터의 자금인출은 합리적인 두 가지 전략입니다. 하지만, 이 두 가지 이외에도 다른 방법들이 있습니다.

고 객: 무슨 뜻이죠?

전문가: 고객님의 401(k)에서 대출이 된다는 것을 알고 계신지요?

고 객: 그와 비슷한 것이 있다는 것은 기억합니다만, 401(k)에서 대출을 받는 것이 위험하다는 말을 들은 적이 있어요.

전문가: 위험할 수 있습니다. 그러나 항상 그런 것은 아닙니다. 만약 고객님이 이 방법을 사용하신다면, 간단히 고객님 본인의 계좌에서 돈을 빌리면 되는 것입니다. 물론 대출금에 대한 이자는 지불해야 하지만, 이자의 대부분은 고객님의 계좌로 다시 들어갈 것입니다.

고 객: 그래요? 흥미롭게 들리네요.

전문가: 또 하나의 대안은 학비가 저렴한 대학을 찾아보는 방법입니다.

고 객: 그렇지만 내 아들은 정말로 그 사립대학에 가고 싶어합니다. 제가 어떻게 하는 것이 좋을까요?

전문가: 저의 제안은 고객님의 아내, 아드님과 함께 진정으로 원하는 것에 대해 얘기 나눠보라는 것입니다. 만약 아드님이 꼭 그 사립대학을 가야 한다면, 고객님께서는 어떤 방법으로든 가계자산의 일부를 사용해야 할 것입니다. 저희가 최적의 방안을 도출해 드리겠지만 가장 중요한 것은 고객님이 편하게 받아들일 만한 의사결정을 하는 것입니다. 그러나 사립대학의 학비가 감당하기에 너무 비싸다고 판단된다면, 학비가 보다 저렴한 대학을 찾아보는 방법을 고려해 볼 수 있을 것입니다.

위의 예시에서, 재무금융전문가는 학비가 저렴한 대학으로 진학하는 방법을 선호하는 것이 분명하지만, 사립대학 진학에 반대하는 조언을 하는 것을 주저하고 있다. 이는 아마도 고객의 성향과 의사결정방법에 대해 재무금융전문가가 알고 있는 지식에서 연유되었을 것이다. 그러나 그 주저함은 재무금융전문가의 이론적 토대에서 직접적으로 나온 것일 수도 있다. 즉, 고객에게 직접적으로 조언하는 것은 적합하지 않다고 느꼈기 때문일 것이다. 어떤 재무금융전문가는 모든 문제에 대해 실현 가능성이 있는 분별력 있는 해결방안 여러 개를 제시하는 것이 자신의 임무라고 믿는다. 이러한 재무금융전문가의 재무설계는 여러 가지 전략을 제시하고 그중 하나를 고객이 선택하도록 권한다. 물론 재무금융전문가는 고객이 선택한 전략의 실행을 돕겠지만 최종 성과분석에서 선택에 대한 책임은 고객에게 있다.

지시적 커뮤니케이션 중에서 상대적으로 부드러운 형태인 제안은 재무설계뿐 아니라 재무상담, 재무치료 등에서도 널리 사용되지만 단점도 가지고 있다. 구체적으로, 제안은 고객을 혼동시키기 쉽다는 점이다. 예를 들어, 심리치료 상황에서는 여러 가지 치료방안들 중에서 어떤 것이 자신에게 가장 좋은 방안인지를 고객이 직관적 또는 무의식적으로 알 수 있다. 그러나 재무설계에서는 고객이 재무의사결정에 직면했을 때 어떤 방안이나 전략이 가장 좋은지를 직관적, 무의식적으로 알기는 어렵다. 그러므로 단순히 여러 가지 대안들만 제시하는 것은 고객들에게 가치 있는 서비스로 받아들여지지 않는다. 고객이 재무금융전문가에게서 바라는 것은 가장 좋고 가장 유용한 해결방법의 제시이기 때문이다. 고객은 재무금융전문가가 제시한 여러 가지 대안들에 대하여 흥미나 관심을 가질 수는 있지만, 대부분의 경우, 최적의 재무설계 대안을 제시받고 싶어한다. 최적의 재무설계 대안을 제공하기 위한 커뮤니케이션으로는 제안보다는 조언이 더 적절하다. 그러나 재무금융전문가는 제안의 기술을 사용하는 것이 더 적절한 경우도 있다는 것을 이해해야 한다. 예를 들어, 명백한 최적의 해결방법이 없고, 주어진 대안 중에 선택을 해야 할 때에는 제안의 기술이 특히 유용하다.[6]

촉 구 (Urging)

지시적 커뮤니케이션의 또 다른 유형인 촉구란, 고객에게 어떤 행동을 즉각 취할 것을 재촉하는 것을 말하는데, 이 방법은 많이 사용되지는 않지만 재무설계과정에서 역시 중요하고 필요하다. 왜냐하면 재무적인 위기를 맞았을 때 그것을 신속히 타개하기 위해서는 고객에게 어떤 행동을 취하도록 재촉할 필요가 있기 때문이다. 비록 이러한 경우는 많지 않지만, 빠르게 변화하는 오늘날의 시장환경에서는 촉구의 기술이 필요한 상황이 발생한다. 또한 급한 경우가 아니더라도, 고객이 재무금융전문가가 제안한 해결방법이나 전략을 실행하지 않으려는 경우에는 촉구가 필요하다. 제안내용을 실행하지 않는 것은 재무금융전문가와 고객이 직면하게 되는 큰 장애물 중 하나이다.

커뮤니케이션과 관련된 문헌들에 의하면, 고객들에게 어떤 행동을 취하라고 정기적으로 촉구하는 재무금융전문가나 상담사들은 비지시적 커뮤니케이션 도구의 핵심을 충분히 알지 못한 채 그것을 사용하는 것으로 나타났다. 고객과 재무금융전문가 간의 긴밀한 유대관계가 형성되지 않으면, 고객은 재무금융전문가의 촉구를 실행하지 않을 뿐 아니라, 재무금융전문가를 충분히 신뢰하지 못하게 된다.

지시적 커뮤니케이션의 도구 중 하나인 촉구는 고객이 극적인 위기에 직면했을 때 비로소 요구되는데, 촉구는 간명하고 직접적인 조언으로 전달되어야 한다. 예시를 들어보면 다음과 같다.

고 객: 저는 어제 국세청에서 편지를 받았어요.
전문가: 그건 결코 좋은 신호는 아니지요. 편지의 내용은 무엇이었나요?
고 객: 남편과 제가 세무조사를 받아야 한답니다.
전문가: 혹시 기한이 적혀 있었나요?
고 객: 2주 안에 받아야 한대요.
전문가: 우리가 어떤 것을 도와드리면 좋겠습니까?

고 객: 정확히는 잘 모르겠지만, 뭔가 도와주시면 좋겠어요.

전문가: 물론이지요, 도와 드리겠습니다. 고객님께 꼭 말씀드릴 것이 있는데, 세무조사를 받으러 갈 때 절대 혼자 가지 마세요. 그동안 세금관련 업무는 직접 하셨나요?

고 객: 아니요, 제 남편의 친구가 해주었어요. 지난 몇 년 동안 우리 세금신고서를 작성해 주었습니다.

전문가: 그 분은 공인회계사(CPA) 또는 전문세무사(EA)인가요?

고 객: 아니요. 회계사나 세무사는 아니고, 큰 세무회계법인에서 일하는 분인데, 아르바이트로 이런 일을 하고 있어요.

전문가: 네, 알겠습니다. 고객님께서 긴박하게 꼭 하셔야 할 일이 있습니다. 오늘이나 내일 중으로 전문세무사와 만나셔야 합니다. 제 동료 중에 세금문제만 전문적으로 다루는 사람이 있는데, 그 사람을 만나보시든지, 아니면 비슷한 일을 하는 사람을 되도록 빨리 만나보세요.

고 객: 그게 그렇게 중요한 일인가요? 어쨌든 전반적으로 무엇이 문제인지 빨리 알아보도록 하겠습니다.

전문가: 반드시 전문세무사의 도움을 받으시라고 촉구드립니다. 전문세무사가 고객님을 대신해서 국세청에 업무처리를 해 줄 것이고, 아마 고객님에게 수고를 거의 끼치지 않고, 모든 문제를 신속하게 해결해드릴 것입니다.

위의 예시에서 보듯이, 촉구의 기술을 현명하고 주의 깊게 사용하면 고객은 그가 취할 행동이 대단히 중요하다는 것을 인식하게 된다. 그러나 만약 재무금융전문가가 고객에게 어떤 행동을 취하도록 설득하는 대신, 계속해서 호소나 재촉만 하면 촉구의 효과는 자연스럽게 감소하게 된다. 촉구의 기술은 긴박하고 긴급한 여러 이슈들, 예를 들면 이혼, 별거, 자연재해, 상해, 도난, 파산, 압류 등과 같은 상황에서 비교적 많이 사용된다.

직 언 (Confrontation)

고객들은 종종 재무금융전문가와의 관계, 재무설계과정, 또는 시장상황과 관련된 의사결정 등에 관해 부정확하게 인지하고 있다. 고객들은 미래의 재무상태에 부정적인 영향을 미칠 수 있는 부적절한 관점을 가지고 있기도 하다. 이와 같은 상황에서는 재무금융전문가가 고객의 태도와 행동을 바꿔주기 위한 노력의 하나로, 고객에게 직언을 하는 것이 적절할 수 있다.

직언은 고객에게 반대의견을 내는 것을 포함한다. 직언은 상대방에게 수치심 또는 마음의 상처를 주거나 언어 폭력적인 느낌을 주어서는 결코 안 되며, 직설적이고 강력해야 한다. 하지만 직언은 꼭 필요한 경우가 아니면 피해야 한다는 것을 명심해야 한다. 직언은 그 본질상 고객과 재무금융전문가 간의 유대관계를 손상시킬 수 있다. 그러므로 직언이라는 지시적 커뮤니케이션 기술은 고객이 이해관계의 충돌을 받아들일 수 있는 성향일 때, 그리고 재무금융전문가가 자신의 직언을 뒷받침할 수 있는 증거를 충분히 가지고 있을 때에만 사용해야 한다.

직언에 대한 예시를 보기에 앞서, 다시 한 번 언급하고 싶은 점은 직언이라는 커뮤니케이션 기술이 위험부담이 큰 방법이고 실제로는 아주 드물게 사용되지만, 유용한 도구 중 하나라는 것이다. 왜냐하면 우유부단한 고객에게는 직언이 특정 행동을 할 수 있도록 만드는 효과적인 방법이기 때문이다. 직접적인 직언 기술을 사용하면, ① 고객이 재무금융전문가의 직언을 받아들일 수도 있지만, ② 직언을 거부할 수도 있고, ③ 고객이 자신의 잘못을 부분적으로 인정할 수도 있다. 이와 같은 세 가지 결과 중 ②와 ③의 경우에는 고객과 재무금융전문가 간의 관계가 완전히 끝나거나 고객이 재무금융전문가의 능력에 대해 재판단할 가능성이 높다. 어떤 커뮤니케이션 전문가들은 이처럼 직언의 기술이 고객과 재무금융전문가와의 관계에 부정적 영향을 미칠 수 있으므로, 최후의 수단으로 사용해야 한다고 제안한다. 다음은 중년의 위기를 맞은 고객과의 상담에서 재무금융전문가가 직언을 사용한 사례이다.

고 객: 급하게 요청했음에도 불구하고 만나주셔서 다시 한번 감사드립니다.

전문가: 천만에 말씀입니다. 그런데 무슨 일이십니까?

고 객: 아무래도 제 IRA(Individual Retirement Account: 개인형 퇴직연금계좌)에서 2천만원을 인출해야 할 것 같습니다.

전문가: 아… 그러세요? 왜 갑자기 그렇게 많은 돈이 필요하신지요?

고 객: 지난번에도 그랬지만, 말씀 드리기 좀 뭐하네요.

전문가: 그렇다면 꼭 말씀하시지 않아도 됩니다. 그러나 이번 달에 벌써 세 번째 인출이라는 것은 알고 계시지요?

고 객: 예, 압니다. 하지만 돈이 필요해서요. 제가 새 자동차를 사고 싶은데, 할부보다는 현금으로 사는 것이 더 좋을 것 같거든요. 어쨌거나 IRA의 수익률이 너무 형편없어서 크게 문제될 것 같지도 않은데요.

전문가: 수익률이 그렇게 높지 않은 이유 중 하나는, 고객님의 인출을 감당하기 위해 계좌의 잔고를 현금으로 옮겨 놓았기 때문입니다.

고 객: 그래서요? 그건 어차피 제 돈인데요…

전문가: 물론입니다. 그 계정에 있는 돈은 고객님 것이며, 그 돈은 고객님께서 마음대로 할 수 있습니다. 그러나 죄송하지만 제가 고객님을 위해 몇 말씀 드리겠습니다. 지난 몇 개월 동안, 고객님께서는 IRA 계좌 잔액의 3분의 1을 인출하셨습니다. 제가 지난번에도 말씀드렸다시피, 인출을 계속 하면 내년에 고객님은 더 많은 세금을 내셔야 합니다. 고객님의 세율 등급이 더 높아질 것입니다. 또한 고객님께서 IRA에서 조기 인출한 금액에 대해서는 과징금을 내야 한다는 것도 분명히 말씀드렸습니다. 이런 식으로 계속 나가시는 것은 무분별한 행동입니다. 고객님께서는 지금 은퇴설계를 망치고 계신 것입니다. 새 차를 사려고 은퇴설계를 포기하시려는 건가요? 솔직히 말씀드리자면 그건 현명하지 않은 결정입니다.

고 객: 도대체 뭐가 현명하지 않다는 말입니까? 새 차를 사는 것이요? 아니면 IRA에서 인출을 하는 것이요?

전문가: 두 가지 모두입니다. 저는 고객님을 잃고 싶지 않습니다. 하지만 고객님의 미래 재무상태를 엉망으로 만들게 될 이런 식의 결정을 계속하시는 것도 원하지 않습니다. 새 차를 사는 것에 대하여 더 깊이 고민해 보신 후, 계속해서 은퇴자금을 인출하실 건지 결정해 주십시오. 그럼에도 불구하고 인출을 하시겠다고 하면, 그 다음 단계를 고민해봐야 할 것 같습니다.

이 예시에서는 재무금융전문가가 그래도 고객에게 최후통첩(ultimatum)은 하지 않고 직언까지만 한 것을 볼 수 있다. 가까운 미래에 재무금융전문가가 고객과의 관계를 종결시킬 수도 있겠지만, 아직은 직언의 단계에서 최후통첩의 단계로 넘어가는 경계선을 밟지는 않았다.

최후통첩 (Ultimatum)

재무금융전문가는 고객에게 어떤 행동을 취하도록 촉구하는 단계에서 직언하는 단계로, 그리고 마지막으로는 최후통첩 단계로 넘어가기도 한다. 직언이 고객과 재무금융전문가와의 관계를 훼손할 가능성을 지닌 것이라면, 최후통첩은 문제해결의 수단이 되기도 하지만 혼돈의 상황을 만들어 커뮤니케이션을 완전히 종료시킬 수도 있다. 이러한 최후통첩은 고객의 행동이 제기능을 하지 못하고, 재무설계 과정을 방해할 때 발생한다.

재무금융전문가들에게 파레토의 법칙(Pareto principle)[7]은 20%의 고객이 재무설계회사 수익의 80%를 만들고, 재무설계회사 문제의 80%는 20%의 고객이 야기한다는 것이다. 어떤 전문가들은 업무효율성을 향상시키는 방법으로, 문제가 있는 고객과 수익 창출이 낮은 고객을 연단위로 정리하는 것을 권하기도 한다. 고객과의 관계를 어떻게 종료하는가는 이 책의 범위를 벗어나는 것이지만, 재무금융전문가가 고객과의 관계를 종료할 때에는 최후통첩을 해야 할 필요가 있다. 그 예시를 들어보면 다음과 같다.

전문가: 오늘 와 주셔서 고맙습니다. 뵙고자 한 이유는, 저의 팀원들과 제가 고객님의 자료파일을 검토해 보았기 때문입니다. 고객님께서는 과거 3년 동안 저희가 제안한 내용들 중에서 단 두 가지만 실행을 하셨는데, 알고 계시지요?

고 객: 그래요? 몰랐는데요.

전문가: 저희가 파악한 문제점에 대하여 좀 말씀 드리겠습니다. 첫째, 고객님께서는 재무설계 서비스를 위해 비교적 많은 비용을 내고 계신데요, 저희가 제안한 내용들을 실행하지 않으시면, 결과적으로 돈을 낭비하는 겁니다. 둘째, 이건 좀 더 중요한 문제인데, 우리 회사에서 재무설계 서비스를 받고자 하는 고객들이 상당히 많이 대기하고 있습니다. 의아하게 들리실 수도 있지만, 저희는 서비스가 제대로 실행되지 않았는데, 고객님으로부터 자문료를 받는 것에는 관심이 없습니다. 저희가 제공해 드린 재무설계제안서를 실행하는 데에 관심이 없는 고객보다는, 재무설계과정에 적극적이고 능동적으로 참여하는 새로운 고객과 일하는 것을 더 선호합니다.

고 객: 간단히 말해서 나에 대한 서비스를 중단하겠다는 뜻인가요?

전문가: 꼭 그런 뜻은 아닙니다. 제가 고객님께 바라는 것은, 고객님께서 내신 서비스비용과 비교해서, 저희 서비스의 가치에 대해 생각해 주십사 하는 것입니다. 바꾸어 말씀 드리면, 고객님께서 재무설계 과정과 실행에 적극적으로 참여하시지 않는 한, 저희도 자문료 청구를 더 이상 할 수는 없습니다. 2주 후에 다시 만나서, 앞으로 저희와의 관계를 어떻게 하실지에 대해 얘기 나누면 어떨까요?

어떤 의미에서 보면, 위의 예시는 직언과 최후통첩의 두 가지를 조합한 것이다. 재무금융전문가는 고객이 재무설계회사의 서비스를 올바로 이해하고 있는지에 대해 지적했다. 또한 많은 사람들이 그 회사의 서비스를 받기를 희망하고 있다는 점도 말했는데, 이는 곧 고객과의 관계를 끝내자는 일종의 최후통첩이라고 볼 수 있다.

최후통첩을 하는 것은 실제 재무설계 분야에서는 매우 드물다. 왜냐하면 최후통첩이라는 극단적 커뮤니케이션 기술은 때로는 재무금융전문가의 윤리규정과 업무수행기준(ethics and standards of conduct)에 관련된 문제를 야기할 수 있기 때문이다. 예를 들어, 한 남성 고객이 본인과 어떤 낯선 여성의 이름으로 공동명의의 증권계좌를 개설해 달라고 요구하는 상황을 상상해 보자. 그런데 재무금융전문가는 그 고객에게 아내와 자녀가 있다는 것을 알고 있고, 여러 가지 정황상 그 고객과 낯선 여성이 내연관계라는 것이 분명해 보였다. 규정과 규준에 따르면, 고객 개인의 정보를 제3자에게 공개하지 못하도록 되어 있다. 따라서 고객이 새로운 계정을 개설했다는 사실을 그의 배우자에게 알리는 것은 윤리규정에 어긋날 뿐 아니라 불법이다. 그러나 고객의 불륜 사실을 눈감아 주는 것은 도덕적으로 옳지 않다. 이러한 경우, 재무금융전문가는 어떻게 해야 하는가? 딜레마를 해결하기 위해 재무금융전문가는 아마도 고객과의 관계를 끝내겠다는 최후통첩을 하기를 원할 것이다. 이렇게 하면 비록 고객은 한 명 잃게 되지만, 적어도 윤리적 딜레마는 해소할 수 있기 때문이다.

요 약

지금까지 고객과 재무금융전문가와의 유대관계를 형성하고 증진시키는 데 사용하는 여러 가지 커뮤니케이션 도구와 기술에 관해 살펴보았다. 비지시적 커뮤니케이션 기술은 기본적으로 고객 중심이다. 고객을 비지시적 커뮤니케이션의 선두에 두는 것은 고객과의 대화, 편안한 관계, 정보·의견·감정 등의 공유를 향상시키는 이상적 방법이기 때문이다.

모든 재무설계 시나리오에서 커뮤니케이션의 방향은 고객 중심으로부터 재무금융전문가의 역할을 강조하는 방향으로 나아간다. 제7장에서는 고객을 행동과 재무설계 실행단계로 이끌어가는 데 가장 널리 사용되는 지시적 커뮤니케이션 도구와 기술에 대해 살펴보았다. 상대적으로 덜 지시적인 커뮤니케이션 기술은 해석, 리프레이밍과 제안이다. 이러한 기술은 고객이 여러 가지 선택대안들에 직면했을 때 올바르고 현명한 의사결정을 하도록 도와주는 데 사용된다. 설명과 조언은 재무설계 실무에서 가장 널리 사용되는 지시적 커뮤니케이션 기술이다. 설명은 복잡한 이슈들을 고객이 쉽게 이해할 수 있도록 만드는 기능을 할 뿐만 아니라, 고객과 재무금융전문가와의 신뢰관계를 공고하게 만든다. 마지막으로, 아주 주의 깊고 신중하게 사용해야 할 지시적 커뮤니케이션 기술로, 촉구, 직언, 최후통첩에 관하여 살펴보았다. 세 가지 방법은 모두 고객이 어떤 의사결정이나 행동을 하도록 재촉하는 데에 효과적이다. 그러나 이러한 방법은 고객과 재무금융전문가의 협력관계에서 갈등을 야기할 수 있다.

단원 정리 문항

1. 재무설계의 기본 목적은 무엇인가?
   a. 고객에게 돈에 대한 감정과 태도를 이해하도록 도와주는 것
   b. 고객이 경험한 재무성과를 개선시키는 것
   c. 고객에게 재무관련 질문과 문제에 대한 직접적 조언을 해주는 것
   d. 재무금융전문가가 자신의 전문성을 고객에게 설명해 주는 것
2. 재무문제에 관한 고객의 관점을 바꾸기 위해서는 어떤 종류의 커뮤니케이션 기술을 사용해야 하는가?
   a. 해석
   b. 리프레이밍
   c. 설명
   d. 촉구
3. 재무설계과정에서 고객이 스스로 의사결정을 하고 일련의 행동을 선택할 수 있도록 도와주는 커뮤니케이션 기술은 어떤 것인가?
   a. 제안
   b. 조언
   c. 리프레이밍
   d. 최후통첩
4. 재무금융전문가가 "고객님께서는 빨리 결정을 내리셔야 합니다. 장이 20분 안에 마감되기 때문에, 고객님의 포지션을 청산하는 행동을 취하셔야 합니다"라고 말했다면, 어떤 종류의 지시적 커뮤니케이션에 가장 가까운가?
   a. 최후통첩
   b. 직언
   c. 촉구
   d. 설명
5. 고객에게 여러 개의 적절한 재무설계대안을 제공하고, 고객이 그중 하나를 선택하여 의사결정을 하도록 하는 것을 선호하는 재무금융전문가는 어떠한 성향을 가지고 있다고 볼 수 있는가?

a. 조언에 기반을 둔 이론적 토대
b. 다방면적 지식에 기반을 둔 이론적 토대
c. 정보에 기반을 둔 이론적 토대
d. 계량적 측면에 기반을 둔 이론적 토대

6. 고객이 "저는 시장이 안 좋아질까봐 매우 노심초사하고 있습니다. 걱정이 되서 잠도 제대로 못자요"라고 말했다. 잠깐 뒤에 재무금융전문가는 "저도 시장상황에 대해 걱정하고 있습니다. 적어도 단기적인 관점에서는요. 그래서 많이 생각해 보았는데, 고객님께서 잠을 설칠 필요는 없을 것 같습니다"라고 응답했다. 이러한 재무금융전문가의 반응은 어떤 기술에 속하는가?
   a. 해석
   b. 리프레이밍
   c. 설명
   d. 촉구
7. 한 고객이 재무금융전문가에게 전화를 걸어 허둥대며 말했다. 회사에서 오늘 당장 퇴직연금상품을 선택하라고 했다는 것이다. 그는 주식과 뮤추얼펀드의 차이점도 이해하지 못한다고 했다. 이에 대해 재무금융전문가가 "많은 사람들이 주식과 뮤추얼펀드를 혼동합니다. 간단히 말해서, 만약 고객님이 주식을 사면 회사에 직접 투자를 하는 것이고, 뮤추얼펀드를 사면 간접적으로 다양한 회사에 투자하는 것입니다. 뮤추얼펀드는 여러 회사의 주식을 보유하고 있기 때문에 일반적으로 더 안전하다고들 합니다"라고 답했다. 이와 같은 재무금융전문가의 응답은 어느 것에 가장 가까운가?
   a. 해석
   b. 프레이밍
   c. 설명
   d. 촉구
8. 한 재무금융전문가가 전화통화를 하면서, "톰, 주가가 하락하고 있어요. 지금 당장 그 주식을 파세요. 다른 선택의 여지가 없습니다. 만약 그걸 팔지 않으면, 저는 도와 줄 수 있는 방법이 없어요"라고 소리 높여 말했

다. 이는 어떤 유형의 커뮤니케이션 기술을 보여주는 사례인가?

a. 해석

b. 프레이밍

c. 설명

d. 촉구

9. 고객과 재무금융전문가와의 관계를 종료시킬 가능성이 가장 높은 커뮤니케이션 기술은 무엇인가?

a. 촉구

b. 직언

c. 최후통첩

d. 바꾸어 말하기

10. 고객과 재무금융전문가가 신뢰와 책무에 바탕을 둔 관계를 형성하기 위해 필요한 커뮤니케이션 기술은 무엇인가?

a. 설명

b. 프레이밍

c. 촉구

d. 직언

11. 친구, 동료들과 함께 지시적 커뮤니케이션 기술의 사용방법을 연습해 보자. 우선 어떤 문제에 관해 조언 받기를 원하는 사람을 찾는다. 개방형과 폐쇄형 질문들을 사용하여, 그가 당면하고 있는 문제와 그 문제를 해결하기 위한 그간의 노력, 그 결과 등에 관한 각종 정보들을 되도록 많이 얻도록 하자. 정보를 얻은 다음에는 그가 직면한 상황에 대해 해석해 보자.

12. 친구, 동료들과 함께 재무설계분야에서 나타나는 여러 가지 현상의 원인-결과 관계에 대한 목록을 작성해 보자. 예를 들어, 어떤 사람들은 귀금속을 사 두는 것이 인플레이션에 대비하는 좋은 방법이라고 믿는다. 인플레이션이 발생하면, 금값도 올라가기 때문이라는 것이다. 이와 비슷한 현상들에 대한 목록을 작성한 다음, 각 현상의 인과관계가 재무설계상의 관점에서 어떻게 리프레임될 수 있는지에 대한 반론을 제기해 보자.

주

1. J. E. Grable and S.-H. Joo, "A Further Examination of Financial Help-Seeking Behavior," *Journal of Financial Counseling and Planning* 12, no. 1 (2001): 55-73.
2. GAO, "Report to Congressional Addressees: Consumer Finance," www.gao.gov/new.items/d11235.pdf.
3. A. Bechara and A. R. Damasio, "The Somatic Marker Hypothesis: A Neural Theory of Economic Decision," *Games and Economic Behavior* 52 (2005): 336-372.
4. J. Sommers-Flanagan and R. Sommers-Flanagan, *Clinical Interviewing*, 3rd ed. (Hoboken, NJ: John Wiley & Sons, 2003).
5. Id.
6. 이를 경제학 관계문헌들에서는 '홉슨의 선택'(Hobson's choice)이라고 부른다.
7. '80/20 법칙'이라고도 부르는 것으로, 거의 모든 경우에 80%의 일은 20%의 사람들이 한다든지, 80%의 결과는 20%의 원인이 일으킨다는 등의 법칙을 말한다.

제 8 장 신뢰, 문화, 그리고 커뮤니케이션 금기사항

재무설계에서의 신뢰와 문화

재무금융전문가에 대한 고객의 신뢰와 적극적 참여라는 두 가지 개념에 관해서는 이 책의 앞 부분에서 설명하였다. 이 책에서 다루는 커뮤니케이션 도구와 기술은 고객과 재무금융전문가의 관계를 개선하고 향상시키기 위한 것들이다. 제8장에서는 고객과 전문가와의 관계에서 가장 중요한 요소인 신뢰의 명확한 개념을 알아보고, 전문가가 고객과의 신뢰를 형성하는 기본적 방법들에 대해 살펴보기로 하겠다. 여기에서 중요한 점은 문화적 이슈가 신뢰형성과 커뮤니케이션 과정에 중요한 영향을 미친다는 것이다. 재무금융전문가가 일상적으로 사용하는 언어적 · 비언어적 커뮤니케이션 방법들이 고객의 배경에 따라 문화적으로 부적절하거나, 때로는 모욕적인 것으로도 해석될 수도 있다. 고객과의 신뢰가 깨지는 것을 원하는 재무금융전문가는 아무도 없겠지만, 이러한 일이 본의 아니게 일어날 수 있음을 기억해야 한다. 문화적 가치 · 규범(cultural value and norms)과 커뮤니케이션 전략과의 상호관계를 명확하게 이해하는 재무금융전문가는 고객과의 신뢰를 형성 · 유지하고, 자신의 업무수행능력을 발전시키는 데 있어 유리한 위치를 차지할 수 있다.

일부 재무설계회사에서는 성공적인 재무설계의 전형적인 모델을 개발하려고 시도하기도 하지만, 재무금융전문가들은 매우 다양한 유형이 있기 때문에 어떤 전형을 찾기 어렵다. 성공한 재무금융전문가들 중에는 말이 많고 거만하다는 평가를 받는 사람도 있다. 그러나 성공한 재무금융전문가의 대부분은 유순하고 소심하며, 어떤 사람들은 할인점에서 구입한 양

복을 입고 픽업트럭을 몰고 다닌다. 또한 학생들을 위해 무료로 강연을 하는 재무금융전문가들도 많다.

재무금융 분야에서 가장 중요한 일은 고객이 전문가를 신뢰하는 것이다. 이는 매우 중요한 문제이다. 재무금융전문가에 대한 고객의 신뢰수준은 전문가의 재무설계제안을 실행할 가능성과 직접적으로 관련되기 때문이다. 신뢰의 형성과 증진에 관한 거의 모든 연구결과들은 한 가지 사실로 귀결되는데, 고객이 재무금융전문가를 그가 개인적으로 신뢰하는 사람과 비슷하다고 생각하면, 그 전문가의 능력을 높게 평가하고 신뢰하게 된다는 것이다.[1] 이러한 평가는 고객으로 하여금 재무금융전문가의 재무설계제안을 실행하도록 이끌어 준다.

모든 고객들은 문화적 선호(cultural preference)를 가지고 있다. 크루터(Kreuter)와 맥클러(McClure)[2]에 의하면, 문화는 가치관, 신념, 관습, 규범, 역할, 사회규칙, 그리고 여러 세대를 거쳐 습득하고 공유해온 커뮤니케이션 스타일을 포함하는 것이다. 이러한 여러 가지 문화적 요소들 각각에 대하여 좋아하거나 싫어하는 개인의 성향을 문화적 선호라고 할 수 있다. 이러한 성향은 재무설계와 관련된 고객의 행동에도 중요한 영향을 미친다.

그러므로 재무금융전문가는 고객들의 문화적 선호를 파악하는 것이 중요하다. 재무금융전문가가 동일한 문화적 선호를 공유하는 고객을 만난다면, 한 걸음 더 성공으로 다가설 수 있다. 반면, 재무금융전문가의 개인적 커뮤니케이션 스타일이 고객의 문화적 선호와 조화되지 않는다면, 그래서 고객과의 문화적 선호를 공유하는 데 실패한다면 성공하기 쉽지 않다. 이것이 어떤 전문가는 좋은 고객군을 끌어들이며, 어떤 전문가는 그러한 고객군을 놓쳐버리는 중요한 이유 중 하나이다.

고객의 문화적 특성에 대한 이해

대인 간 커뮤니케이션과 문화적 상호작용은 개인적 수준에서 세 가지 유형이 있다.[3] 즉 ① 책임감 선호, ② 대인관계 선호, ③ 위험관리 선호로 나눌 수 있다. 그러나 이들은 완전히 독립적인 것이 아니라, 서로 상호작용을 한다.

책임감 선호 (Responsibility Preference)

책임감 선호는 어떤 문제나 일에 대한 책임을 지는 데 있어 다른 사람들과의 관계를 설명한다. 어떤 문제나 일에 대해 개인이 혼자서 책임지는 것을 선호하는 성향을 개인주의(individualism)라고 부르고, 어떤 문제나 일에 대해 다른 사람들과 공동으로 책임지는 것을 선호하는 성향을 집단주의(collectivism)라고 부른다. 그러나 두 가지 선호는 서로 완전히 독립적인 것이 아니라, 하나의 연속선 위에 있다. 〈그림 8.1〉을 보면, 왼쪽은 문화적으로 개인주의를 선호하는 사람들을 나타낸다. 이는 독립적, 개인적인 규범을 중시하는 문화이다. 반면 오른쪽은 문화적으로 집단주의를 선호하는 사람들을 나타낸다. 이는 상호의존적인 규범을 중시하는 문화이다.

개인주의와 집단주의 성향은 문화적 사회화(cultural socialization) 과정을 통해 형성된다. 예를 들어, 미국 가정에서 성장한 전형적인 어린이를 생각해 보자. 미국의 일반적인 문화적 규범은 독립적인 사고, 행동, 생활

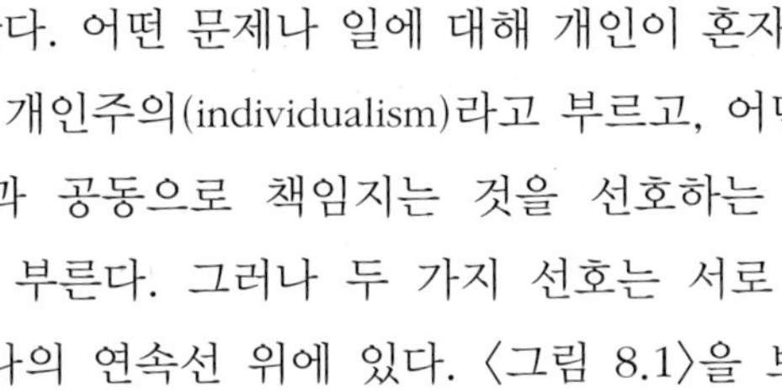

그림 8.1 | 책임감 선호의 연속체

을 독려하는데, 이러한 문화적 규범이 개인주의 선호를 갖게 만들었다. 미국 사람들은 집단적 행동보다는 개인적 행동을 높이 평가하는 문화적 관점을 공유해 왔다. 그러나 오늘날에는 미국의 문화가 많이 변화하면서, 〈그림 8.1〉의 연속체상에서 집단주의에 더 가까운 문화적 성향을 지닌 사람들이 증가하고 있다. 커뮤니케이션이론에서 집단주의라는 용어는 주로 상호의존성(interdependence)의 뜻으로 사용된다.[4]

개인주의 문화에서 성장한 어린이들과는 달리, 상호의존적인 집단주의 문화에서 성장한 어린이들은 독립적 사고와 행동보다는 사회규범에 대한 순응, 다른 사람에 대한 배려와 포용 등을 높이 평가하는 경향이 있다. 이러한 문화적 성향을 나타내는 사례는 일상적 커뮤니케이션에서도 많이 찾아볼 수 있다. 예를 들어, '우리'라는 표현보다는 '나'와 '당신'이라는 표현을 많이 사용하는 고객은 개인주의적 책임감 선호를 가지고 있을 가능성이 높다.

책임감 선호는 재무금융전문가와 고객의 관계를 공고히 하거나 반대로 관계를 약화시킬 수 있다. 집단주의적·상호의존적 문화에서는 가족관계를 중시하기 때문에 가정에 개인적·재정적 어려움이 생겼을 때, 젊은 가족구성원이 고령의 가족구성원을 도울 것이라는 가정도 성립할 수 있다. 이러한 부양의 의무는 종종 재무설계과정에서 재무금융전문가가 제안한 내용과 충돌을 일으키기도 한다. 집단주의적 책임감 선호가 아주 강한 고객은 가족과 지역사회를 위하여 본인의 저축과 개인적 목표를 희생하려고 하는데, 만약 재무금융전문가가 개인주의적 책임 선호성향을 가지고 있다면 고객과의 관계에서 갈등이 생길 수 있다.

대인관계 선호 (Interpersonal Preference)

대인관계 선호는 사회적 상호작용과 관련된 것이다. 사회나 조직의 구성원들 간의 관계에서 민주적 평등관계를 선호하느냐, 위계질서적 상하관계를 중시하느냐를 말한다. 대인관계 선호도 구성원들이 성장하고 거주하는 사회나 문화권에서 어떻게 사회화되었는가에 의해 형성된다. 〈그림 8.2〉에서 보는 바와 같이 대인관계에 대한 문화적 선호는 비권력적-대등적 관계와 권력적-위계적 관계로 나누어질 수 있다.[5]

미국 소도시의 소규모 재무설계회사를 상상해 보자. 이러한 회사는 일반적으로 한 명 또는 두 명의 사업주가 소유하고 운영한다. 직원들은 각자 맡은 바 업무와 책임을 갖고 있지만, 사무실의 분위기는 사장과 직원들이 격의 없이, 그러나 서로 예의바르게 일하는 편이다. 이러한 회사의 관리자는 직원들의 솔직한 의견과 피드백을 원한다. 최종 의사결정권은 관리자가 가지고 있지만, 일반적으로 직원들도 의사결정과정에 참여한다. 사장이 회의실 청소를 하고 있는데, 옆에서 직원들이 자료를 만들고 있거나 전화통화를 하는 것은 쉽게 볼 수 있는 광경이다. 이 회사의 대인관계 문화는 비권력적-대등적 관계에 기반하고 있다.

이번에는 아시아 큰 도시에 있는 대규모 재무설계회사를 생각해 보자. 이러한 회사에서 각 직원들의 역할과 책임은 매우 명확하게 나누어져

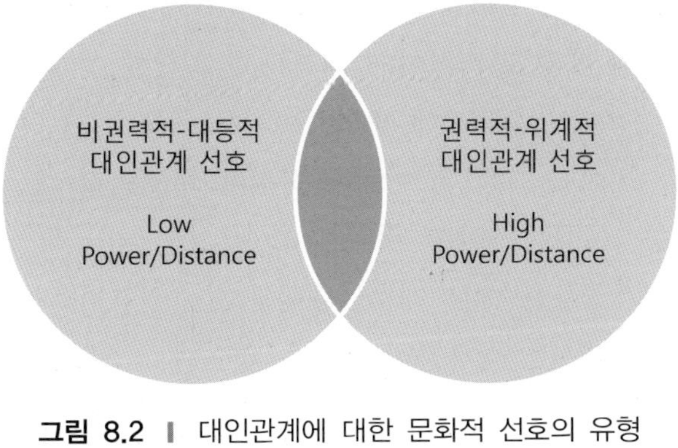

그림 8.2 | 대인관계에 대한 문화적 선호의 유형

있고, 엄격하게 지켜진다. 또한 권력의 차이가 매우 크다. 매일 격식을 차려야 하고, 직원들은 직접적으로 의견을 내는 것을 피하고, 어떤 방식으로든 상사의 의견에 반박하지 않는 문화에 적응이 되어 있다. 상사와 관리자들은 언어적으로나 비언어적으로나 직접적인 지시를 한다. 고위급 상사가 초보직원과 옆자리에서 일하는 경우는 거의 없다. 이 회사의 대인관계 문화는 권력적-위계적 관계에 기반하고 있다.

만약 미국의 소규모 재무설계회사에서 일하던 재무금융전문가가 아시아의 대규모 재무설계회사에서 일을 한다면, 그는 도전적일 뿐 아니라 호전적인 사람으로 보일 수 있다. 반면 아시아의 재무금융전문가가 미국의 소규모 재무설계회사에서 일한다면 모든 것이 혼란스럽고 모호할 것이다. 위의 사례에 주어진 미국과 아시아의 재무설계회사가 둘 다 매우 성공적인 회사라고 할지라도, 문화적 관점에서는 두 회사가 비권력적-대등적 대인관계와 권력적-위계적 대인관계의 양 극단을 보여준다. 미국 회사는 모든 구성원들 간의 평등과 공유를 중시하는 문화적 규범을 갖고 있는 반면, 아시아의 회사는 격식과 위계질서, 권력구조를 중시하는 문화를 갖고 있다.

대인관계 선호에 대한 문화적 차이를 이해하는 것은 재무금융전문가의 성공에 장·단기적으로 중요한 영향을 미친다. 예를 들어, 아시아의 많은 문화권에서는 권력적-위계적 대인관계를 중시하기 때문에, 젊은이는 노인을 공경해야 한다. 또한 사회적 지위가 권력의 중요한 요소가 된다. 이와 같은 문화로 인하여 한국, 일본, 중국의 거의 모든 금융서비스회사는 고객을 응대할 때 매우 공식적이고 엄격하고 복잡한 격식이나 행동을 취한다. 통제와 수용이 일반적으로 받아들여지는 문화에서는 이러한 서비스 방식이 적절할 것이다. 그러나 이러한 방식은 비권력적-대등적 대인관계를 중시하는 문화에서는 실패할 확률이 크다. 또한 미국의 소도시에서 격식 없이 재무설계업무를 해온 재무금융전문가는 권력적-위계적 대인관계를 중시하는 회사에서는 성공하기 어려울 것이다.

위험관리 선호 (Risk Management Preference)

문화와 대인관계 커뮤니케이션은 위험관리 선호와도 관련이 있다.[6] 여기에서 한 가지 짚고 넘어갈 점은 커뮤니케이션 이론에서 사용되는 위험의 개념은 재무설계에서의 위험과는 다른 개념이라는 것이다. 재무설계에서 위험이란 불확실성을 가진 재무문제에 대하여 의사결정을 할 때 기꺼이 감수하고자 하는 손실의 수준을 의미한다. 이는 재무위험수용성향(financial risk tolerance)을 말한다. 재무위험수용성향도 일정 부분은 개인의 문화적 관점에 의해 영향을 받지만, 이는 다른 측면의 논의가 필요한 주제이다. 대인 커뮤니케이션 요인으로서의 위험관리는 어떤 사람이 다른 사람과의 사회적 상호작용에서 모호하고 불확실한 것을 처리하는 방식을 의미한다.

위험관리방식은 개인에 따라 달라지기도 하지만, 문화에 따라서도 달라진다. 특히 사람들이 사회적 위험에 대해 가지고 있는 관점은 문화에 따라 많은 차이가 있다. 여기에서 사회적 위험이란, 다른 사람들과 기꺼이 관계를 맺으려는 의향, 모르는 사람들에게 본인의 개인정보를 공유하려는 정도라고 정의할 수 있다. 사람들이 사회적 위험을 어떻게 받아들이느냐에 따라 유형을 나누면, 일반적으로 〈그림 8.3〉과 같이 구분된다. 즉, 사회적 위험을 적극적으로 관리하려는 성향을 가진 사람들과 이를 소극적으로 관리하려는 성향을 가진 사람들로 나눌 수 있다. 이들은 하나의 연속체 상에 존재한다.

재무금융전문가는 고객과의 관계를 형성함에 있어, 고객이 문화적으

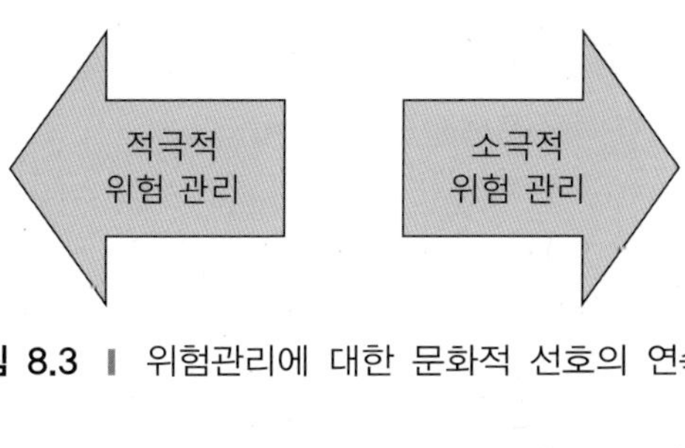

그림 8.3 | 위험관리에 대한 문화적 선호의 연속체

로 사회적 위험을 적극적으로 관리하는 성향인지, 그렇지 않은 성향인지를 먼저 파악하는 것이 중요하다. 사회적 위험을 적극적으로 관리하는 고객들은 어떤 질문을 했을 때, 매우 신중하게 응답하는 경향이 있다. 이러한 성향의 고객들은 재무금융전문가가 개인적인 정보와 배경 등을 질문할 때, 말을 아끼거나 천천히 말한다. 반면, 사회적 위험을 소극적으로 관리하는 성향을 가진 고객들은 재무금융전문가의 질문에 자유롭고, 자세하게 답하며, 묻지 않은 것에 대해서도 이야기하는 경향이 있다. 이러한 유형의 고객들은 의도적이든 비의도적이든 간에 어떤 문제나 해결방법 등에 대해 전문가와 토론하는 것을 좋아한다.

위험관리와 관련하여 고객과 재무금융전문가 간에 관점의 차이가 있는 경우, 재무설계 과정이 불만족스럽게 끝날 수 있다. 예를 들어, 미국에서 일하는 전문가의 상당수는 위험을 소극적으로 관리하는 성향을 기본으로 전제하고, 커뮤니케이션을 진행한다. 즉, 대부분의 재무금융전문가들은 재무설계에 필요한 질문에 대하여 고객들이 직접적이고 정직하게 대답해 줄 것이라고 기대한다. 만약 재무금융전문가의 제안내용이나 실행전략 등에 대해 고객이 부적절하거나 위험하다고 생각하면, 그 부분에 대해 솔직하고 숨김없이 말해줄 것이라고 예상한다. 이러한 예상과 기대는 재무금융전문가와 고객이 서로 비슷한 문화적 배경을 지니고 있을 때는 거의 정확하게 들어맞을 수 있다. 그러나 고객이 문화적으로 강한 위험회피성향을 가졌을 경우에는 맞지 않을 것이다. 문화적 사회화 과정을 통해 위험에 대한 적극적 위험관리 성향을 갖게 된 고객은 재무금융전문가의 제안과 실행전략 등에 대해 의구심을 가질 수 있기 때문이다. 이러한 고객들에게는 재무설계과정 전반에 관련된 정보나 계획, 기대효과 등을 자세하고 명백하고 솔직하게 설명해 주어야 한다. 그리고 고객의 역할과 임무 등에 대한 지침을 제시하고, 재무설계과정에 적극적으로 참여하도록 유도해야 한다.

어떤 재무금융전문가가 고객에게 “언제든지 제 사무실을 방문하셔도 좋습니다”라고 말했다면, 그 고객은 어떤 뜻으로 해석할까? 아마도 대부분의 고객들은 그 전문가가 친근감을 나타내는 따뜻한 표현을 한 것이라고 생각할 것이다. 그러나 당혹감이나 사회적 오해를 회피하려는 성향이 강한 고객은 그 말을 듣고 당황할 수도 있다. 왜냐하면 그것이 재무문제가 있을 때마다 방문하라는 말인지, 약속한 대로 2주마다 정기적으로 방문하라는 뜻인지, 아니면 재무금융전문가가 연락할 때까지는 방문할 필요가 없다는 뜻인지 고민스럽기 때문이다. 이와 같은 모호성의 정도가 심해지면, 고객은 재무금융전문가와의 관계를 끝낼 수도 있다. 그러므로 고객이 위험을 회피하려는 강한 성향과 문화적 규범을 가지고 있다고 판단될 경우, 정보와 기대가 정확하게 전달되고 이해될 수 있도록 다시 한번 확인하는 절차를 거쳐야 한다.

이상에서 세 가지 유형의 문화적 선호성향에 대해 살펴보았는데, 화-프로엘리크와 비질(Hwa-Froelich and Vigil)은 두 가지의 중요한 사항을 지적했다.[7] 첫째, 다른 문화 간의 커뮤니케이션은 오해와 갈등을 일으킬 위험이 있다는 것이고(p. 114), 둘째, 만약 고객의 문화적 규범이 재무금융전문가의 규범과 맞지 않거나 재무금융전문가가 고객과의 문화적 차이를 인식하지 못하면, 고객은 가차없이 재무설계회사를 바꿀 수 있다는 것이다. 다시 말하면, 고객의 문화적 고유성을 고려하지 않거나 고려할 수 없는 재무금융전문가는 고객에 의해 업무관계가 끝나게 될 것이라는 뜻이다.

거의 모든 미국인들, 특히 유럽계의 미국인들은, 독립성, 비권력적-대등적 대인관계 선호, 소극적 위험관리 성향 등의 문화적 관점을 공유하고 있다. 그러나 미래에는 점점 더 상호의존성, 권력적-위계적 대인관계 선호, 적극적 위험관리 성향 등의 문화적 관점을 가진 고객이 증가할 것으로 보인다.

위와 같은 두 가지 유형의 고객들이 갖는 문화적 성향은 〈그림 8.4〉에서 보는 바와 같이, 서로 직접적인 갈등을 일으킬 수도 있다. 그러나 재무금융전문가가 이 책에서 배운 여러 가지 커뮤니케이션 도구와 기술들을 사용하여 고객의 선호와 취향 등을 더 잘 이해한다면 그러한 갈등은 일어나지 않을 것이다. 이를 위해서는 고객의 재무상태와 꿈, 목표뿐만

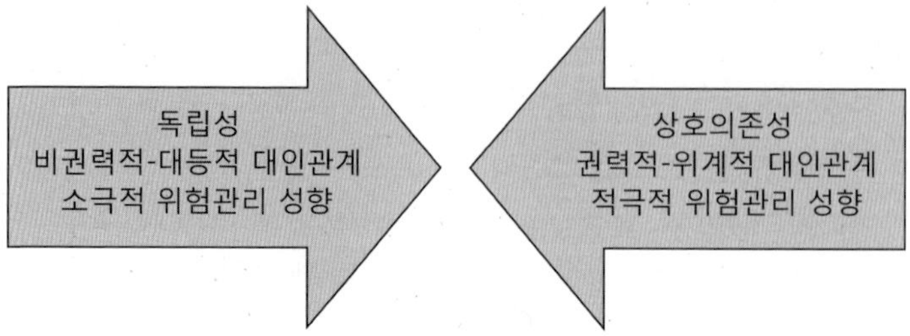

그림 8.4 | 문화적 관점과 선호의 충돌

아니라, 고객의 가족배경, 문화적 관점과 성향, 선호 등에 대해서도 알아야 한다.

문화와 신뢰 (Culture and Trust)

이 책에서 제시하는 모든 도구, 기술, 전략과 그 응용에 관련된 전제는 재무금융전문가가 단순히 어떤 거래를 수행하는 것 이상에 관심을 갖고 있다는 것이다. 재무금융전문가가 고객과 지속적이고 헌신적이며 심도 있는 협력관계를 형성하는 데 관심을 갖는 것은 당연하다. 그리고 이러한 관계에서 핵심은 신뢰이다. 신뢰라는 말은 광범하게 사용되면서도 명확하게 정의되지 않는 단어들 중 하나이다. 신뢰에 대한 정의 중 서술적이면서도 통찰력 있는 정의는 다음과 같다.[8] “신뢰란 상대방을 믿고 기꺼이 의지하려는 의도이며, 어떤 행동을 하는 것이 자신에게 취약한 상황이 되더라도, 상대방을 위해 그 행동을 하려는 의지를 말한다.”

신뢰는 정직, 선의, 협력, 파트너십 등의 개념들과 밀접한 관련이 있고, 불확실성과 기대라는 개념과도 관계되어 있다. 다른 사람을 신뢰한다는 것은 그 사람과의 상호 교환관계를 전제로 한다. 상호교환은 금전적인 것일 수도 있고 사회적인 것일 수도 있는데, 모든 거래관계에서의 신뢰는 위험을 수반한다.

호프스테드(Hofstede)[9]는 “다른 사람에 대한 신뢰형성은 평가, 행동,

신념에 영향을 미치는 사회적 규범과 문화적 가치관에 의하여 결정된다"고 하였다. 고객과 재무금융전문가가 동일한 문화적 가치관, 성향, 규범을 지니고 있을 때, 이들 간에 신뢰관계가 형성될 가능성이 극적으로 증가한다. 수줍음을 잘 타고 소심하다는 평가를 받는 재무금융전문가일지라도, 자신의 문화적 규범과 가치관을 특정의 고객에게 맞추는 방법을 잘 찾는다면 고객과의 신뢰가 형성되어 크게 성공할 수 있다.

그러나 문화적인 성향과 가치관을 맞추는 것이 고객과 재무금융전문가의 업무적 신뢰관계를 형성하는 유일한 요인은 아니라는 점을 기억해야 한다. 오히려 개인주의적 성향을 지닌 재무금융전문가가 집단주의적 성향의 고객과 재무설계업무를 더 잘할 수도 있다. 재무설계에서 신뢰형성의 핵심은, 재무금융전문가와 고객이 서로 신뢰를 쌓는 방향으로 정보 교환과 커뮤니케이션의 방법을 맞추어 가는 것이다. 고객의 문화적 선호를 인정하고, 기본적인 문화적 가치를 공유하며, 인식의 차이를 인정하고, 재무설계 방법을 바꿔보는 것도 고객과 전문가의 신뢰를 형성하는 데에 효과적이다. 그렇다면 고객과 재무금융전문가의 신뢰는 정확히 어떻게 형성되는가?

신뢰형성의 다섯 가지 접근방법

〈그림 8.5〉에서 보는 바와 같이, 고객은 재무금융전문가와 신뢰를 형성할 때, 다섯 가지 접근방법, 즉 계산적, 예측적, 의도적, 능력, 전이 방법 중 하나를 사용한다.[10] 고객이 어떤 방법을 사용할 것인가를 결정하는 데는 문화적 규범과 가치관이 중요한 역할을 한다. 그러므로 재무금융전문가는 신뢰형성의 다섯 가지 방법과 그 효과에 대해 이해하고, 고객이 문화적 관점에 적합한 방법을 융통성 있게 선택할 수 있도록 도와주어야 한다.

첫째, 계산적 접근방법은 고객이 재무금융전문가를 신뢰할 것인가, 만약 신뢰한다면 어느 정도까지 신뢰할 것인가를 결정할 때, 전통적인 비용/

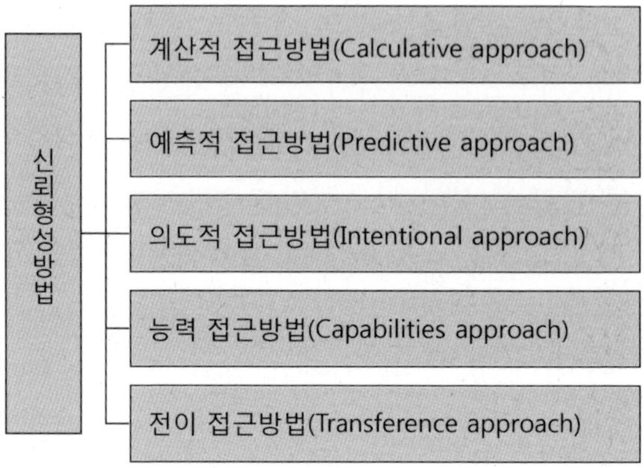

그림 8.5 | 신뢰형성과 관련된 다섯 가지 접근방법

편익분석를 통하여 결정하는 것을 말한다. 계산적 접근방법은 기본적으로 사회교환이론에 근거한 것이다. 이 이론에 의하면, 다른 사람과 관계를 맺을 때 들어가는 노력과 금전 등의 비용과 이를 통해 얻게 될 이익, 혜택 등을 비교해서 결정한다는 것이다. 이를 재무설계에 적용해 보면, 고객이 얻게 될 이익 내지 혜택은 재무안정성, 재무복지의 증진, 재무금융전문가와의 관계 형성 등이다. 반면, 고객이 부담해야 하는 비용은 재무설계 서비스 비용, 시간비용, 다른 사람과 개인 정보를 공유하는 것에 따르는 잠재적인 대인관계 비용 등이다. 고객이 재무금융전문가에 대한 신뢰를 형성하기 위해서는 비용보다 편익이 더 커야 하는데, 이러한 계산적 접근방법은 다른 사람과의 관계 형성에서 혜택이나 보상 등의 편익을 극대화하고자 하는 사람들이 선호한다. 그러므로 비권력적-대등적 대인관계를 선호하는 사람들과 적극적 위험관리 성향을 갖고 있는 고객들은 계산적 접근방법을 좋아하지 않는다.

둘째, 예측적 접근방법은 재무금융전문가의 미래 행동을 예견할 수 있는 고객의 능력을 기반으로 한다. 그러나 누구도 미래를 정확하게 예견할 수 없기 때문에, 예측적 접근방법을 사용하여 재무금융전문가에 대한 신뢰를 형성하는 고객들은 재무금융전문가의 과거 행동을 근거로 그가 얼마나 신뢰할 만한 사람인지를 예측한다. 전문가의 과거 행동이 일관적일 수록 그에 대한 신뢰도 증가한다. 예측적 접근방법은 어디까지나 고객의 주관적 예측에 근거한 것이지만, 위험에 대한 적극적인 관리성향과 권력적-위계적인 문화규범을 지니고 있는 고객들이 이 방법을 통해 재무금융전문가에 대한 신뢰를 형성하는 경향이 높다. 상호의존성을 높이 평가하는 고객들도 예측적 접근방법을 많이 사용한다. 고객이 예측적 접근방법을 사용해서 재무금융전문가에 대한 신뢰를 형성하려면, 우선 자신이 재무금융전문가로부터 어떤 대접을 받고 있으며, 주어진 상황에서 전문가가 어떻게 행동할 것인지를 가능한 한 정확하게 판단하고 예측해야 한다. 고객이 예측한 결과에 부응하는 성과가 많이 나올수록 재무금융전문가에 대한 고객의 신뢰도가 높아지게 된다.

셋째, 의도적 접근방법은 재무금융전문가의 행동 의도나 동기, 진정성 등을 평가해서 신뢰를 형성하는 방법이다. 예를 들어, 고객과의 첫 번째 만남에서, 재무금융전문가가 값비싼 정장을 입고 고급 차를 몰고 와서 부유한 티를 냈다고 가정해 보자. 의도적 접근방법을 사용하는 고객이라면, 재무금융전문가가 위와 같이 행동한 의도나 이유 등을 평가하면서, 다양한 가치관을 연결시킬 것이다. 만약 고객이 재무금융전문가의 행동을 고객을 위해 예의를 갖춘 것이라고 긍정적으로 평가한다면, 전문가는 고객의 신뢰를 얻을 수 있다. 반면, 고객이 재무금융전문가의 행동을 이기적이고 과시적인 것으로 평가한다면, 고객의 신뢰를 얻지 못할 것이다. 의도적 접근방법은 상호의존성, 비권력적-대등적 대인관계 선호, 적극적 위험관리 성향 등의 문화적 규범을 가지고 있는 고객들이 즐겨 사용하는 경향이 있다.

그러나 고객이 재무금융전문가의 행동 의도에 대한 평가를 통해 신뢰를 형성할 때, 그 의도를 잘못 해석하기 쉽다는 문제점이 있다. 위의 예에 대하여, 어떤 고객은 재무금융전문가가 업무능력이 뛰어나서 돈을 많이 벌었다는 것을 보여주기 위한 행동 의도라고 해석할 수도 있다. 이렇게 해석을 한다면, 고객은 그와 신뢰관계를 형성하고 재무설계를 받기 원할 것이다. 이렇게 해석하는 고객들 중에는 개인주의성향, 권력적-위계적 대인

관계 성향, 소극적 위험관리 성향 등의 문화적 규범을 지니고 있는 사람들이 많다. 반면, 평등주의성향, 비권력적-대등적 대인관계 선호성향을 지닌 고객들은 재무금융전문가의 행동 의도를 부를 과시하기 위한 것으로 해석하고 불쾌하게 생각하는 경향이 높다. 그래서 신뢰관계를 형성하지 않게 되는데, 때로는 그 재무금융전문가가 정당하지 않은 방법으로 고객을 이용하여 돈을 벌었다고 생각하기도 한다.

넷째, 능력 접근방법은 전문적 지식과 능력, 특히 기술적 전문성을 근거로 하여 신뢰를 형성하는 방법을 말한다. 고객이 능력 접근방법을 사용하여 신뢰를 형성한다면, 재무금융전문가는 고객의 기대를 충족시켜 줄 수 있는 전문적 능력과 기술을 가지고 있다는 신호를 고객에게 보내야 한다. 그 신호는 재무금융전문가의 학력, 자격증, 평생교육경력, 가입협회나 단체 등에 관한 것들이다. 예를 들어, 재무금융전문가가 현재 명문대학에서 강의를 하고 있다면, 고객은 그를 능력 있는 사람으로 인식하게 될 것이다. 일반적으로 독립성, 권력적-위계적 대인관계 선호, 적극적 위험관리 성향 등의 문화적 규범을 가진 사람들이 능력 접근방법을 사용하여 재무금융전문가에 대한 신뢰를 형성하는 경향이 있다. 하지만 이 방법은 비권력적-대등적 대인관계 선호를 가진 고객들도 활용한다.

다섯째, 전이 접근방법은 고객이 재무금융전문가가 소속된 협회나 단체 등을 근거로 신뢰를 형성하는 방법을 말한다. 가장 대표적인 예는 명함에 새겨진 국제공인재무설계사(Certified Financial Planner) 마크(CFP®)를 보고, 신뢰를 형성하게 되는 것이다. 고객들은 점점 더 CFP®을 비롯한 ChFC, AIF®, AFC® 등의 자격증과 재무금융전문가의 능력, 윤리수준 등을 연결시켜 평가하고 있다. 그래서 CFP® 자격증을 가진 재무금융전문가는 고객으로부터 더 긍정적인 평가와 신뢰를 받게 된다. 하지만 전이 접근방법을 통한 신뢰형성에는 제한점도 있다. 첫째, 전이에 의한 신뢰형성은 고객이 특정 영역을 높게 평가할 때만 효과적이라는 것이다. 수많은 재무설계 관련 자격증이 있지만, 그중에서 몇 개만이 높게 평가되어 전이의 가치를 갖게 된다. 둘째, 전이는 고객과 재무금융전문가의 관계 초기의 신뢰형성에만 영향을 미친다는 것이다. 초기에는 고객이 재무금융전문가의 자격증을 보고 신뢰를 형성하지만, 재무설계 업무를 계속 진행해 가면서 다른 신뢰형성 방법을 통하여 신뢰가 증진될 수도 있고, 저하될 수도 있기 때문이다. 전이 신뢰형성 방법은 광범위하게 사용되는데, 특히 상호의존성, 집단주의, 비권력적-대등적 대인관계 선호, 적극적 위험관리 성향을 중시하는 고객들이 많이 사용한다.

재무금융전문가의 신뢰형성

고객들이 신뢰형성의 다섯 가지 방법 중 한 가지 방법만 사용한다고 생각하기 쉬우나, 경우에 따라서는 다섯 가지 방법을 모두 사용하여 재무금융전문가를 신뢰할 것인지, 얼마나 신뢰할 것이지를 결정하기도 한다. 이와 마찬가지로, 재무금융전문가도 고객을 평가해서 신뢰를 형성하게 된다. 〈표 8.1〉은 신뢰를 형성하는 다섯 가지 접근방법과 여섯 가지 문화적 선호의 상호관계를 나타낸 것이다.

〈표 8.1〉에서 보는 바와 같이, 재무설계 영역에서 신뢰형성 과정과 방법은 문화적 규범과 성향에 따라 달라진다. 예컨대 어떤 집단에 속한 재무금융전문가들의 문화적 선호를 조사해 보았더니, 독립성, 비권력적-대등적 대인관계 선호, 소극적 위험관리 성향을 가지고 있었다고 하자. 이 집단의 재무금융전문가들은 독립심이 많고, 대등하고 비공식적 대인관계를 선호하며, 대인관계에서 야기되는 위험을 적극적으로 관리하지 않았다. 따라서 이들은 고객에 대한 신뢰를 형성하는 방법으로 계산적 접근방법을 많이 사용하고 능력 접근방법과 의도적 접근방법도 어느 정도 사용한다고 볼 수 있다.

재무금융전문가들과는 대조적으로, 대다수의 고객들은 시장에서 거래를 할 때 사회적 위험을 적극적으로 관리하려는 성향을 갖고 있다. 또한 사회적으로 정해진 표준, 절차, 인식에 순응하려는 경향이 있다. 고객들은

표 8.1 ▎ 문화적 선호성향과 신뢰형성방법의 상호관계

구 분	독립성	상호 의존성	비권력적-대등적 대인관계 선호	권력적-위계적 대인관계 선호	소극적 위험관리 성향	적극적 위험관리 성향
계산적 접근방법	✔			✔	✔	
예측적 접근방법		✔		✔		✔
의도적 접근방법		✔	✔			✔
능력 접근방법	✔			✔		✔
전이 접근방법		✔	✔			✔

대부분 상호의존적 관계를 중시한다. 특히 재무 분야에 대한 지식과 전문성의 수준이 낮은 고객들은 권력적-위계적 대인관계를 바탕으로 의사결정을 하는 경향이 있다. 재무설계 분야의 전형적 고객들은 권력이 있는 전문가를 찾는 경향이 있다.

만일 재무금융전문가가 자신과 동일한 선호체계를 갖지 않은 고객을 만난다면 어떨까? 재무금융전문가는 재무설계의 결과로 얻어지는 편익이 그에 소요되는 비용보다 크다는 점을 고객에게 제시함으로써 신뢰를 얻으려고 노력할 수 있다. 또한 전문가로서의 능력을 고객에게 부각시킬 수도 있다. 이렇게 재무금융전문가가 고객의 신뢰를 얻기 위한 방법으로서 계산적 접근방법 또는 능력 접근방법을 사용하는 것은 고객에게 매력적일 수 있다. 그러나 항상 그렇지는 않다. 고객의 문화적 관점이 상호의존성이나 적극적 위험관리 성향에 해당된다면 계산적 접근방법은 전혀 적절하지 않기 때문이다. 만약 고객이 계산적 접근방법을 인정한다고 하더라도 그 효과는 다른 요인들에 의해 저하될 수 있다.

재무금융전문가가 문화적 선호가 다른 고객을 만날 기회가 없었거나

또는 신뢰형성과 문화적 선호와의 상호작용관계에 대해 잘 모르고 있다면 신뢰를 형성하는 데 어려움을 겪을 것이다.

재무금융전문가가 고객의 문화적 선호나 규범을 파악하기 위해 시간을 투자한다면, 고객과의 신뢰를 형성하고 강화하는 차원에서, 과거의 방식을 변경할 것이다. 고객이 가족구성원들 간의 상호의존성을 중요시하고, 전문적 지식과 기술을 높이 평가하며, 경험을 중시하고, 다른 사람들과의 만남에서 당혹스러운 일을 피하려고 하는 사람이라면, 재무금융전문가는 고객이 신뢰형성을 위하여 예측적, 의도적, 능력, 전이 접근방법을 사용할 것이라고 예상할 수 있다. 앞서 말했듯이, 비지시적, 지시적 커뮤니케이션 도구와 기술을 사용하는 것은 고객의 정보를 얻고, 그들이 선호하는 커뮤니케이션 스타일, 문화적 규범과 가치관에 대한 정보를 얻기 위한 기본적인 틀을 제공해 준다.

커뮤니케이션 금기사항 (Communication Taboos)

문화적 규범과 가치관은 사회에서 어떤 행동이 적합한지를 판단하는 데에 중요한 요인이 된다.[11] 재무금융전문가는 문화적으로 익숙한 것과 문화적으로 어색한 것과의 사이에서 줄타기를 한다. 재무금융전문가는 모든 고객의 문화적 기대에 부응하는 환경을 조성하는 것에 과도하게 몰두할 필요는 없다. 예컨대, 각각의 고객을 위하여 각각 다른 질문방법, 특별한 마케팅 자료, 독특한 상호작용방법 등을 사용하는 것은 바람직하지 않다. 아주 많은 시간이 소요되고, 관련 법과 규정에 저촉될 수도 있을 뿐 아니라, 결과도 그만큼의 가치를 얻을 수 없기 때문이다.

그렇다고 해서 재무금융전문가가 고객의 문화적 선호를 바꾸도록 요구하는 방법을 취해야 한다는 의미는 아니다. 전문가가 고객과 함께 필요한 업무를 진행할 때, 합리적인 수준에서 서로의 문화적 선호 차이를 조정하는 것이 바람직하다. 재무금융전문가가 고객의 문화적 선호를 어느 정도 파악한 후에, 그에 맞도록 재무설계 업무의 방법을 조정하는 것은 그렇게 많은 노력을 필요로 하지 않는다.

또한 재무금융전문가는 앞으로 함께하고자 하는 고객군을 파악하는 것에도 노력을 기울여야 한다. 고객이 재무금융전문가에 대한 신뢰를 형성할 때 문화적 선호를 반영하듯이, 모든 사회는 문화적 행동학(cultural kinesics)이라는 것을 가지고 있다. 문화적 행동학은 각 문화권에서 특수한 정보를 전달할 때 사용하는 여러 가지 커뮤니케이션 신호, 즉 제스처, 얼굴표정, 자세 등을 의미한다. 제7장에서는 이를 비언어적 커뮤니케이션 유형이라고 설명했다. 이 장에서는 제스처 등을 문화적 행동으로 정의했는데, 이러한 행위들은 동일문화권 구성원들 간의 커뮤니케이션에서 언어와 동일한 기능을 한다.

문화 관련 사례

몇 년 전에 이 책의 저자 중 한 명이 미국 재무금융전문가 그룹과 함께 한국을 방문했다. 다음은 미국에서는 일반적인 행동이 다른 나라[한국]에서 어떻게 난처한 상황을 야기하는지를 보여주는 간단한 예이다.

> 여행 목적은 미국의 재무설계실무자들을 한국의 전문가들에게 소개하는 데 있었다. 핵심 내용은 미국 참가자들 각자가 발표를 하고, 토의를 통하여 각종 정보를 공유하는 것이었다. 그런데 불행하게도 미국 참석자 중 한 명이 여행 중에 심한 비염 알러지가 있어서 매일 회의나 토론 중에 질의응답을 하면서도 계속 코를 풀었다. 미국에서는 이것에 대해 개의치 않는다. 사실상 계속 코를 훌쩍이며 말하는 것보다는 코를 풀고 나서 이야기하는 것이 듣기에도 더 좋기 때문이다. 그러나 한국을 비롯한 아시아 국가에서는 공공장소에서 코를 푸는 것을 무례한 행동으로 본다.
>
> 돌이켜 보면, 미국 재무설계실무자들이 한국으로 떠나기 전에, 한국에

서는 어떤 제스처와 행동을 불쾌하고 난처하게 생각하는지에 관하여 이야기를 나누었는데, 그때 공공장소에서 코를 푸는 것도 포함되어 있었다. 그럼에도 불구하고 앞서 말한 사람은 매일 회의 진행 중에 콧물이 나올 때마다 손수건을 꺼내 삑삑 소리를 내면서 코를 풀었다. 이 무지한 사람은 회의참석자들이 킥킥거리고 웃거나 수군거리는 것을 전혀 눈치채지 못했다. 한국 참석자들은 그의 행위에 대하여 아무 말도 하지 않았으나, 일반적 생각은 부정적이었다. 그래서 이 사람은 재무설계전문가로 인지되지 못하고 잊혀졌다. 말할 필요도 없이, 그는 이후 한국에서 열린 회의나 발표에 다시 초청받지 못하였다.

재무금융전문가들은 동일문화권 혹은 다른 문화권에서 문화적 행동학이 어떻게 다른지에 대한 정보를 알아 둘 필요가 있다. 재무금융전문가가 일상적 제스처라고 생각하는 것이 어떤 문화권의 고객에게는 아주 경멸적이고 모욕적인 것으로 지각될 수 있기 때문이다. 이는 고객에게 오해를 불러일으키고 나아가서는 재무금융전문가와의 관계를 종료시킬 수도 있다.

그런데 흥미로운 사실은 전세계 공통적으로 금기시되는 사항은 몇 가지가 안 된다는 것이다. 거의 모든 행동은 문화적으로 정의되고 지리적으로 한정된다. 재무금융전문가가 문화적 행동학을 이해하는 것은 향후 겪을 가능성이 있는 당황스러운 일이나 오해를 감소시켜 줄 것이다.

몇 가지 예를 들어 보자. 악수는 거의 모든 문화권에서 받아들여지는 행동이지만 인도, 멕시코, 아프리카, 중동 등에서는 여성이 먼저 청할 때까지 기다려야만 한다. 대화할 때 상대방에게 가까이 서는 것은 남미, 러시아, 멕시코, 중동에서는 받아들여지는 행동이지만 인도, 일본, 아프리카 등에서는 금기시되는 행동이다. 또한 대부분의 유럽국가에서는 이야기할 때 상대방 가까이 서는 것이 받아들여지지만 영국에서는 금기시된다.

엄지손가락을 세워서 의사표시를 하는 것(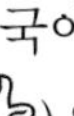)은 남미, 유럽, 인도에서는 받아들여지는 행동이지만 아프리카나 중동에서는 절대로 해서는 안 된다. 손가락으로 오케이 표시를 하는 것(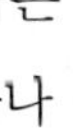)은 유럽에서는 받아들여지는

행동이나 남미, 인도, 일본, 중동에서는 금기시되는 행동이다.

누군가를 발끝으로 가리키는 행위는 중국, 유럽, 러시아, 일본, 멕시코에서는 받아들여지는 행동이지만, 남미, 중국·일본을 제외한 아시아, 인도, 아프리카, 중동 등에서는 금기시된다. 공공장소에서 코를 푸는 행위는 중국이나 북아메리카에서는 받아들여지지만 한국, 일본 등에서는 금기시되는 행동이다.

북아메리카에서 일하는 재무금융전문가들은 고객이 미국과 캐나다의 비즈니스 관행을 따를 것이라고 기대하는 것이 당연하다. 미국의 주요 도시에서 비즈니스를 하는 미국인들이 사무실로 찾아온 고객을 환영하기 위하여 악수를 청하는 것은 일반적인 행동이다. 그러나 만약 남성 재무금융전문가가 청하는 악수를 여성 고객이 불편하게 생각한다면, 그것은 무례한 행동이 될 수도 있다. 이와 마찬가지로 재무금융전문가가 청하는 악수가 그와 다른 문화적 배경을 갖고 있는 고객에게는 무례한 행동이 될 수 있다. 그러므로 문화적 배경이 다른 고객과 재무설계 업무를 할 때는 불안해 하거나 긴장하지 말고, 어떤 것이 문화적으로 용납되고 어떤 것이 용납되지 않는지를 물어볼 필요가 있다. 이는 절대로 실례가 아니다. 사실상, 고객에게 개인적 역사와 배경을 질문하는 것은 재무금융전문가가 고객에게 깊은 관심을 갖고 있다는 것을 보여주는 것이다. 많은 사람들이 습관, 개인적 경험, 배경 등에 대해 얘기하는 것을 즐거워한다.

요 약

이 책의 각 장에서는 신뢰의 개념에 대해 많이 언급했는데, 거의 모든 재무금융전문가들이 고객과 심도 있고, 정서적이고, 영향력 있는 관계를 맺기 위하여 애쓰고 있기 때문이다. 고객과 전적으로 업무상으로만 관계하는 재무금융전문가들도 있지만, 재무설계과정에서는 보다 심도 있는 수준에서 고객과의 관계가 형성되어야 한다. 이는 고객과 재무금융전문가 간의 열린 커뮤니케이션을 요구하며, 궁극적 목적은 신뢰를 바탕으로 한 고객과 재무금융전문가 간의 강한 협력관계를 증진시키는 것이다.

본 장에서는 고객의 문화적 선호에 대해 다루었는데, 고객의 문화적 배경, 역사, 가치관 그리고 규범들은 커뮤니케이션 과정과 신뢰의 형성 방법에 중요한 영향을 미치기 때문이다. 고객의 문화적 선호는 크게 세 가지 유형, 즉 책임감 선호, 대인관계 선호, 위험관리 선호로 나눌 수 있다. 책임감 선호는 개인주의와 집단주의를 선호하는 성향으로 나눌 수 있고, 대인관계 선호는 비권력적-대등적 대인관계와 권력적-위계적 대인관계를 선호하는 성향으로 나눌 수 있다. 또한 위험관리 선호는 위험을 적극적으로 관리하는 성향과 위험을 소극적으로 관리하는 성향으로 나눌 수 있다. 문화적 선호나 관점은 고객이 재무금융전문가에 대한 신뢰를 형성·발전시키는 데에 중요한 영향을 미치는 것으로 알려져 있다.

신뢰를 형성하는 다섯 가지 접근방법, 즉 계산적 접근방법, 예측적 접근방법, 의도적 접근방법, 능력 접근방법, 전이 접근방법 대해서도 알아보았다. 마지막으로는 때때로 고객과 재무금융전문가 간에 혼란과 갈등을 야기하는 비언어적인 문화적 행동학에 대해 알아보았다. 단지 몇 개의 제스처만이 전세계적으로 공통적인 금기사항이지만, 문화적 행동을 이해하는 것은 재무금융전문가가 고객과의 관계를 발전시키는 데 큰 도움이 될 수 있다.

단원 정리 문항

1. 문화적 개인주의는 다음 중 어떤 유형의 문화 선호를 설명하는가?
   a. 책임감 선호
   b. 대인관계 선호
   c. 위험관리 선호
   d. 예측적 선호
2. 스완은 중규모의 재무설계회사에서 일을 하고 있다. 이 회사는 부부가 사장인데, 그들이 일상적인 관리를 하고 있다. 스완은 회사의 마케팅 업무를 책임지고 있지만, 상황에 따라서는 재무설계제안서 작성을 돕기도 한다. 그는 사장들이 필요에 따라 직접 프로젝트 업무에 뛰어드는 것에 대해 좋게 생각한다. 이러한 정보를 바탕으로 볼 때, 이 회사의 문화적 관점을 가장 잘 설명한 것은 무엇인가?
   a. 집단주의
   b. 비권력적-대등적 대인관계
   c. 권력적-위계적 대인관계
   d. 소극적 위험관리 성향
3. 당신의 친한 친구가 은퇴설계문제 전반을 도와줄 재무금융전문가를 고용하는 것에 대해 고려하고 있다. 당신의 친구는 재무설계과정 중 정보수집 단계에서, 재무금융전문가에게 어느 정도의 정보를 제공해 주어야 하는지에 대해 확신이 없다. 그녀는 재무금융전문가를 고용하는 데에 따르는 비용과 편익 목록을 작성해 보았다. 다른 상황에 대해서는 알지 못하는 현 상태에서 평가할 때, 그녀의 신뢰형성 접근방법은 다음 중 어디에 가까운가?
   a. 의도적 접근방법
   b. 예측적 접근방법
   c. 계산적 접근방법
   d. 독립적 접근방법
4. 당신의 고객이 가지고 있는 문화적 선호성향은 독립성, 높은 권력, 강한 위험관리 성향이다. 고객은 다음 중 어떤 신뢰형성방법을 사용할 가능성

이 높은가?

a. 능력 접근방법

b. 계산적 접근방법

c. 의도적 접근방법

d. 예측적 접근방법

5. 당신은 오늘 오후에 고객을 만날 예정이다. 그 고객은 아시아에서 태어났지만, 현재는 미국 시민이다. 당신은 고객과의 미팅 전에 문화적 행동과 관련된 필기내용을 검토하려고 한다. 주어진 정보를 근거로 볼 때, 다음 중 어떤 행동이 고객에게 무례한 것으로 받아들여질까?

a. 고객과의 악수

b. 상담 중에 코를 푸는 행위

c. 고객에게 음료수를 주는 것

d. 위의 모든 것

6. 소현은 재무금융전문가를 처음으로 만나서 얘기를 나누고 있다. 그녀는 매우 신중하고, 특히 재무상태에 대해 얘기할 때는 더욱 그러하다. 재무금융전문가로부터 질문을 받았을 때, 그녀는 대답을 하는 데 시간이 좀 걸리고, 정보를 공유하는 것에 대해 신중하며, 극히 일부분에 대한 정보만 제공한다. 이러한 상황을 볼 때, 다음 중 옳은 설명은?

a. 그녀는 적극적인 위험관리 성향을 가지고 있다.

b. 그녀는 소극적인 위험관리 성향을 가지고 있다.

c. 그녀는 비권력적-대등적 대인관계를 선호한다.

d. b와 c 둘 다 맞음

7. 어떤 결정을 내리는 것이 자신에게 취약한 상황에서도 상대방을 위해 결정을 하고, 상대방을 이지하려는 성향을 설명하는 말은?

a. 신뢰

b. 책무

c. 상호의존성

d. 독립성

8. 다음 중 계산적인 고객의 관점에서 볼 때, 재무설계 계약과 관련된 비용이 아닌 것을 고르면?

a. 재무금융전문가와의 관계
b. 서비스 비용
c. 투입되는 시간
d. 대인관계에서의 취약성

9. 로저는 새로운 재무금융전문가를 찾고 있다. 인종, 민족, 성별은 상관없다. 단지 소규모기업 인수계획과 관련하여 고도의 전문성을 가지고 있는 사람을 원한다. 로저는 다음 중 어떤 신뢰형성방법을 사용하여, 재무금융전문가와 관계를 형성할 가능성이 높은가?
   a. 의도적 접근방법
   b. 예측적 접근방법
   c. 능력 접근방법
   d. 계산적 접근방법
10. 릴리는 두 명의 고객을 만나러 유럽으로 갈 예정이다. 한 명은 프랑스에 살고, 다른 한 명은 영국에 산다. 릴리는 다른 사람들과 얘기할 때, 매우 가깝게 서 있는 경향이 있다. 어떤 국가에서 릴리의 커뮤니케이션 스타일이 수용적일까?
   a. 프랑스
   b. 영국
   c. 프랑스와 영국 둘 다
   d. 프랑스와 영국 둘 다 아님
11. 〈표 8.1〉에 주어진 범주를 사용하여, 자신의 문화적 선호를 찾아보자. 그리고 A라는 특정인을 신뢰하는지에 대해 질문을 받았던 과거의 경험을 떠올려 보자. 그때 어떤 신뢰형성방법을 사용했는가? 〈표 8.1〉에 제시된 내용과 비교해보자.
12. 한국에서 일반적으로 금기시되는 문화적 행동의 리스트를 작성해보자. 또한 아시아의 다른 국가들과 비교하여 공통점과 차이점을 얘기해보자.
13. 사람들과 함께 원형으로 앉아, 각각의 참가자들한테 자신의 이름, 별명, 민족이나 인종, 어디에서 살아 왔는지, 어디에서 태어났는지, 부모님은 어디에서 태어났는지, 그들이 대표하는 세대는 무엇인지에 대해 얘기해보라고 하자. 그리고 가족 내에 존재하는 문화적 전통 한두 가지를 말해

보라고 하자. 시작하기 전에, 각 참가자들한테 여기 모인 사람들 중 적어도 한 명의 대답에 대해 예측해 보도록 요청하자. 그리고 특별한 전통이나 공통된 전통, 고향 또는 다른 몇몇의 정보들에 대해 추적해보자. 모임을 끝내기 전에, 결과를 공유하고 과정을 평가하자.

주

1. M. W. Kreuter and S. M. McClure, "The Role of Culture in Health Communication," *Annual Review of Public Health* 25(2010), 439-455.
2. Id.
3. D. A. Hwa-Froelich and D. C. Vigil, "Three Aspects of Cultural Influence on Communication: A Literature Review," *Communication Disorders Quarterly* 25 (2004), 107-118.
4. G. Hofstede, *Culture's Consequences: International Differences in Work-Related Values* (Newbury Park, CA: Sage, 1984).
5. Id.
6. Id.
7. Hwa-Froelich and Vigil (2004)를 볼 것.
8. P. M. Doney, J. P. Cannon, and M. R. Mullen, "Understanding the Influence of National Culture on the Development of Trust," *Academy of Management Review* 23 (1998): 601-620.
9. Hofstede, *Culture's Consequences* (1984).
10. Doney, Cannon, and Mullen (1998)을 볼 것.
11. Id., p. 608.

제 9 장
재무금융 분야 커뮤니케이션에서의 예의 바름과 감수성

재무금융 분야에서 감수성의 중요성

재무금융 분야는 다른 전문직 분야에 비하여 배타적이라는 비난을 받곤 한다. 이러한 비난이 옳든 그르든 간에, 사람들은 일반적으로 재무금융 분야에서 일하는 전문가들은 그리 다양하지 않고 고객의 요구에 대한 감수성이 덜하다고 여기는 것이 사실이다. 재무금융전문직이 이와 같은 고정관념과 감수성, 다양성 등의 문제를 극복하기 위한 확실한 전략은 다양한 배경의 인력을 영입하는 것이다. 다양한 배경의 인력이란 성별, 연령, 인종, 문화, 종교 등의 배경이 다른 사람들을 말한다. 하지만 재무금융 전문인력의 다양성을 확보하는 것보다 중요한 것은 그들이 다른 배경의 다양한 고객들과 효과적으로 일할 수 있도록 하는 것이다.

어떤 고객은 자신과 문화적 배경이 같은 재무금융전문가들과 일하기를 선호하지만, 모든 고객들이 그런 것은 아니다. 재무설계 분야에서는 이와 관련된 연구가 많이 수행되지 않았지만, 예컨대 의료분야에서 환자들이 어떤 배경의 의사들을 선호하는지에 대해 연구한 결과에 따르면, 히스패닉계 미국인들 중에서는 약 3분의 1만이 히스패닉계 미국인 의사에게 진료 받는 것을 선호했으며, 아프리카계 미국인 환자들 중에서는 5분의 1만이 아프리카계 미국인 의사를 선호한 것으로 나타났다. 대부분의 환자들은 의사의 인종이나 문화적 배경에 신경을 쓰지 않는다는 것이다.[1] 그러므로 다양한 인종이나 문화적 배경의 전문가들을 선발하는 것도 물론 중요하지만, 그보다 더 중요한 것은 재무금융전문가가 다양한 인종, 민족, 종교, 문화의 고객들과 어떻게 효과적으로 커뮤니케이션을 할 수 있느냐하는 것이다.

언어의 힘

재무금융전문가들이 사용하는 언어를 어떻게 코드화(코딩)하는가는 고객의 감정에 강력한 영향을 미치며, 그것은 다시 재무금융전문가와 고객의 협력관계에 중요한 영향을 미친다. 코딩은 민감한 커뮤니케이션의 주요 요소들 중 하나이다. 언어의 코딩(coding of language)이란, 재무금융전문가가 다양한 고객들과 커뮤니케이션을 할 때, 뉘앙스, 즉 미묘한 의미의 차이를 나타낼 수 있는 언어나 어휘들을 선택하는 것을 말한다. 공손하고 감수성이 높은 단어의 사용은 언어가 나타내는 지위와 명백하게 관련되어 있는데, 이는 사고와 감정을 포함한다. 재무금융전문가가 고객과 최상의 커뮤니케이션을 하려면, 자신의 메시지를 언어로 코딩할 때, 항상 주어진 맥락을 고려해서 자신의 의도를 가장 정확하게 나타내면서도 고객에게 공손하고 감수성 높은 단어들을 선택해서 사용해야 한다.

[시나리오 사례 9A]

시나리오 사례 9A는 어떤 재무금융전문가의 재치 없고 무감각한 말의 사례를 보여주고 있다. 재무금융전문가가 고객의 마음을 상하게 하려는 의도는 결코 없었다. 그러나 그가 사용한 언어가 고객에게는 무시당하는 것으로 해석되었다.

• 예시 1

고 객: 오늘 시간 내 주셔서 감사합니다.

전문가: 안녕하세요! 잘 지내셨죠? 저희에게 알려주신 내용을 보니 최근에 이사하셨네요.

고 객: 네, 이제 몇 주 안 되었어요

전문가: 새로운 동네에 적응은 하셨어요?

고　객: 일 때문에 바빠서 아직은 낯선데 그런 대로 잘 지내고 있어요.

전문가: 오늘 미팅의 주요 내용은 아니지만 괜찮으시면 제가 그 동네의 교회를 소개시켜 드릴까요?

고　객: 아 네, 감사합니다… 그런데 저는 무교예요.

전문가: 네 그러시군요. 알겠습니다.

• 예시 2

고객(여성): 오늘 만나 주셔서 감사합니다.

전문가: 반갑습니다. 오늘은 고객님께서 저희에게 주신 정보를 바탕으로 고객님에 대하여 조금 더 알아가는 시간을 갖도록 하겠습니다.

고객(여성): 네, 알겠습니다.

전문가: 감사합니다. 저희에게 주신 정보에 의하면 고객님은 결혼을 하셨는데 남편분에 대한 정보가 거의 없네요. 남편분이 무엇을 하시는지 어떤 분이신지 말씀해 주실 수 있으실까요?

고객(여성): 저는 결혼을 했는데 제 남편에 대하여 이야기해드리죠. 저희는 결혼한 지 5개월쯤 되었고 제 남편은 의사입니다. 너무 바빠서 오늘 같이 못왔어요.

• 예시 3

고　객: 오늘 시간 내 주셔서 감사합니다.

전문가: 안녕하세요! 잘 지내셨죠? 저희에게 알려주신 내용을 보니 최근에 이 동네로 이사하셨네요.

고　객: 네, 이제 한 달 되었어요

전문가: 새로운 동네에 적응은 하셨어요?

고　객: 어느 정도 적응이 된 것 같아요.

전문가: 정보를 보니 같이 사시는 분이 있으신데 조금 더 이야기해 주실 수 있으신가요?

고　객: 제 파트너는 의사예요. 너무 바빠서 오늘은 같이 못 왔고요. 이 동네로 이사오면서 저희 둘 다 새로운 직장을 갖게 되어 너무 바빴죠.

전문가: 네, 그러시군요. 결혼하신 거죠?
고 객: 아니요, 저희는 결혼할 생각은 없는데요.

만약 재무금융전문가가 고객에게 예의 바르지 않거나 감수성이 부족하다면, 고객은 기분이 상하고 화가 나며 무시당하는 것으로 느낄 것이다. 재무금융 분야를 포함하여 모든 비즈니스에서는 일반적으로 '예의 바름'(politeness)과 '감수성'(sensitivity)을 대인 간 커뮤니케이션의 주요 요소로 인식한다. 특히 오늘날은 고객들이 다양해지고 있기 때문에 더욱 그렇다. 이는 실제로 여러 연구결과에서도 증명되었는데, 씨안타(Tsiantar)의 최근 연구에 따르면, 종업원들이 존경받고 있다고 느끼는 것만으로도 종업원뿐 아니라 고용주에게도 여러 가지 긍정적 결과가 나타났다. 예를 들면, 이직률의 감소, 생산성의 증가, 생산품질의 향상 등을 유발한 것으로 보고되었다.[2] 그러므로 재무금융전문가는 고객뿐 아니라, 회사 내의 다른 직원들과도 높은 수준의 '예의 바름'과 '감수성'을 유지하는 데 힘써야 할 것이다.

예의 바름 (Politeness)

예의 바름, 공손함은 다른 사람에 대한 배려와 존경에 관련된 행동과 태도를 포함하는 개념이다. 미국은 물론이고 거의 모든 문화권에서 바람직한 속성으로 간주되고 있다.[3] 제8장에서 살펴보았듯이, 예의에 대한 인식과 판단은 문화와 고객에 따라 조금씩 다를 수 있다. 그러나 이러한 차이에 관계없이, 재무금융전문가가 고객이나 동료들과 효과적 커뮤니케이션을 하고, 강력한 협력관계를 형성하려면 상당한 예의가 요구된다.

대인 간 커뮤니케이션에 관한 저서의 저자로 잘 알려진 조셉 드비토(Joseph DeVito)는 예의 바름의 개념을 이해하는 데 있어, 긍정적 예의 바름과 부정적 예의 바름의 틀 안에서 살펴볼 필요가 있다고 설명했다.[4] 각 형태의 예의 바름은 고객의 두 가지 욕망 중 하나에 반응을 보인다. 첫 번째 욕망은 고객이 재무금융전문가에게 호의적이고 긍정적으로 보이고 싶어하는 것인데, 이를 긍정적 체면이라고 부른다. 예를 들어, 고객이 잘 모르는 분야에 대해 변호사, 의사, 비즈니스 상담사 등의 전문가를 찾아가 도움을 받고 비용을 지불한다고 가정해 보자. 이때 고객이 전문가에게 호의적으로 보이고 존중받고 싶어하는 것은 당연하다. 두 번째 욕망은 일정 수준의 자율성과 자기 통제력을 유지하려는 것으로, 부정적 체면이라고 부른다. 고객이 원하는 일을 자율적으로 하거나 자신의 목표를 바꿀 수 있는 권리를 유지하려는 것은 당연한 일이다.

각각의 고객은 재무금융전문가에 대해 각기 다른 의미를 갖고 있다. 재무설계과정에서 의사결정 요소들에 대한 고객의 기대를 명료화하고 재조정하는 것은, 고객이 강한 부정적 체면을 유지하도록 보장해 주기 위해 필요하다. 고객과 커뮤니케이션을 할 때 높은 수준의 예의를 갖추는 재무금융전문가는 고객이 높은 수준의 긍정적 체면과 부정적 체면을 모두 유지할 수 있도록 해준다.

좀 더 구체적으로 말해서, 고객이 긍정적 체면을 유지하도록 도와주기 위해서는 재무금융전문가가 긍정적인 예의 바름을 갖추어 고객에게 정중한 태도로 말해야 한다. 고객의 얘기 도중에 끼어들어 고객의 말을 끊지 않고 고객의 얘기가 끝날 때까지 경청하는 것은 긍정적 예의 바름의 예이다. 반면, 재무금융전문가가 고객의 의견이나 전문성을 인정하지 않고, "감사합니다", "천만에요" 등의 표현을 하지 않고, 고객의 욕구와 바람에 제동을 걸거나 과소평가하는 것 등은 비록 의도적인 것이 아닐지라도 고객의 긍정적 체면을 훼손시킨다. 고객이 과거에 한 일이나 의사결정, 목표설정 등에 대하여 존경을 표하면서 이야기하는 것은, 고객의 긍정적 체면 형성에 효과적이다. 긍정적 체면이 유지될 때, 고객은 자신의 과거나 앞으로의 목표 등을 미화하지 않고, 모든 것을 재무금융전문가에게 솔직하게 이야기하게 된다.

재무금융전문가가 고객의 부정적 체면을 유지시켜 주기 위해서는 고객과 함께 재무설계에 관한 의사결정 등을 정기적으로 점검해야 한다. "고객님은 분기별로 최소 한 번은 저를 찾아오실 필요가 있습니다"라고 말하는 대신, "고객님께서는 분기별로 한 번씩 저를 찾아오시는 것이 가능하시겠습니까?"라고 말해야 한다. 재무금융전문가는 때때로, "고객님은 퇴직연금에 자동이체하시는 것을 정말로 그만 두시려는 겁니까?"라든지, "고객님은 그 자료 작성을 이번 주 안에 끝내주세요"라고 말함으로써 고객의 자율성에 무심코 도전해서 그의 부정적 체면을 훼손한다. 위와 같은 말들은 고객의 부정적 체면을 약화시키고, 고객과 재무금융전문가 간의 협력관계를 훼손할 수 있다. 고객의 부정적 체면을 유지시켜 주기 위해서는 다음과 같이 말하는 것이 더 바람직하다.

■ 퇴직연금 자동이체 중지 관련

"네, 고객님께서 원하시는 대로 자동이체를 변경해 드릴 수 있습니다. 그런데, 그 변경이 고객님의 재무설계 전반에 어떤 영향을 미치는지, 또는 고려할 만한 다른 저축 전략은 없는지에 대해 저와 만나서 얘기 나눠보시면 어떨까요?

■ 고객의 자료 작성 관련

"그 자료 작성을 저희가 도와드릴 수 있는 방법은 없을까요? 혹시 저희의 도움이 필요하거나 또는 저희와 만나서 자료 작성을 함께 끝내시기를 원하시면, 주저 마시고 말씀해 주세요."

재무금융전문가가 고객과 지시적 커뮤니케이션을 할 때는 특히 고객의 부정적 체면과 긍정적 체면을 유지해 주기 위해 노력해야 한다. 커뮤니케이션에서 예의를 갖춰 고객의 부정적·긍정적 체면을 유지시켜 주는 것은 고객과 재무금융전문가의 강력한 협력관계를 형성·유지하는 데 있어 매우 중요하다.

커뮤니케이션 기술의 하나인 예의 바름은 재무금융전문가와 고객이 민감한 문제, 예컨대 종교, 과거의 투자 실패, 배우자나 자녀의 정신질환, 실직, 이혼, 배우자의 불륜 등을 이야기할 때 특히 필요하다. 이러한 문제들을 이야기할 때, 가장 중요한 점은 고객이 체면을 잃지 않게 하고, 가능한 한 긍정적 체면과 부정적 체면을 유지할 수 있게 만들어 주는 것이다. 재무금융전문가는 고객이 민감한 문제를 이야기할 때, 평가를 내리지 않도록 주의해야 한다. 고객의 입장을 충분히 이해하는 동시에, 고객의 감정과 개인적 관점에 대한 판단은 하지 않으려고 노력하면서 고객에게 감정이입을 하는 것이 필요하다. 예를 들어, 재무금융전문가가 고객과 종교적 신념에 관하여 이야기할 경우, 관심은 표명하되 판단이나 논평은 삼가야 한다.

배제와 포용을 통한 예의 바름[5]

재무금융전문가는 고객들에게 의식적 또는 무의식적으로 배제와 포용의 메시지들을 보내게 되는데, 배제 메시지는 일반적으로 예의 바르지 못한 것으로, 고객을 직접 또는 간접적으로 대화에서 쫓아내는 메시지를 말한다. 반면, 포용 메시지는 일반적으로 예의를 갖춘 것으로, 고객의 존재를 인정하면서 고객을 대화 속으로 계속해서 끌어들이는 메시지를 말한다.

재무금융전문가와 고객의 상담에서 고객 한 명과 전문가 두 명이 함께 만나는 일이 종종 있다. 이러한 상황의 커뮤니케이션은 많은 양의 정보를 나눌 수 있다는 장점을 갖지만, 한편으로는 복잡성이 크다는 단점도 있다. 가령, 고객과의 상담 도중에 한 전문가가 고객이 이해할 수 없는 난해한 전문용어들을 사용하면서 다른 전문가와 대화를 나눈다면, 이것은 배제 메시지를 보내는 것이 된다. 물론 고객과 상담 중이더라도 재무금융전문가들끼리 이야기를 나누어야 할 경우가 있을 수 있다. 이때 재무금융전문가는 고객에게 대화에의 참여의식을 줄 수 있는 포용 메시지를 보내야 한다. 고객도 이해할 수 있는 쉬운 언어로 동료와 대화를 나누는 것이 포용 메시지의 한 방법이 된다. 또 다른 포용 메시지로는 고객과 시선을 맞추는 것이 있다. 재무금융전문가들이 고객 앞에서 서로 대화를 할 때, 고객에게도 참여의식을 주기 위해서는 대화 도중에 종종 고객과 시선을 맞추면서, 그가 대화를 듣고 있으며 불편하지 않게 대화를 이해하고 있는지 확인하는 것이다.

재무금융전문가가 자신의 문화적·사회적 집단에만 해당되는 특정 용어를 누구나 이해하는 것으로 일반화할 경우, 고객은 그것을 배제 메시지로 해석해서 무례하다고 생각한다. 예를 들어, 교회라는 용어는 어떤 종교에서는 예배장소를 말하나, 모든 종교에 적용되는 것은 아니다. 유대교나 무슬림교에서는 예배장소를 교회라고 부르지 않는다. 만약 재무금융전문가가 모든 예배장소를 교회로, 교리의 책을 성경으로 일반화하면, 유대인이나 무슬림은 배제 메시지로 오해하게 된다. 다음은 어떤 고객이 재무금융전문가에게 전화를 걸어, 상담약속을 정하기 위해 나눈 대화 내용이다.

고 객: 여보세요, 제 이름은 수잔 스미스입니다. 상담약속을 하고 싶습니다.

전문가: 네, 스미스씨. 고객님과 상담일정을 잡을 수 있어서 기쁩니다. 저와 상담하고 싶은 어떤 특별한 문제가 있으신지요?

고 객: 음… 제가 얼마 전에 결혼을 했는데, 전문가의 도움을 얻어 재무설계를 해야 할 시점이라는 생각이 들었습니다.

전문가: 우선 결혼을 축하드립니다. 네, 신혼부부 재무설계는 저희 전문입니다.

고 객: 좋습니다!!

전문가: 상담일정을 정하기에 앞서, 고객님의 전화번호와 남편분의 성함을 알 수 있겠습니까?

고 객: [긴 시간적 공백이 있은 후] 아… 사실은 제가 지금 일정표를 갖고 있지 않아서요… 제가 내일 다시 전화를 드려도 될까요?

전문가: 물론 좋습니다. 고객님의 전화번호를 기다리겠습니다. 좋은 하루 보내십시오.

고 객: 네, 알겠습니다. 안녕히 계세요.

위의 대화에서, 재무금융전문가가 고객에게 보낸 배제의 메시지는 무엇일까? 재무금융전문가가 수잔이라는 여성 고객의 남편 이름을 물은 것은, 그녀가 남성과 결혼한 것으로 가정했기 때문이다. 만약 수잔이 여성과 결혼을 했다면, 그녀는 재무금융전문가에게 다시 전화를 할까? 이러한 배제 메시지는 그녀가 다시 재무금융전문가에게 전화를 걸지 않도록 만들 것이다. 왜냐하면 재무금융전문가나 재무설계회사가 일부의 정보만 가지고 있을 경우, 아무래도 그 정보의 의미를 확대 해석하는 경향이 생기기 때문이다(제1장 참조). 위의 대화에서, 재무금융전문가가 수잔의 남편이라는 표현 대신 배우자 또는 파트너라는 용어를 사용했다면, 그것은 포용 메시지가 될 수 있었을 것이다.

이처럼 감수성 있는 단어의 사용은 중요하다. 남편, 아내 그리고 결혼은 이성 간의 관계를 지칭하며 동성 간의 관계는 배제한다. 이 책 저자 중 한 명이 재무설계 과목을 수강하는 학생들에게 고객 정보를 수집하는 설문지를 만들라는 과제를 준 적이 있다. 대부분의 학생들이 설문지에 남편, 아내 등의 단어를 사용했다. 불행하게도 대부분의 재무금융전문가들이 사용하는 설문지에서도 이러한 단어가 사용된다. 남편, 아내의 단어를 사용한 설문지는 고객이 될 수 있는 동성애 부부들과 미혼의 동거자들에게 배제의 메시지를 보내는 것이 된다. 만약 재무설계회사가 이성 간에 결혼한 기독교신자 부부들과 직접적으로 소통하기 위한 의도를 가지고 있다면, 당연히 남편, 아내, 교회 등의 단어를 사용해도 된다.

감수성 (Sensitivity)

대인 간 커뮤니케이션에서 감수성은 고객과 재무금융전문가 간의 강력한 협력관계를 발전시키고 유지시키는 데 있어 필수적 요소이다. 그러나 만약 재무금융전문가가 동성애반대주의자, 연령차별주의자, 인종차별주의자, 성차별주의자가 되기를 자처한다면, 동성애, 인종, 성별 등 차별과 관련된 단어에 대한 감수성이 크게 문제되지 않을 수도 있다. 그러나 차별주의자가 아닌 재무금융전문가들도 고객들에게 감수성이 결여된 단어나 언어를 사용하는 경우가 적지 않은데, 이는 여러 가지 차별적 언어들이 우리 문화 속에 깊이 스며들어 무의식적으로 사용되고 있기 때문이다. 오랫동안 지속되어 온 지배적 문화가 가장 양심적이고 성실한 재무금융전문가에게도 때로는 무의식적으로 영향을 미치게 된다. 경험이 풍부한 재무금융전문가일지라도 고객과의 커뮤니케이션에서 민감한 문제가 나올 경우, 세심한 주의를 기울여야 한다.

가장 전문성이 높아야 할 재무금융전문가가 고객을 성별, 인종, 연령 및 그 밖의 속성들로 구별하는 것은 명백히 부적절한 일이다. 재무금융전문가의 감수성이 부족하다고 고객이 지각하게 되는 언어나 바디랭귀지, 커뮤니케이션 방법의 사용과 표현은 아주 미묘한 것이다. 의도하지 않았더라도, 표현의 미묘한 차이가 고객들로 하여금 전혀 다른 긍정적 또는 부정적 반응을 만들어 낼 수 있다. 다음에 제시된 재무금융전문가와 고객의 대화를 살펴보기로 하자.

전문가: 고객님은 아이들(kids)이 있는지요? 있다면, 그들에 관하여 좀 물어봐도 괜찮겠습니까?

고 객: 네, 성인이 된 딸 둘이 있는데, 큰딸은 아이가 두 명 있습니다. 작은딸은 좀 아픈데, 조현병 증세를 가지고 있습니다.

전문가: 감사합니다. 제가 고객님을 위한 재무설계를 하는 데 도움이 되겠습니다. 자녀가 두 명 있는 큰따님과 사위는 직업이 무엇인지요?

고 객: 음… 사실 큰딸은 싱글 맘입니다.

전문가: 오, 그렇군요. 그럼 큰따님의 재정 사정이 안 좋은가요? 혹시 고객님의 도움이 필요한가요?

고 객: 아닙니다. 큰딸은 재정적으로 괜찮습니다. 병원에서 간호사로 일하고 있거든요.
전문가: 네, 좋습니다. 그러면 정신질환자인 작은따님은 일을 할 수 없을 것 같은데, 고객님께서 재정적으로 도움을 주고 계신가요?
고 객: 아닙니다. 그 애는 변호사입니다. 재정사정이 좋습니다.

위의 대화를 보면, 재무금융전문가가 고객의 결혼상태, 자녀들의 재정상태, 그리고 심지어는 정신적인 건강문제로 고통받고 있는 사람의 재정상태에 관한 것까지 감수성이 결여된 추정을 하는 것을 볼 수 있다. 이러한 추정은 고객에게 마음의 상처를 줄 수 있다. 재무금융전문가는 감수성을 바탕으로 더 포용적인 단어나 언어를 사용해야 고객과의 친밀한 관계를 형성하고 유지할 수 있다. 그렇다고 해서, 고객의 가족관계, 재무상태 등에 관한 재무금융전문가의 추정이 항상 부정적 결과를 초래한다는 말은 아니다. 재무금융전문가가 고객과 민감한 문제에 대하여 이야기 나눌 때는 자신의 가치관을 노출시키거나 섣부른 추정을 해서는 안 된다는 의미이다.

위의 대화에서 재무금융전문가가 사용한 언어들 중에는 고객의 상황이나 마음을 충분히 고려하지 않는 감수성이 결여된 것들이 있다. 첫째, 재무금융전문가는 절대로 질환이나 장애로 사람을 평가해서는 안 된다. 고객의 작은딸은 조현병 증세를 가지고 있는 사람이지, 정신질환자는 아니다. 이는 병으로 사람을 정의한 것이나 마찬가지이다. 둘째, 남편이라는 용어를 사용했는데, 남편보다는 배우자 또는 파트너라는 용어를 사용해야 한다. 셋째, 고객에게 아이들이 있느냐고 물었는데, 이보다는 자녀들이 있느냐고 질문하는 것이 더 적절하다. 미국이라면 자녀들의 이름을 물어본 후 이름으로 지칭하는 것이 바람직하다. 이름을 부르는 것이 더 다정하고 더 많은 관심을 갖고 있다는 의미이기 때문이다. 마지막으로, 재무금융전문가는 고객이 말한 내용에서 중요한 요소를 빨리 알아채야 한다. 그래서 배제의 메시지를 보내지 않도록 해야 한다.

재무금융전문가가 고객과의 커뮤니케이션에서 감수성을 개선하려면 고객에 관한 많은 정보와 지식, 감정이입, 그리고 충분한 실무적 경험이 요구된다. 예컨대, 한 여성고객이 자신을 단지 라티노(Latino, 라틴아메리카계 사람)라고 말했는데, 재무금융전문가가 히스패닉(Hispanic, 스페인계 사람)으로 지칭한다든지, 휠체어에 앉아 있는 사람을 장애인으로 지칭한다든지, 흑인의사, 게이선수와 같은 잘못된 용어들을 사용한다면, 많은 사람들은 그를 인종차별주의자 또는 동성애차별주의자로 지각하게 된다. 흑인의사, 게이선수와 같은 말은 흑인이나 게이가 의사나 운동선수가 되는 것이 일반적이지 않은 일이라고 생각한다는 것을 뜻하기 때문이다.

언어 감수성

이 책에서 언급한 모든 커뮤니케이션 기술들과 마찬가지로, 감수성 역시 학습할 수 있다. 또한 연습이 완벽함을 만든다는 격언처럼 연습을 통하여 숙달할 수 있다. 고객과의 커뮤니케이션에서 언어 감수성을 정확하게 이해할 수 있는 재무금융전문가는 고객과의 관계를 형성·유지·발전시키는데 더 유리한 위치에 설 수 있다. 언어의 감수성을 잘 아는 것은, 고객과 커뮤니케이션을 할 때 메시지를 정확하게 작성하고 해석할 수 있는 능력이 되기 때문이다. 이 책에서 살펴본 커뮤니케이션 기술들의 실행은 고객과의 커뮤니케이션에서 감수성을 발달시키는 데 도움을 준다. 언어 감수성과 관련된 세 가지 주요 개념들, 즉 연령차별, 인종차별 및 성차별에 대해 살펴보기로 하겠다.

연령차별은 특정연령집단(일반적으로 노인들)에 대한 편견을 말한다. 그러나 10대 청소년들은 무책임하고 물질주의적이라고 말하는 것도 연령차별 중 하나이다. 세계의 많은 문화권에서는 노인들을 존경하고, 그들에게서 삶의 모든 측면에 관한 충고를 구한다. 그러나 불행하게도 미국에서는 노인들에 대한 부정적이고 고정관념적 편견이 있는 것이 사실인데, 이에 관하여 커뮤니케이션학자 조셉 드비토(Joseph DeVito)는 아래와 같이 말한 바 있다.

> 오늘날의 통속어, 예를 들어 조그만 할망구(little old lady), 꼰대(old hag), 구세대(old-timer), 한물간 얼간이(old coot), 시대에 뒤떨어진 늙다리(old fogy) 등등은 연령차별적 언어들로 가득 차 있다. 이처럼 연령을 기준으로 사람을 평가하는 것은 명백한 차별이다. 가령 '재치 있는 75세 노인', '민첩한 70세 할아버지', '책임감 있는 10대'라고 말한다면, 이는 그 사람이 나이에 비해 특별하고 일반적이지 않다는 의미를 내포한다. 이러한 표현은 '재치'와 '75세'가 일반적으로 같이 사용하지 않는 말이라는 것을 뜻하기 때문이다. 연령에 대한 편견이나 고정관념을 표현하는 것은 잘못된 것이다. 75세 노인들 중에도 재치 있고 행동이 민첩한 분들이 많으며, 30대 중에서도 그렇지 않은 사람들이 많다.[6]

물론 청각이나 언어, 인지적 능력이 떨어지는 사람들과 대화를 할 때는 그에 맞추어 이야기를 해야 한다. 그러나 연령차별적 커뮤니케이션을 피하기 위해서는 연령차별의 바탕이 되는 비논리적 고정관점에 대하여 심사숙고하고, 분석해 볼 필요가 있다. 노인에 대한 일반적 고정관념들과는 다른 다음의 예시를 명심할 필요가 있다.

> - 대부분의 노인들은 인지능력이 좋다. 그러므로 노인들을 얕보는 말은 그들을 비하 또는 무시하는 것으로 지각될 수 있다.
> - 대부분의 노인들은 잘 보고, 잘 들을 수 있다. 비록 청력이 좀 떨어신 노인들도 있지만, 보청기를 사용하면 재무금융전문가들보다 더 잘 들을 수도 있다.
> - 대부분의 노인들은 여전히 낭만적 관계에 관심이 많다. 재무금융전문가가 노인고객의 낭만적 관계에 관하여 전혀 언급이나 질문을 하지 않는 것은, 고객과의 밀접한 관계를 형성할 수 있는 좋은 기회를 잃는 것일 수 있다.

소수(minority)라는 말도 1950년대 이후 널리 사용되고 있다. 소수라는 용어는 어떤 특정 인종이나 민족 집단을 지칭할 때 사용했으나, 근래에는 여러 집단들을 부를 때 소수라는 표현을 쓴다. 소수라는 용어는 어떤 집단이 그보다 힘이 센 다른 집단으로부터의 압박을 견디고 있다는 의미로 일반화되어 왔다. 대부분의 전문가들은 소수에 대한 월스(Wirth, 1945)의 정의에 동의하고 있는데, 그는 "소수집단이란 어떤 신체적·문화적 속성들로 인하여 다른 집단으로부터 구별·분리되어, 사회에서 차별적이고 불평등한 대우를 받으며 살아가는 집단"(p. 347)이라고 정의했다.[7] 어떤 재무금융 전문가는 소수라는 용어를 단지 숫자가 적은 것으로 오해할 수도 있겠지만, 이는 틀린 것이다. 예를 들어, 미국에서 여성은 숫자적으로만 보면 사실상 다수집단이지만, 월스의 정의에 따르면 소수이다.

인종차별에 대한 정의는 대단히 많다. 그러나 대부분의 정의는, 어떤 사람의 인종이나 민족배경을 바탕으로 그 사람을 다른 사람보다 열등한 위치에 놓거나 그 사람에 대한 부정적 신념을 갖는 것을 의미한다. 미국에서 대표적 소수집단의 하나는 아프리카계 미국인(African American)인데, 조사결과에 따르면, 대부분의 흑인(Blacks)들은 흑인이라는 용어와 아프리카계 미국인이라는 용어 중에서 특별히 더 선호하는 것은 없다고 한다. 그러나 개인들은 둘 중에 더 선호하는 용어가 있을 수 있다. 최근 수십 년 동안, 많은 미국인들은 흑인역사의 달(Black History Month)을 기념하고 있으며, 많은 대학에서는 흑인연구(Black Studies) 분야를 가르치고 있다. 이러한 측면에서 볼 때, 고객의 선호를 알고 적용하는 것은 실무에서 매우 중요한 부분이다.

민감한 주제에 대해 얘기할 때, 재무금융전문가들이 공통적으로 잘못 사용하는 방법은 그 주제에 대한 직접적 언급을 회피하거나 돌려 말하는 것이다. 그러나 예의 바르고 감수성을 기반으로 한 방법은 고객에게 어떤 것을 선호하는지 단순하게 묻는 것이다. 재무금융전문가가 되기를 희망하는 학생들에게 이러한 방법을 가르쳐 주기 위해, 저자는 대학 캠퍼스 내 무료재무설계 클리닉에 "의심스러울 때는 그렇다고 외쳐라"라는 표어를 붙여놓았다. 고객의 감정과 선호를 추측하지 말고, 확실치 않을 때에는 고객에게 직접 물어보라는 것을 명심시키기 위해서이다.

고객과의 커뮤니케이션에서 성인여성을 지칭할 때, 숙녀 또는 소녀라는 말을 쓰는 것은 성차별적인가? 성차별적 언어는 물론 성차별의 한 형태이다. 미국심리학회의 논문작성 매뉴얼에 따르면, 소녀(girl)는 고등학생이나 그보다 어린 여성을 지칭할 때만 사용한다. 또 다른 예로, 남편은 자식을 부양함에 있어 아내보다 덜 민감하고 덜 열성적이라고 말하는 것 역시 성차별의 한 형태이다. 고객과 토론할 때 성차별적 언어들을 회피하기 위한 몇 가지 조언들을 제시하면 아래와 같다.

- 성별에 관한 대명사(he, she 등), 남성 위주의 단어들(mankind, manpower, chairman 등)의 사용을 피하라. 글을 쓸 때에도 위와 같은 용어들은 사용하지 말고, 명사를 바꾸어서 사용하거나(mankind는 humankind로, manpower는 staff로, chairman은 chairperson으로) 삭제하라.
- 이성커플 고객과 상담할 때는 남성이나 여성 중 한 명과 불균형적으로 많이 커뮤니케이션하는 것을 피하라.
- 이성커플 고객과 상담할 때 한 명에게만 불균형적으로 시선을 맞추는 것도 피하라. 예를 들어, 남성재무금융전문가가 남성고객과만 주로 아이 컨택을 하는 것은 좋지 않다.
- 성역할에 대한 편견적 언어들을 피하라. 가령, 의사는 남성, 간호사는 여성, 초등학교 교사는 여성, 대학교수는 남성이라는 식의 편견을 바탕으로 한 언급을 삼가라.

재무금융전문가들이 신체적, 정신적 장애 등 민감한 문제와 관련된 이야기를 할 때, 어떻게 감수성 있게 커뮤니케이션을 해야 할 것인지에 대하여 고민하는 경우가 많다. 미국심리학회의 논문작성 매뉴얼에서는 아래와 같이 조언한다.

－어떤 사람의 상태에 의거해서 그 사람을 판단하는 언어의 사용을 피

할 것(자폐증(autistic) 환자, 신경과민증(neurotic) 환자 등)
– 시각적 은유 표현들을 피할 것(휠체어에 묶여 있는 사람 등)
– 부정적인 표현을 과장하여 사용하는 것을 피할 것(AIDS 피해자, 뇌 손상 등)
– 폄하하거나 비방하는 용어를 쓰지 말 것(불구자, 병신 등)
– 개인의 장애나 만성질환에 초점을 둔 표현을 하지 말 것(하반신마비인 사람, 자폐증이 있는 아동 등)
– 인간존중적 언어를 사용할 것

〈표 9.1〉은 영어에서 감수성을 고려한 용어와 감수성을 고려하지 않은 용어에 대한 몇 가지 예시를 보여준다.[8] 감수성을 고려한 용어를 살펴보면, 몇 가지 간단한 규칙을 발견할 수 있다. 첫째, 사람들을 지칭할 때 단점이나 약점이 아니라, 장점이나 강점을 중심으로 지칭하는 것이다. 둘째, 인종과 민족, 종교 및 그 밖의 여러 집단들을 지칭할 때, 그 집단이 선호하는 용어를 사용하는 것이다. 이러한 지칭이나 호칭들은 시대에 따라 변화하므로, 재무금융전문가들의 계속교육프로그램에는 커뮤니케이션 감수성 훈련 프로그램을 포함시키는 것이 필요하다.

요 약

제8장에서 언급했듯이, 고객이 재무금융전문가를 본인이 개인적으로 믿고 따르는 사람과 비슷하다고 지각하면, 그 전문가를 신뢰하게 된다. 신뢰는 고객과 재무금융전문가의 협력관계를 강화시킨다. 그러나 이러한 관계를 파괴할 수 있는 것이 무례하고 감수성이 결여된 언어의 사용이다. 부적절한 언어는 고객과 재무금융전문가 간의 협력관계를 끝내게 할 수 있다.

모든 사람은 독특한 문화적 배경, 가족사회화 과정, 다른 사람들과의 관계 등에 기반한 편견을 가지고 있다. 재무금융전문가는 연습을 통해 고

표 9.1 ▎ 커뮤니케이션에서 감수성을 고려하지 않은 용어와 감수성을 고려한 용어

감수성을 고려하지 않은 용어	감수성을 고려한 용어
소녀(girl), 숙녀(lady)	여성(woman), 여자(womyn)
조현병 환자(schizophrenics); 조울증 환자(a bipolar); 정신병자(mentally ill); 정신이상자(mental disorder); 미친 사람(insane)	조현병 증세가 있는 사람(persons with schizophrenia); 조울증세가 있는 사람(person with bipolar disorder); 감정적 장애가 있는 사람(a person with emotional disorder)
사지마비 환자 (a quadriplegic)	사지마비 증세가 있는 사람(a person with quadriplegia)
지진아(slow learner), 지능발달지체자(retarded)	학습과 지적 능력이 낮은 사람(person with a specific learning disability/intellectual disability)
간질환자(epileptic)	뇌전증 증세가 있는 사람(person with epilepsy) 발작성 증세를 가진 사람(person with seizure disorder)
장님, 맹인(the blind, the deaf)	시각장애인(visually handicapped),
불구자(crippled)	지체부자유자(a person with a physical disability)
소방수(fireman), 경찰(policeman), 세일즈맨(salesman), 스튜어디스(stewardess), 체어맨(chairman)	소방관(firefighter), 경찰관(police officer), 세일즈 퍼슨(salesperson), 승무원(flight attendant), 체어퍼슨(chairperson)
동양인(Oriental)	아시아인(Asian)
인디언(Indian)	아메리카 원주민(Native American)
호모(homosexual)	여성 동성애자(lesbians), 남성 동성애자(gay men), 양성애자(bisexual women/men)
아프로 아메리칸(Afro-American)	흑인 또는 아프리카계 미국인 (black or African American)

객과의 커뮤니케이션 상황에서 더 예의 바르고 더 포용적이며, 더 감수성에 기반한 행동을 보여야 한다. 언어는 계속 진화한다. 그러므로 재무금융전문가는 적절한 언어를 계속해서 배우고 응용함으로써, 가장 공손하고, 포용적이며, 존경스럽고, 효과적인 방법으로 고객과 커뮤니케이션을 할 수 있어야 한다. 앞서 언급했듯이, 고객과의 커뮤니케이션에서 언어 감수성과 예의 바름의 상호작용을 정확하게 이해할 수 있는 재무금융전문가는 고객과의 관계를 형성·유지·발전시키는 데 있어 더 유리한 위치에 설 수 있다.

단원 정리 문항

1. 재무금융전문가의 긍정적 예의 바름은 고객의 긍정적 체면을 증가시킨다. 여기서 고객의 긍정적 체면은 다음의 욕망들 중 어떤 것을 말하는가?
   a. 재무의사결정을 할 때 일정 수준의 자율성과 통제력을 유지하려는 욕망
   b. 재무문제에 관한 모든 책임과 통제를 포기하려는 욕망
   c. 재무금융전문가에게 호의적이고 긍정적으로 보이고 싶은 욕망
   d. 재무금융전문가에게 도전하는 것으로 보이고 싶은 욕망
2. 재무금융전문가의 부정적 예의 바름은 고객의 부정적 체면을 증가시킨다. 여기서 고객의 부정적 체면은 다음의 욕망들 중 어떤 것을 말하는가?
   a. 재무의사결정을 할 때 일정 수준의 자율성과 통제력을 유지하려는 욕망
   b. 재무문제에 관한 모든 책임과 통제를 포기하려는 욕망
   c. 재무금융전문가에게 호의적이고 긍정적으로 보이고 싶은 욕망
   d. 재무금융전문가에게 도전하는 것으로 보이고 싶은 욕망
3. 한 잠재고객이 미국 펜실베이니아대학교 와튼스쿨에서 재무전공 MBA 학위를 취득했다. 그러나 그는 자신이 창업한 유기농 농장에서 농부로서 14년 이상 일하고 있다. 다음의 서술 중 이러한 고객의 긍정적 체면을 훼손하고 고객과 재무금융전문가의 관계를 저해하는 것이 아닌 것은?
   a. "와우, 와튼스쿨에서 MBA학위를 받으셨다니 대단하십니다. 그러나 그것을 활용하지 않았다니 참으로 애석하네요."
   b. "14년이라니 긴 세월입니다. 와튼스쿨에서 배운 것들은 이미 다 잊어버리셨겠네요."
   c. "와튼스쿨에서 MBA를 받으신 분이 왜 재무금융전문가의 도움이 필요한지 이해가 안 가네요."
   c. "와우, 와튼스쿨에서 MBA학위를 받으셨다니 대단하십니다. 그러나 더 대단한 것은 고객님이 유기농 농장을 직접 창업해서 성공을 거두었다는 사실입니다. … 고객님처럼 비즈니스와 재무에 관해 많은 지식을 가진 분을 저의 파트너로 맞게 되어 영광스럽습니다."
4. 다음의 서술 중 고객의 부정적 체면을 훼손하고 고객과 재무금융전문가의 관계를 저해하는 것이 아닌 것은?

a. “저희는 고객님의 계좌관리 검토를 위해 1년에 한 번씩만 고객님을 뵙겠습니다.”
b. “이것은 고객님이 이해하기에는 너무 전문적인 부분입니다. 그러니까 그냥 저를 믿으세요.”
c. “금 상품에는 절대로 1원도 투자하지 마십시오.”
d. “고객님의 투자전략을 변경하기 전에, 고객님이 저희 의견에 동의하시는지를 확인하기 위해 만나뵙고 싶습니다.”

5. 재무금융전문가가 최근에 은퇴한 부부와 재무설계 상담을 하는데, 남편이 자신의 총기수집 취미에 관하여 20분이나 계속 이야기하면서 부인에게는 눈길조차 주지 않았다. 재무금융전문가는 남편고객과 친밀한 관계를 형성하고 싶지만, 아내와의 협력관계를 해치지 않기 위해 아내에게 어떤 종류의 메시지를 보내는 것이 좋을까?
a. 포용 메시지
b. 배제 메시지
c. 무례한 메시지
d. 부조화적 메시지

6. 무슬림 고객을 처음 만나 상담을 하던 중에, 한 재무금융전문가가 동료에게 사무실 근처에 있는 기독교 교회에 관한 말을 하게 되었다. 이런 경우, 그 전문가는 고객에게 잠재적으로 어떤 종류의 메시지를 보낸 것인가?
a. 포용 메시지
b. 배제 메시지
c. 무례한 메시지
d. 부조화적 메시지

7. 재무금융전문가가 고객과 이야기할 때는 전문용어를 일반 언어로 바꾸어 말해야 고객이 쉽게 이해할 수 있고, 대화를 계속 진행해 나갈 수 있다. 또한 고객과 시선을 계속 맞추고, 고객이 재무금융전문가의 말을 제대로 이해하고 있는지, 마음이 편안한지를 종종 점검해야 한다. 이를 위해서는 고객에게 어떤 메시지를 보내야 하는가?
a. 포용 메시지

b. 배제 메시지

c. 무례한 메시지

d. 부조화적 메시지

8. 다음 중 커플의 자료를 수집하는 온라인 설문조사에서 사용해야 할 용어로 가장 예의 바르고 감수성이 있는 것은?

   a. 그와 그녀

   b. 남편과 아내

   c. 주고객과 부고객

   d. 고객 A과 고객 B

9. 노년층 고객에 대해 서술한 내용 중 옳지 않은 것은?

   a. 대부분의 노년층 고객들은 인지적으로 매우 민감하다.

   b. 대부분의 노년층 고객들은 매우 잘 보고 들을 수 있다.

   c. 대부분의 노년층 고객들은 목표를 얘기하는 것에 관심이 적다.

   d. 대부분의 노년층 고객들은 여전히 로맨틱한 관계에 관심을 갖는다.

10. 〈표 9.1〉을 살펴보고 이와 같이 우리말에서 감수성을 고려한 용어와 그렇지 않은 용어의 목록을 작성해 보자.

11. 하루에 몇 번이나 사람들이 본인에게 예의 바르게 대했는지 그 횟수를 적어보자. 이 과정을 일주일 동안 진행해 보고 일주일이 지난 후, 예의 바른 상호작용 횟수가 높았던 날과 낮았던 날의 기분이나 행동이 더 좋았는지에 대해 생각해 보자. 그리고 언어의 사용이 지각을 형성하는 데 있어 어떤 역할을 하는지에 대해 생각해 보자.

주

1. F. M. Chen, G. E. Fryer, R. L. Phillips, E. Wilson, and D. E. Pathman, "Patients' Beliefs about Racism, Preferences for Physician Race, and Satisfaction with Care," *The Annals of Family Medicine* 3, no. 2 (2005): 138-143.
2. D. Tsiantar, "The Cost of Incivility," *Time* (February 14, 2005), B5.

3. P. Brown and S. C. Levinson, *Politeness: Some Universals of Language Usage* (Cambridge, UK: Cambridge University Press).
4. J. DeVito, *The Interpersonal Communication Book* (Boston: Pearson Education, 2009).
5. Id.
6. Id.
7. L. Wirth, "The Problem of Minority Groups," in R. Linton ed., *The Science of Man in the World Crisis* (New York: Columbia University Press, 1945).
8. United States Agency for International Development, 2007. Downloaded from www.usaid.gov.

제 10 장

세일즈 관점에서의 재무설계

세일즈 관점의 이해

이 장의 목적은 재무설계의 맥락에서 세일즈의 개념을 간략하게 설명하는 것이다. 이 장은 마케팅 전략을 수립하고, 타겟 고객을 파악하고, "만난 고객의 20%를 계약으로" 이끌기 위한 대본을 암기시키려는 목적으로 집필된 것이 아니다. 이 장은 재무금융전문가들에게 자신들 일상의 모든 측면이 세일즈와 어느 정도 관련이 있다는 것을 이해시키려는 목적을 가지고 있다. 세일즈는 사무실의 관리직원에게 사무공간 내의 휴게실에 비치할 특별한 간식을 구매하도록 하는 단순한 것일 수도 있고, 고액자산가에게 고령변액연금을 판매하는 것과 같은 복잡한 것일 수도 있다. 이 두 가지 예시에서 활용될 세일즈전략과 성과는 매우 다르겠지만 두 가지 예시의 세일즈과정에는 고객 커뮤니케이션과 상담의 중요 요소가 포함되어 있다.

경우에 따라서 세일즈 분야의 초보자들은 세일즈와 마케팅을 혼용하여 잘못 사용하는 경우가 있다. 이 장에서는 마케팅을 회사나 기관이 상품이나 서비스 혹은 자신들이 가지고 있는 가치를 소비자 혹은 이해당사자들과 교환하는 것을 돕기 위한 메시지를 만드는 방식이라고 칭한다. 세일즈는 마케팅의 일부이다. 마케팅의 관점에서 세일즈는 문제해결을 위한 노력이다.[1] 사람들이, 특히 자신들의 커리어를 처음 시작하는 사람들의 경우, 세일즈를 담당하게 될지도 모른다는 사실을 알게 되면 대체로 매우 긴장하고, 걱정하며, 경우에 따라서는 불안해 한다. 왜냐하면 상품의 판매, 세일즈, 영업 등의 말이 부정적으로 인식되기 때문이다. 〈표 10.1〉에 제시되어 있는 개인적인 특성을 살펴보자. 각 행에 제시되어 있는 단어들을 살

표 10.1 ‖ 개인적인 성향 및 특성

1	정직한	기만적인
2	참을성 있는	성급한
3	말을 잘 들어주는	말을 빨리하는
4	겸손한	강요하는
5	심사숙고하는	시끄러운
6	전략적으로 행동하는 것을 좋아하는	모르는 사람에게 전화하는 것을 꺼리지 않는

펴보고 '영업사원'이라는 말을 생각할 때 가장 먼저 떠오르는 단어(예를 들면, 정직이나 기만 등)를 표시해 보자.

대부분의 사람들은 표의 오른쪽 열에 제시되어 있는 단어들(기만적인, 성급한, 말을 빨리하는, 강요하는, 시끄러운, 모르는 사람에게 전화하는 것을 꺼리지 않는)을 영업사원의 특성과 관련된 것으로 답한다. 이는 왜 많은 사람들이 세일즈와 관련된 직종에 뛰어들지 않는지를 설명해 주는 예시가 될 수 있다. 표의 오른쪽 열에 있는 단어들은 우리 사회에서 좋게 여겨지는 성향이 아니다. 사람들의 이러한 인식은 물론 현실과는 다르다.

세일즈에 종사하는 어떤 사람들은, 심지어 매우 성공적인 세일즈 전문가들의 경우도, 말을 빨리하고 성급한 성향을 가지고 있을 수 있으나, 이러한 성향은 세일즈에서 성공하는 것과 관련된 핵심 성향이 아니다. 특히 재무설계의 세일즈에서는 더더욱 아니다. 오히려 〈표 10.1〉의 왼쪽 열에 있는 내용들(정직한, 참을성 있는, 말을 잘 들어주는, 겸손한, 심사숙고하는, 전략적으로 행동하는 것을 좋아하는)이 성공적인 세일즈 전문가들의 성향과 더 가깝다.

이러한 점은 특히 젊은 세대(밀레니얼 세대)가 부를 축적하고 경제적으로 힘을 가지게 되는 현재 시점에서 매우 중요하게 여겨야 할 사항이다. 오늘날의 소비자는 자문을 바탕으로 한 세일즈에 높은 가치를 두고 그러한 세일즈 방식를 요구하기도 한다. 자문에 바탕을 둔 세일즈는 상품의 판매에서 개인 소비자의 특성, 필요, 욕구 등에 부합하는 상품을 찾아주는 것에 초점을 둔다. 이것은 지금까지 일반적으로 해왔던 거래적 성격의 세일즈 과정과 대조되는 것이다. 거래적 성격의 세일즈에 중점을 두는 경우 세일즈 전문가들은 상품을 많이 파는 것에 주력하는 경향이 있다. 상품을 많이 팔기 위해서는 유형을 단순화하거나 종류를 축소하는 것이 유리하다. "누구에게나 다 맞는다"라는 접근법은 거래적 성격의 세일즈에서 주로 사용하는 방법이다.

물론 이러한 거래적 성격의 세일즈 방식이 적합한 때와 장소가 있겠지만, 현재 재무설계 시장에서 우위를 점하고 있는 방법은 자문에 바탕을 둔 세일즈 방식이다. 고객들은 자신에게 제시되는 자문의 내용이 영업을 담당하는 전문가나 그 전문가가 속한 회사에게 가장 좋은 것이 아니라, 고객 본인의 필요에 바탕을 둔 솔직하고, 공정하고, 심사숙고된 내용이기를 바란다. 따라서 자문에 기반을 둔 세일즈를 담당하는 전문가들에게 커뮤니케이션과 상담의 역할은 매우 중요하다. 즉, 자문에 바탕을 둔 세일즈를 담당하는 전문가들은 반드시 듣기를 잘하는 사람이어야 하며, 사려깊고 효과적인 상담자의 역할을 해야 한다. 이 장에서는 커뮤니케이션과 상담의 기술을 세일즈에 어떻게 활용하는지에 대하여 다루고자 한다.

세일즈 모델의 이해

재무설계 분야에는 수백 가지의 세일즈 모델과 접근방법이 있다. 이러한 모델 중 일부는 〈표 10.1〉에 제시된 내용을 바탕으로 만들어진 것들이다. 이 책에서는 어떤 특정한 모델을 다른 모델과 비교하여 더 좋다고 옹호하지 않는다. 하지만 각각의 세일즈 모델에는 고객과의 관계 정립에 영향을 미치는 매우 다양한 요소들이 존재한다. 예를 들면, 30년 전에는 회사가 한 번에 수백명의 재무금융전문가들을 고용하여 대략 2~3주 동안 세일즈와 관련된 훈련을 시킨 후, 전화번호부 책을 쥐어주고 성과를 올리기 위하여 전화를 돌리도록 하는 방식이 매우 흔하게 사용되었다. 그 시절에는 전화번호부에 있는 낯선 사람들에게 전화하는 것이 재무금융전문가들이 새로운 고객을 찾는 가장 유력한 방법이었다. 이러한 방법을 사용하던 시절에는 거절 당하는 것을 잘 견뎌낼 수 있는 사람들만이 단 몇 개월이라도 이 직업을 지속할 수 있었다. “자신이 먹을 것은 자신이 직접 잡는다”는 전제는 세일즈 전문가들에게 고객의 필요가 무엇이고, 고객이 바라는 것이 무엇인지를 알고자 하는 동기를 제공하지 못했다. 단지 그들은 자신들이 판매하고 있는 상품을 어떻게 잘 설명하여 판매할 것인가에만 관심을 가졌다.

현재에도 다양한 분야에서 이러한 옛날 방식을 활용하는 회사들이 있지만, 재무설계 분야의 대부분 회사들은 자문에 기반을 둔 고객 중심의 세일즈 방식을 도입하였다. 가장 성공한 재무금융전문가들은 여전히 새로운 고객을 찾기 위하여 다양한 방법을 사용하지만 ‘성과를 얻기 위한 전화 돌리기’의 시대는 지났다. 낯선 사람에게 전화를 거는 방법을 사용하는 대신, 기존의 고객들로 하여금 새로운 고객을 소개하도록 하는 방안에 집중하고 있다. 즉, 고객을 상품판매를 위한 단일 거래의 창구로 생각하기보다는 장기적인 관계를 형성하여 회사의 자산으로 만들고자 하는 관점이 우세하게 되었다. 즉, 고객과 전문가 사이에 협력관계를 형성하고 그러한 관계를 공고히 하는 것이 성공하는 재무금융전문가들이 가장 공을 들이는 부분이 된 것이다. 또한 고객의 인맥이 고객의 가치를 형성하는 매우 중요한 요소가 되었다. 왜냐하면 그 고객이 아는 사람들이 향후 회사의 고객이 될 수 있기 때문이다.

챌린저 세일즈 모델

재무금융전문가 교육에서 가장 많이 가르치는 세일즈 방법은 도전자의 자세를 가지고 행하는 챌린저 세일즈 모델이다.[2] 이 모델은 소비자들이 거래에서 자신들의 힘을 키워줄 수 있는 보다 다양하고 시의 적절한 정보를 얻을 수 있다는 믿음에 기반한 것이다. 이러한 상황에 대처하기 위하여 몇몇 회사는 고객에 대한 접근방법을 바꾸었다. 챌린저 세일즈 모델을 적용하는 회사에서는 세일즈 과정을 세 단계로 구분한다: 즉 (1) 교육, (2) 맞춤, (3) 통제이다. 챌린저 세일즈의 정의를 가장 간결하게 표현한 것은 애덤 랩(Adam Rapp)과 동료들의 정의이다.[3]

> 세일즈 전문가들은 판매과정에서 생각하는 방법을 바꾸고 구매하는 것에 대한 새로운 사고방식을 가질 수 있도록 도전(챌린지)할 필요가 있다… 이러한 도전의 목적은 구매자와 판매자 사이에 보다 건설적인 긴장관계를 형성하는 것이다.

이 모델을 사용하는 경우 가장 성공적인 세일즈 전문가들은 대부분 아래의 성향을 가진다.

- 견고한 커뮤니케이션 기술
- 소비자들의 요구가 무엇에 의한 것인가에 대한 지식
- 고객들에게 고유한 관점을 제공할 수 있는 능력
- 상품 활용을 통해 얻는 경제적인 이익을 제시하는 능력
- 압박을 효과적으로 이용하는 능력

챌린저 세일즈 모델은 기존의 세일즈 방식 중에서 매우 경쟁적인 판매의 기법을 효과적으로 발전시킨 모델이다. 챌린저 세일즈 모델이 가지고 있는 장점 중 하나는 세일즈 전문가들로 하여금 고급 커뮤니케이션 기술을 활용하여 각 고객의 필요가 무엇인지를 아는 것에 시간을 들이도록 한 점이다. 또한 이 방식이 성공적으로 적용되었을 경우, 고객은 세일즈 전문가를 어떤 회사에 속한 영업사원으로 인식하지 않고, 고객의 문제에 대한 해결책을 제시할 수 있고 그러한 해결책을 제시할 의사가 있는 수준 높은 전문가로 인식하게 된다.

하지만 챌린저 세일스의 최대 단점은 고객으로부터 정보를 얻기 위한 커뮤니케이션 방식이 때로는 고객을 조종하는 것으로 느끼게 만들 수 있

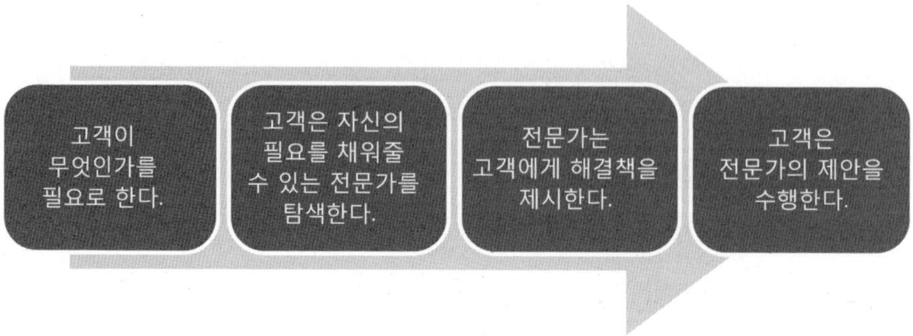

그림 10.1 | 챌린저 세일즈 모델의 과정

다는 점이다. 또한 기존의 학술 연구들은 커뮤니케이션과 상담의 기술을 효과적으로 사용하였을 경우, 고객의 신뢰와 참여, 그리고 고객과 전문가의 협력관계가 증진된다고 보여주고 있으나, 챌린저 세일즈 모델에서는 고객과의 관계 수립이 그리 중요하지 않고 경우에 따라서는 생산성의 저해요인이 될 수 있다고 전제한다. 챌린저 세일즈 모델의 옹호자들은 재무설계에서 수행되는 업무들이 본질적으로 거래적이라고 여긴다. 여기에서 거래의 과정은 〈그림 10.1〉에 제시되어 있다. 그림에서 볼 수 있듯이 챌린저 세일즈 모델을 사용하는 전문가들은 고객이 상품이나 서비스를 필요로 하는 경우, 그러한 상품이나 서비스를 제공하는 곳을 탐색하고, 전문가의 제안을 받아들인다고 믿는다. 그렇기 때문에 고객은 재무금융전문가들이 자신들과 협력관계를 형성하는 것을 요구하거나 기대하지 않는다고 여긴다. 대신, 고객이 필요로 하는 것은 고객을 독려하여 제시된 대안을 실행하도록 돕는 누군가라고 여긴다.

자문형 세일즈 모델

많은 측면에서 챌린저 세일즈 모델은 전통적인 판매의 방식을 발전시켰지만 세일즈 전문가들에 대한 인식을 바꾸는 데 기여한 바는 크지 않다. 이에 대한 대안으로, 그리고 앞에서 언급한 바와 같이, 많은 재무설계 전문회사들은 자문형 세일즈 모델을 도입하였다. 이 세일즈 기법은 세일즈 전문가를 회사와 고객의 중간자가 아닌 문제해결 전문가의 역할을 하는 사람으로 자리매김하도록 한다.[4]

자문형 세일즈 모델이 챌린저 세일즈 모델과 다른 점은 상품이나 서비스의 판매에 초점을 두지 않는다는 것이다. 자문형 세일즈 모델을 사용하는 세일즈 전문가들은 고객과의 강력한 협력관계를 형성하는 것에 초점을 둔다. 이러한 관계 형성은 궁극적으로는 고객의 특성, 필요, 희망사항에 가장 적합한 상품과 서비스를 제시할 수 있도록 한다.

자문형 세일즈 모델을 이용하는 세일즈 전문가는 전문적인 조언을 제공한다. 이것은 일반적으로 받아들여지고 있는 재무금융전문가의 업무수행기준에 적합하다. 이러한 관점에서 본다면 (a) 전문적 조언을 제공하는 재무금융전문가와 (b) 대안을 실행하는 세일즈 전문가의 역할 구분은 사라지게 된다. 자문형 세일즈 모델을 사용하는 세일즈 전문가들은 상품과 서비스의 판매라는 최종적이고 궁극적인 목적에 초점을 맞추지 않고 고객의 필요에 가장 적합한 대안 제시와 정보 전달에 초점을 맞춘다. 솔도우(Soldow)[5]는 자문형 세일즈 모델을 사용하는 전문가의 특징을 아래와 같이 정리하였다.

- 타협하지 않는 청취자
- 고객의 목표에 대한 이해를 바탕으로 해결책을 제시하는 분석적인 사상가
- 대본에 의존하기보다는 커뮤니케이션 기술 향상에 집중하는 전문가
- 고객으로 하여금 질문을 자유롭게 하도록 독려하는 전문가

- 고객과 열린 대화를 하는 전문가
- 특정 상품과 서비스가 고객의 니즈에 부합하는 경우에만 대안을 실행하도록 하는 전문가
- 고객을 조종하지 않는 전문가

조종 (Manipulation)과 설득 (Persuasion)

여기에서 조종하는 것과 설득하는 것이 어떠한 차이가 있는지를 살펴보는 것은 의미가 있다. 타인을 조종하는 사람은 (1) 자기 자신의 이익에 집중하는 경향이 있고, (2) 상품이나 서비스의 주요 특성을 강조하여 판매하는 목적을 가지고 있기 때문에 듣기보다는 말하기를 더 많이 하며, (3) 상품 중심적이고, (4) 신뢰를 형성하기보다는 긴장, 공포, 두려움 등을 조장하려는 경향이 있다. 조종을 중심으로 하는 세일즈 전략은 해당 상품에 대한 고객의 진정한 필요를 고려하지 않은 채 상품의 판매에만 집중한다. 반면 타인을 설득하는 사람은 고객의 이해를 항상 최우선으로 두고 행동하는 사람으로 바람직한 성향을 가진 전문가로 여겨진다. 설득은 재무금융전문가로 성공하기 위한 가장 필수적인 요소이다. 궁극적으로 고객이 제시된 대안을 실행하는 것은 중요하다. 그렇지만 설득을 주로 사용하는 전문가는 고객에게 제시되는 모든 제안이 상품이나 서비스의 판매와 직결되지는 않는다는 것을 이해한다. 경우에 따라서 고객에게 제시되는 제안은 고객의 태도나 행동을 변화시키는 것일 수도 있다.

자문형 세일즈와 전문가 보수

자문형 세일즈 모델은 전문가가 어떠한 형태의 보수를 받는지에 구애받지 않고 적용될 수 있다. 〈표 10.2〉에 재무설계 전문 분야에서 가장 일반적으

로 사용되는 보수의 유형을 제시하였다. 이 책은 다양한 보수의 방식 중 어떤 것이 낫다고 제안하려는 것이 아님을 말해두고자 한다. 여기에 제시되는 예시는 자문형 세일즈의 방식이 실제로 어떻게 적용되는지를 보여주기 위한 것이다.

표 10.2 | 재무설계 분야의 보수 방식

보수의 방식	설 명	자문형 세일즈에의 적용	예 시
상담 수수료만 받는 방식(Fee-Only)	고객은 아래 제시된 방식에 따른 상담 수수료를 지불함. (a) 전문가가 운용하는 자산의 규모에 따른 수수료, (b) 시간당 수수료, (c) 전문가를 고용하는 수수료, (d) 위에 제시된 방식의 조합	고객이 자신의 목표를 달성하는 과정에 집중하며, 상품의 판매는 이차적인 것으로 여김.	부채를 줄이기 위하여 증권계좌에 투자금액을 증가하는 것보다는 부채상환액을 증가시키도록 권유
판매 수수료 방식(Commission)	고객은 구매한 상품 규모의 일정 비율 수수료를 지불함.	가장 비싼 상품이나 서비스를 판매하는 것이 아닌, 고객의 필요에 가장 적합한 상품이나 서비스를 찾는 것에 집중함.	종신보험보다는 환급금이 있는 정기보험을 구매하도록 권유
판매 수수료가 발생하는 경우 상담수수료에서 차감되는 방식(Fee-Offset)	고객은 재무설계안에 대한 수수료를 지불하고, 고객이 설계안에 제시된 상품을 구매하는 경우에 발생되는 판매수수료를 재무설계안에 대한 수수료에서 차감함.	재무설계안이 고객에게 제시되는 가장 우선적인 결과물이며 재무설계안에 제시된 대안을 실행하는 것은 이차적임.	고객이 부채를 상환할 때까지 재무설계안의 대안을 실행하는 것을 미루도록 권유
상담수수료가 기본이 되는 방식(Fee-Based)	고객은 상담수수료와 판매수수료의 조합을 지불함.	상품이나 서비스의 판매에 초점을 맞추기보다는 고객의 고유한 필요와 특성에 적합한 상품과 서비스를 찾는 것에 집중함.	고비용을 수반하는 투자보다는 비용이 적은 소극적 방식의 투자를 권유

이 책에 제시된 커뮤니케이션의 방식과 기법들은 자문형 세일즈 기술을 증진시키는 데 기여하고자 한다. 본 장의 서두에서 언급한 바와 같이 '세일즈'라는 말을 부정적으로 보지 않아야 한다. 모든 사람은 매일 무엇인가를 파는 행위를 한다. 어떤 사람에게 세일즈는 자녀로 하여금 채소를 먹도록 하는 것일 수 있다. 어떤 사람에게 세일즈는 수십억 원짜리 생명보험계약을 체결하는 것일 수도 있다. 상품, 서비스 또는 결과물이 무엇이든간에 세일즈의 커뮤니케이션 기술은 다른 사람으로 하여금 특정 행동을 취하도록 설득하는 것이다. 이제부터 제시되는 내용은 세일즈의 맥락에서 고객의 행동을 변화시키는 것과 관련된 사항이다.

고객의 행동에 대한 이해

모든 고객은 다르다. 어떤 고객은 의사결정을 하기 전에 매우 이성적인 비용편익분석을 수행한다. 이러한 고객들은 특정 의사결정과 관련된 금전적 비용, 정서적 비용, 기회비용을 평가하고 나서 특정 의사결정을 취할 때 얻게 되는 편익이 그러한 비용보다 큰 경우에만 그 행동을 취한다. 어떤 고객들은 행동을 취하는 주요 요소가 자신의 감정이다. 그러한 고객들은 의사결정이 주는 즐거움, 안정, 혹은 타인으로부터의 인정 등을 추구할 수 있다. 예를 들면, 유명한 재무설계회사의 상품이나 서비스를 찾는 사람들도 있다. 이러한 고객들은 이름이 잘 알려진 회사와 계약하는 것으로 자신의 지위를 과시하고 많은 사람들이 선택한 유명한 회사라는 사실에서 안도감을 얻는다. 어떤 고객들은 소규모의 전문 재무설계회사(boutique firm)와 계약하여 자신이 다른 사람들과는 다른 특별한 사람이라는 것을 알리고 싶어하기도 한다. 또 어떤 고객들은 휴리스틱을 사용하여 가장 단순한 방식의 의사결정을 한다. 예를 들어, 이러한 고객은 자신의 필요를 깨닫게 되면 주변 사람이나 친구에게 아는 곳을 소개해 달라고 한다.

전체적으로 보면 고객이 제시된 대안을 실행하거나 세일즈 전문가의 말을 따르는 데 영향을 미치는 요인은 다음과 같이 4가지로 구분할 수 있다.

1. 환경
2. 고객의 재무설계 니즈
3. 고객의 친구나 네트워크
4. 고객의 능력

환경은 해당 고객의 가계 외적인 모든 것을 뜻한다. 즉, 거시경제, 정치적인 이슈, 규제, 경기 예측 등을 포함한다. 고객의 재무설계 니즈는 고객이 스스로 깨달은 것과 재무설계의 과정에서 발생된 것을 포함한다. 고객의 친구나 네트워크는 사회적인 규범이나 고객이 일상적으로 접하는 사람들의 기대를 포함한다. 고객의 능력은 고객이 전문가의 제안을 실행할 수 있는 재무적인 능력을 말한다.

허트와 스페(Hutt and Speh)[6]에 의하면 이 4가지 요인은 7가지 고객의 필요에 내재되어 있다. 이 7가지 고객의 필요는 〈그림 10.2〉에 제시되어 있다. 고객은 자신이 실제로 처한 위험이나 자신이 느끼는 위험에 대비하기 위해 상품과 서비스를 구매하고자 하는 동기, 즉 물리적 안전에 대한 니즈를 가질 수 있다. 예를 들면, 보험, 품질보증서비스, PT(personal training) 등을 구매하는 것이다. 재무설계의 맥락에서 재무적 안전이라는 니즈는 다소 명백하다. 고객은 자신들이 가지고 있는 현재의 재무목표와 미래의 재무목표 달성에 차질이 없는지를 확인하고자 하는 니즈를 가지고 있나. 안정감의 니즈는 고객이 가지고 있는 니즈 중에서 마음의 평안 혹은 가계의 안정과 안녕을 제공하는 상품이나 서비스를 구매하고자 하는 니즈이다. 수용의 니즈란 고객이 자신의 친구나 자신의 네트워크에서 받아들여지는 규범에 적합한 의사결정을 하고 싶어하는 것을 뜻한다. 인정의 니즈도 중요한데 거의 모든 고객은 현명하고 효율적인 의사결정을 하였다고 인정받고 싶어하는 니즈가 있다. 영향의 니즈란 고객의 친구들이나 동료들에게 영향력을 행사하고자 하는 정도를 말한다. 마지막으로 전문적 성

그림 10-2 ❙ 구매행동을 유도하는 고객의 니즈

장의 니즈란 고객이 개인적인 혹은 전문적인 상황에서 본인이 좀 더 성장하고 발전하기 위하여 재무금융전문가의 제안을 받아들이고자 하는 것을 말한다.

단일 재무설계의 대안이 〈그림 10.2〉에 제시된 각각의 니즈를 만족시켜야만 하는 것은 아니다. 하지만 재무금융전문가는 고객과 재무설계를 진행하는 과정에서 제시하게 되는 상품과 서비스가 〈그림 10.2〉에 제시된 몇몇의 니즈를 만족시킬 수 있도록 노력해야 한다. 물론 이러한 과정에서 커뮤니케이션의 기법을 적절하게 사용하여 어떠한 니즈를 언제 만족시키는 것이 중요한가를 판단해야 한다. 예를 들면, 어떤 고객은 재무금융전문가가 제시한 은퇴설계제안서를 받아들임으로써 단순히 자신의 노후준비를 차질 없이 진행하고 있다는 것을 확신하려고 할 수 있다. 하지만 그 고객은 자신의 행위가 공개적으로 알려지지 않는 경우에는 큰돈을 기부하려고 하지 않을 수도 있다.

거절에 대한 대응

고객으로 하여금 상품과 서비스의 구매행동을 유발해야 하는 경우 중요하게 다루어져야 할 것 중 하나는 고객의 거절에 어떻게 대응하는가이다. 제시된 대안이 고객의 목적에 가장 적합한 것이고, 고객과의 커뮤니케이션 과정도 적절했으며, 고객이 가지고 있는 다양한 니즈를 충족시키는 해결책이라고 하더라도 고객이 그러한 대안의 실행을 거절하는 경우도 있다. 고객이 직접 말로 의사표현을 하든 혹은 행동을 취하지 않는 비언어적인 의사표현을 하든 고객은 거절의 의사를 전할 수 있다.

이렇게 고객이 '아니오'라고 하는 거절을 비판이나 실패라고 여기기보다는 고객이 때로는 재무설계의 과정에서 다음 단계로 진행할 준비가 되어 있지 않기 때문이라는 것을 기억할 필요가 있다. 해당 재무설계안을 실행하는 데 방해가 되는 어떤 숨어 있는 장애물이 발생하였을 수도 있다. 많은 경우에 이러한 장애물은 해당 상품이나 서비스를 구매하지 않는 것에서 드러난다. 또한 이러한 장애물은 고객이 실행을 계속 뒤로 미룬다거나 실행에 무관심한 반응을 보이는 것에서 드러나기도 한다.

버스커크와 버스커크(Buskirk and Buskirk)′는 고객에게 제시된 대안이 아래의 3가지 이슈 중 하나에 해당될 수 있다고 설명하였다.

첫 번째, 제시된 대안이 고객의 자아 개념과 맞지 않는 것일 수 있다. 예를 들면, 고객이 가지고 있는 롤렉스 시계를 팔아서 신용카드 부채를 갚도록 하는 제안은 자신의 부의 수준을 남들에게 보여주는 것에 집중하는 고객이라면 받아들이지 않을 가능성이 크다. 이러한 고객에게 롤렉스를 파는 것은 지위의 하락이자 실패로 여겨질 수 있기 때문이다.

두 번째, 제시된 대안이 고객으로 하여금 현재 라이프스타일을 바꾸도록 하여 불편을 유발하는 것일 수 있다. 예를 들면, 어떤 고객은 그저 현재의 상태를 유지하는 것을 선호하기 때문에 비용이 많이 드는 보험을 유지하고자 할 수 있다. 그러한 고객에게 새로운 보험설계를 제안하는 것은 고객이 오랜 시간 유지해 왔던 사항들과 지출상황 등을 부정하는 것이 될 수 있다.

세 번째, 제시된 대안이 고객으로 하여금 죄책감을 느끼게 하는 것일 수 있다. 이것은 제시된 대안이 과거 고객의 잘못된 행동으로 인하여 발생한 문제를 바로잡기 위한 것일 때 나타날 수 있다. 어떤 고객은 자신이 저지른 과거의 잘못을 인정함으로써 드러나게 될 자신의 이미지를 가리기 위하여 아무런 행동도 하지 않는 것일 수 있다.

이러한 예시에서 볼 수 있듯이 고객은 제시된 대안을 실행해야 한다는 것을 알고 있음에도 그 시점에서 대안을 실행하고 싶지 않거나 실행할 수 없는 경우에 처할 수 있다. 유명한 세일즈 컨설턴트들은[8] 현재 고객이 거절한다고 하더라도 궁극적으로는 제안을 받아들이도록 할 수 있는 방법을 제안하였다.

- 고객이 '아니오'라고 말한 것이 오늘 하지 않겠다는 것인지, 앞으로도 계속 하지 않겠다는 것인지를 질문하여 '아니오'의 의미를 명확하게 할 것
- 제시된 대안에서 어떠한 부분이 고객으로 하여금 거절의 의사표시를 하도록 만들었는지 파악할 것
- 해당 문제에 대하여 고객과 보다 자세하게 이야기할 수 있을지 물어볼 것
- 고객으로 하여금 제시된 대안의 내용이 자신의 장기적인 목표 달성에 어떠한 영향을 미칠지, 그리고 목표 달성을 위하여 제안을 실행하는

것이 어떤 영향을 미칠지를 말해보도록 하여 고객이 상황을 다시 생각해 보도록 할 것

- 제시된 대안의 실행과 관련하여 고객에게 나중에 다시 연락하는 것에 대한 허락을 받을 것
- 제시된 대안에 대하여 고객이 가지고 있는 비판과 불만에 대하여 방어할 수 있는 기회를 얻을 것

물론, 재무금융전문가가 고객의 의사결정을 받아들이고 존중한다고 말함으로써 고객이 처한 상황을 받아들이는 것도 나쁜 방법은 아니다. 그러한 경우에 고객에게 제시된 대안과 다른 새로운 대안을 제시하려는 노력을 기울이는 것은 매우 가치 있는 일이다.

세일즈에서의 윤리

이 장을 마치기 전에 재무금융전문가는 고객의 인생에 매우 중요한 영향을 미치는 역할을 한다는 것을 다시 한 번 강조하고자 한다. 재무금융전문가는 고객이 가장 신뢰하는 어드바이저가 될 수 있다. 이러한 경우 전문가가 가지는 책임감은 매우 무거운 것이다. 재무금융전문가는 자신의 분야에서 제시되는 세일즈의 규준을 따라야 한다. 즉, 고객에게 해를 입혀서는 안 되며 고객의 니즈와 고객의 희망을 최우선으로 두어야 한다. 이 책에서 제시된 커뮤니케이션과 상담의 기법들은 어떠한 경우에도 고객이 자신의 이익을 위한 행동과는 다른 행동을 취하도록 조종하는 데 이용되어서는 안 된다. 재무금융전문가는 고객 보호를 위하여 지켜야 하는 윤리규정과 법적인 규제가 있다. 재무금융전문가가 고객에게 긍정적인 성과를 주기 위하여 고객의 행동을 변화시키려고 노력하는 것은 받아들여지지만, 고객의 목적 달성에 직접적으로 관련이 없는 상품이나 서비스를 구매하도록 강요하는 것은 절대 받아들여질 수 없는 행동이다. 설득하기와 조종하기

는 명확하게 구분되기 어려울 수 있으나, 세일즈의 과정에서 윤리적으로 잘못된 행동을 가늠하는 잣대 중 하나는 고객에게 권유된 상품이나 서비스가 고객의 이익보다는 세일즈 전문가 자신의 보상이나 이득과 관련된 것이 아닌가를 살펴보는 것이다. 고객의 의사결정을 바꾸기 위하여 상품이나 서비스에 대한 정보를 바꾸는 것은 절대로 해서는 안 된다. 또한 세일즈 전문가는 경쟁자에 대하여 나쁘게 이야기하거나 거짓을 이야기하여 고객에게 부적절한 영향을 미쳐서는 안 된다. 흔한 말이지만 재무금융전문가 자신은 절대로 실행하지 않을 대안을 고객에게 제시해서는 안 된다. 이는 재무설계 맥락의 세일즈 과정에서 중요하게 지켜져야 할 윤리기준을 충족시키는 방법이 될 수 있다.

요 약

일반 대중에게 '세일즈'라는 말은 공격적이고 불쾌한 말로 여겨지기도 한다. 이러한 평가는 그동안 사용되었던 세일즈의 기법이 고객을 특정 상품이나 서비스를 구매하도록 조종하는 방법 위주였던 것에서 기인한다. 하지만 현실에서 모든 재무금융전문가는 사무실에서 관련 자료만 만들고 고객을 전혀 만나지 않든, 보조 역할을 하든, 회사의 대표이든지에 상관없이 세일즈의 과정에 관여한다. 재무금융회사에서 보조 역할을 하고자 하는 사람의 경우 일단은 해당 회사에서 본인을 고용하도록 자기 자신을 팔아야 한다. 회사의 대표도 고객, 금융당국, 미디어를 대상으로 끊임없이 자신을 팔아야 한다. 사무실에서만 일을 하고 고객을 만나지 않는 경우에도 일상적인 세일즈의 과정에 관여한다. 세일즈를 하는 사람이 고객과 지속적으로 거래를 하고, 거래를 통하여 상품과 서비스가 교환되는 방식은 기본적으로 판매자가 자신이 생각하는 미래에 대한 의견을 상대방에게 판매함으로써 맺어진 관계를 기반으로 한 것이다.

재무설계의 상품과 서비스를 판매하는 것은 개인의 재무적인 복지를 증진시켜서 사회에 긍정적인 기여를 한다. 재무금융전문가는 문제해결 전문가이다. 최고의 재무금융전문가는 훌륭한 듣기의 기술을 보여주는 사람이다. 또한 분석적인 사상가이며 뛰어난 커뮤니케이션 전문가이다. 이러한 전문가가 되고 싶어하는 사람들이 바라는 궁극적인 결과는 재무설계의 과정에 열심히 참여하고 높은 관심을 가지고 있으며 기꺼이 행동을 취하는 고객군을 얻는 것이다. 이 책에 제시된 모든 커뮤니케이션 및 상담의 기법이 적용된 자문형 세일즈 방식을 이용하는 것은 고객과의 관계를 보다 견고하게 만들어 주고 강력한 협력관계를 형성하는 첫걸음이 될 것이다.

단원 정리 문항

1. 재무금융전문가가 잠재적인 고객 특성을 정리하고, 고객과 의사소통에 어떠한 메시지를 사용할 것인가에 대한 계획서를 작성하였다면 그 전문가는 무엇을 한 것인가?
   a. 판매
   b. 마케팅
   c. 조종
   d. 설득
2. 다음의 내용 중 옳은 것을 고르면?
   a. 성공적인 세일즈 전문가가 되기 위한 성향 중 중요한 것은 강요를 잘하는 것이다.
   b. 성공적인 세일즈 전문가는 겸손한 경우가 드물다.
   c. 효과적인 세일즈 전문가는 문제해결자이기 때문에 전략을 도출하는 것을 좋아할 수 있다.
   d. a와 b
3. 새로운 고객 찾기에 가장 효과적인 방법은?
   a. 모르는 사람에게 전화하기
   b. 고객에게 다른 사람을 소개하도록 강요하기
   c. 세미나를 이용하여 자산관리를 맡기도록 설득하기
   d. 고객과 강한 협력관계를 형성하기
4. 챌린저 세일즈 모델에서 재무금융전문가가 노력해야 하는 것은?
   a. 고객을 대상으로 상품과 서비스에 대하여 교육하기
   b. 고객과 전문가 사이의 긴장감을 형성하기
   c. 고객과 강한 협력관계 형성하기
   d. a와 b
5. 챌린저 세일즈 모델을 옹호하는 사람들은 어떤 의견을 가지고 있는가?
   a. 고객에게 상품이나 서비스를 구매하도록 영향을 미치는 것은 괜찮다.
   b. 고객과의 견고한 관계정립에 최대한 많은 시간을 할애해야 한다.
   c. 고객이 제시된 대안의 내용에 대하여 지속적으로 질문할 수 있도록 세

일즈 전문가와 열린 대화를 하도록 해야 한다.

d. a, b, c 모두

6. 자문형 세일즈 기법을 이용하는 전문가는 자신을 어떠한 역할을 하는 사람으로 보는가?

a. 문제 해결자

b. 설득자

c. 조종자

d. 수행자

7. 고객이 재무설계안에 대한 수수료를 지불하고, 고객이 설계안에 제시된 상품을 구매하는 경우에 발생되는 판매수수료를 재무설계안에 대한 수수료에서 차감하는 보수의 방식은 무엇인가?

a. Fee-Only

b. Fee-Offset

c. Fee-Based

d. Commission

8. 어떤 고객이 재무설계안을 실행하려는 의도가 있었다고 가정해 보자. 하지만 재무설계안을 실행하고자 하는 당일에 실행을 하지 않았다. 해당 재무금융전문가가 그 이유를 물어보니 최근 사업에서 큰 손실을 보았다고 하였다. 이러한 경우 실행을 하지 않는 이유는 무엇 때문이라고 할 수 있는가?

a. 친구와 네트워크의 영향

b. 고객의 능력

c. 환경

d. 고객의 감정

9. 토니는 은퇴한 지 몇 년이 되었다. 그럼에도 일을 할 당시에 자신이 속해 있던 협회의 회비를 지속적으로 지불하고 있다. 협회의 회비가 비싸서 지출의 큰 비중을 차지하고 있는 실정이다. 재무금융전문가가 왜 비싼 회비를 계속 내고 있는지를 묻자 토니는 이렇게 답하였다. "왜냐하면 회비를 내면 내가 아직도 협회의 의사결정에 영향을 미칠 수 있기 때문이죠." 토니의 답변은 어떠한 니즈에 영향을 받은 것인가?

a. 전문적 성장
b. 안정감
c. 수용
d. 영향

10. 고객이 '아니오'라고 거절의 의사표시를 하는 이유에 해당하는 것은?
a. 고객의 자아개념과 상충되는 대안일 때
b. 고객의 장기적인 목표를 달성하기 위한 대안일 때
c. 고객에게 죄책감을 유발하는 대안일 때
d. a와 c

11. 아래의 예시는 조종과 설득 중 어디에 해당하는가?
a. 제 생각에 제인은 정말 훌륭한 재무금융전문가인 것 같아요. 그런데 금융위원회에서 무슨 문제가 있었다는 루머를 들은 적이 있어요.
b. 저는 뮤추얼펀드를 10년 넘게 판매해 왔습니다. 제가 확실하게 말씀드릴 수 있는데 이 펀드는 현재 시장에서 최고의 펀드입니다.
c. 제가 제시해 드리는 이 대안은 고객님의 현금흐름 상황을 극대화시키는 방안입니다. 하지만 지금이 이 대안을 실행하기에 적절한 시점이 아니라고 생각하시면 다른 대안을 실행하시는 것도 현금흐름을 개선시키는 방안이 될 수 있습니다.
d. 제 매니저에게는 말씀하지 마시고요, 오늘 계좌로 돈을 보내주시면 제가 큰 혜택을 드릴 수 있습니다.

주

1. V. L. Singh, A. K. Manrai, and L. A. Manrai, "Sales Training: A State of the Art and Contemporary Review," *Journal of Economics, Finance, and Administrative Science* 20 (2015): 54-71.

2. A. Rapp, D. G. Bachrach, N. Panagopoulous, and J. Ogilvie, "Salespeople as Knowledge Brokers: A Review and Critique of the Challenger Sales Model," *Journal of Personal Selling and Sales*

Management 34 (2014): 245-259.

3. Id.
4. G. F. Soldow, *Professional Selling: An Interpersonal Perspective* (New York: Macmillan, 1991)
5. Id.
6. M. D. Hutt and T. W. Speh, *Business Marketing Research: B2B* (Chicago: Dryden, 2009)
7. R. H. Buskirk and B. D. Buskirk, *Selling: Principles and Practices* (New York: McGraw-Hill, 1992).
8. www.bizmove.com/manager-skills-tips/selling-to-prospective-customer.htm

해 답

제 1 장

선다형

1. c	2. a	3. d	4. c
5. b	6. b	7. d	8. a
9. a	10. c		

제 2 장

선다형

1. c	2. b	3. d	4. b
5. d	6. a	7. b	8. d
9. c	10. a		

단답형

11.

a. 정서적 교류 b. 접근 c. 탐색 d. 안정적 교류
e. 접근 f. 탐색 또는 정서적 교류

12.

a. 고객이해 중심 b. 문제해결 중심
c. 고객이해 중심 d. 문제해결 중심
e. 문제해결 중심

제 3 장

선다형

1. b	2. d	3. d	4. d
5. c	6. d	7. a	8. d
9. d	10. b		

제 4 장

선다형

1. d	2. c	3. d	4. d
5. a	6. c	7. a	8. c
9. b	10. d		

제 5 장

선다형

1. b	2. c	3. a	4. d
5. b	6. d	7. c	8. c
9. a	10. d		

연결하기

11.

1. a	2. d	3. a	4. b
5. b	6. c	7. a	8. e

제 6 장

선다형

1. b	2. a	3. c	4. c
5. d	6. a	7. b	8. c
9. a	10. d		

연결하기

11.

a. 1	b. 3	c. 2	d. 2
e. 3	f. 2	g. 2	h. 2
i. 1	j. 3	k. 3	l. 3
m. 3	n. 1	o. 1	p. 3

제 7 장

선다형

1. b	2. b	3. a	4. c
5. c	6. a	7. c	8. d
9. c	10. a		

제 8 장

선다형

1. a	2. b	3. c	4. d
5. b	6. a	7. a	8. a
9. c	10. a		

제 9 장

선다형

1. c	2. a	3. d	4. d
5. b	6. b	7. a	8. d
9. c			

제10장

선다형

1. b	2. c	3. d	4. d
5. a	6. a	7. b	8. b
9. d	10. c		

11. a, b, d는 조종적 진술; c는 설득적 진술

색 인

저자 소개

❙ 존 그레이블(John E. Grable, Ph.D., CFP)

존 그레이블 박사는 University of Georgia의 재무설계 전공 정교수로 Athletic Association의 지원을 받는 기금교수이다. CFP Board(Certified Financial Planner Board of Standards Inc.)에서도 활발한 강의와 연구를 하고 있다. 교수로 재직하기 이전에는 연금관리 전문가(pension and benefits administrator)로 활동하였고, 자산관리회사에서 재무설계 전문가로 일하였다. 그레이블 교수는 *Journal of Personal Finance*를 창간하여 편집장을 역임하였고, *Journal of Financial Therapy*의 공동 창간 편집장을 역임하였다. 그는 재무위험수용성향 측정척도 개발, 행동론적 관점의 재무설계, 실증적인 재무설계 임상연구 분야에서 매우 저명하다. 그레이블 교수는 다수의 연구와 논문, 저서를 통해 수상과 연구비 지원을 받았으며, 특히 학술연구와 재무설계 실무의 발전적 연계를 위해 노력해 왔다. 그는 전문학술지에 100편 이상의 논문을 게재하였고, 재무설계 관련 대학교재 3권과 커뮤니케이션 저서를 공동 집필하였으며, 재무설계 및 상담교본 집필에 공동편집인으로 참여하였다. 또한 그레이블 교수는 University of Georgia의 Financial Planning Performance Lab 연구소장으로 재직하고 있다. 그의 연구분야와 연구소에 대한 보다 많은 정보는 www.fpplab.org에서 확인할 수 있다.

❙ 조셉 겟츠(Joseph W. Goetz, Ph.D.)

조셉 겟츠 박사는 University of Georgia의 재무설계 전공 부교수로 재직 중이며, 학부와 대학원에서 재무상담, 고객 커뮤니케이션, 재무설계 실무관리 등의 과목을 강의하고 있다. 또한 독립계 종합재무설계회사인 Elwood & Goetz Wealth Advisory Group의 창립인이자 대표이다. 겟츠 교수는 재무설계 및 상담분야 전문학술지에 50편 이상의 논문을 게재하였고, 최우수 강의상(Richard B. Russell Excellence in Teaching Award)을 수상하였다. Financial Therapy Association 회장(2013년)을 역임하였고, Association of Financial Counseling and Planning Education에서 올해의 재무상담전문가로 선정(2013년)된 바 있다. 그는 대학 구성원과 지역사회 주민을 위해 무료로 재무설계 및 상담 서비스를 제공하고, 재무설계 전공 학생들이 고객과의 커뮤니케이션 기술을 발전시킬 수 있도록 돕기 위해 ASPIRE 클리닉을 공동 창립하여 운영 중이다. 겟츠 교수는 현재 *Journal of Financial Counseling and Planning, Journal of Financial Planning, Journal of Financial Therapy, Journal of Personal Finance*의 편집위원으로 활동 중이다. 그는 University of Missouri-Columbia, University of North Carolina-Chapel Hill, Texas Tech University에서 수학하였고, 심리학, 재무설계, 경제학의 세 분야에서 석사 이상의 학위를 가지고 있다.

역자 소개

▍주소현

주소현 박사는 현재 이화여자대학교 소비자학과에서 정교수로 재직 중이다. 서울대학교에서 학사와 석사학위를 취득하고 미국 Virginia Tech에서 박사학위를 취득하였다. 박사학위 취득 이후 미국 Texas Tech University의 Personal Financial Planning 전공에서 조교수와 부교수를 8년간 역임(1998~2006)하였다. 이후 삼성금융연구소(2006~2007) 수석연구원, 인하대학교(2008~2010) 부교수로 일하였다. 주소현 교수는 개인재무분야에서 행동론적 관점의 의사결정에 관심을 가지고, 재무적인 건강(Financial Wellness), 재무금융교육, 은퇴설계 분야의 연구들을 주로 수행하여 왔으며 개인재무설계, 행동재무학 관련 저서를 저술하였다.

▍차경욱

차경욱 박사는 성신여자대학교 소비자생활문화산업학과 정교수이다. 이화여자대학교에서 학사와 석사학위를 취득하고, 미국 University of Missouri에서 Personal Financial Planning 전공으로 박사학위(Ph.D.)를 취득했다. 2004년부터 성신여자대학교 교수로 재직하며, 가계경제학, 소비자재무설계, 투자와 자산관리, 보험과 은퇴설계 등의 강의를 하고 있다. 차경욱 교수는 소비자 개인과 가계의 특성을 고려한 재무구조분석, 대출과 부채행동, 은퇴설계 분야의 다양한 연구와 프로젝트를 수행해 왔으며, 재무설계, 연구방법론 관련 저서를 저술하였다.

재무금융전문가를 위한 커뮤니케이션 전략과 기술

2019년 5월 30일 초판 인쇄
2019년 6월 5일 초판 발행

원저자 존 그레이블 · 조셉 겟츠
역 자 주소현 · 차경욱
발행인 김광범
발행처 도서출판 시대가치
주 소 서울특별시 마포구 토정로 222, 422－1호(한국출판콘텐츠센터)
전 화 02)3152-2620
팩 스 02)6442-2621
등 록 2017년 3월 23일 제2018-000088호
이메일 kgb9136@hanmail.net

ISBN 979-11-89607-09-8 93320

정 가 22,000원

이 도서의 국립중앙도서관 출판예정도서목록(CIP)은 서지정보유통지원시스템 홈페이지(http://seoji.nl.go.kr)와 국가자료공동목록시스템(http://www.nl.go.kr/kolisnet)에서 이용하실 수 있습니다. (CIP제어번호: CIP2019018020)